眞番 · 目支國과 百濟復興戰

• 朴性興

· 1917年 8月 26日 生
· 公州公立高等普通學校 卒業(10回)
· 溫陽溫泉 神井小學校 教員
· 東京理科大學(東京物理學校) 修學《太平洋 戰爭 勃發로 歸家》
· 禮山郡 勤務
· 德山面長
· 回甲무렵부터 馬韓史와 百濟史 等을 研究
· 全國文化院聯合會 公募 歷史論文 最優秀賞 受賞
· 「禮山의 얼」(禮山郡 發行) 執筆 參與
· 禮山郡誌 執筆 參與
· 禮山郡 文化賞 受賞(第2回)
· 洪城郡誌 執筆 參與
· 秋史 金正喜先生의 鄕里와 그분의 雅號 發刊
· 洪州 周留城과 唐津 白村江 研究(增補版) 發刊
· 古代內浦地方은 日本天皇家의 뿌리나라(根國)였다.

• 朴泰信

· 1952年生
· 德山初等學校 卒業

眞番 · 目支國과 百濟復興戰

진번 ·
목지국과
백제부흥전

초판인쇄일 2016년 6월 10일
초판발행일 2016년 6월 15일
지 은 이 박성흥 · 박태신
발 행 인 김선경
책 임 편 집 김소라
발 행 처 서경문화사
주소 : 서울시 종로구 이화장길 70-14 105호
전화 : 743-8203, 8205 / 팩스 : 743-8210
메일 : sk8203@chol.com
등 록 번 호 제300-1994-41호
ISBN 978-89-6062-186-2 93900

정가 21,000

진번 · 목지국과 백제부흥전

眞番 · 目支國과 百濟復興戰

-古代 內浦地方은 日本 天皇家의 뿌리나라(根國)-
-廣開土王의 南侵과 未詳城의 位置比定-

朴性興 · 朴泰信 共著

서경문화사

돌화살촉
(출처 : 예산군 덕산면 읍내리 신생원 뒷산)

석도
(출처 : 예산군 오가면 역탑리)

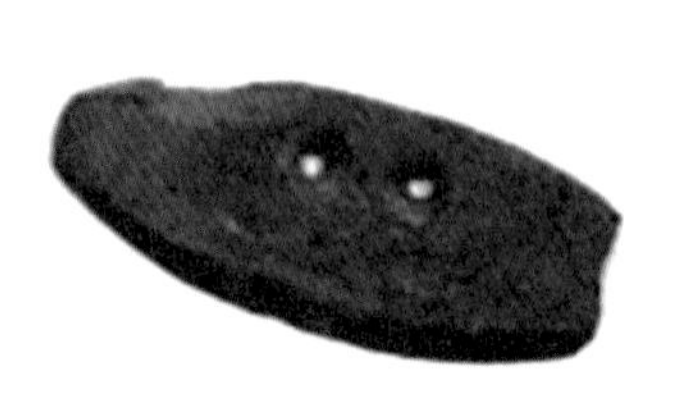

반원형 석도(출처 : 예산군 신암면 종경리)

청동마(출처 : 서산시 운산면 원평리)

침향[출처 : 예산군 삽교읍 수촌리 앞(금마천)]

돌도끼
[출처 : 예산군 삽교읍 수촌리(안다락뫼성)]

돌도끼
(출처 : 예산군 삽교읍 성리)

薪東里土城出土：禮山郡 大興面 薪東里

普慈菴：禮山郡 揷橋邑 城里[목시(目支)部落]

立石(menhir) : 禮山郡 揷橋邑 城里[목시(目支)部落 普慈菴內]

용머리(龍東里)土城 : 禮山郡 揷橋邑 龍東里

성머리(上城里)土城 : 禮山郡 揷橋邑 上城里

말머리土城周邊出土 : 禮山郡 古德面 四里

덕머리토성 : 唐津郡 合德邑 城東里

牛頭里(소머리, 曾尸茂梨)土城 : 唐津郡 唐津邑 牛頭里

長田里土城(任那城) : 禮山郡 光時面(大興地方) 長田里

薪東里土城 : 禮山郡 大興面 薪東里

任那城(長田里)土城出土：禮山郡 光時面 長田里

任那城(長田里)土城出土：禮山郡 光時面 長田里

上哆唎(위다락미)遠景 : 禮山郡 揷橋邑 二里

上哆唎[위(안)다락미]土城 : 禮山郡 揷橋邑 二里

下哆唎[아래(밖) 다락미]土城 : 禮山郡 挿橋邑 二里

龍葛尾土城 : 洪城郡 洪北面 石宅里

싸래기내土城 : 洪城郡 洪北面 龍山里

佛堂 속의 彌勒佛(menhir, 立石, 선돌) : 禮山郡 揷橋邑 水村里

彌勒佛：洪城郡 洪北面 龍山里

彌勒佛：禮山郡 德山面 邑内里 天主敎會 南쪽

彌勒佛：禮山郡 德山面 社洞里 德山溫泉 入口 附近

石谷里彌勒佛：禮山郡 古德面 石谷里

上伽里彌勒佛：禮山郡 德山面 上伽里

돈土城 : 禮山郡 德山面 邑內里

당골성(長城里土城) : 洪城郡 金馬面 長城里 당골

芬而耶羅城(부니티城) : 洪城郡 結城面 琴谷里

瑑城(돋토성) : 瑞山郡 海美面 猪城里

於利城：瑞山郡 海美面 雄梳城里

掃加城遠景：泰安郡 所遠面 所斤里

掃加城近景 : 泰安郡 所遠面 所斤里

古牟婁城(고모루성) : 洪城郡 洪城邑 龜龍里 · 一名 古毛里

周留城(第1 鶴城) : 洪城郡 長谷面 山城里

沙羅, 沙尸良瓦片 : 洪城郡 長谷面 山城里

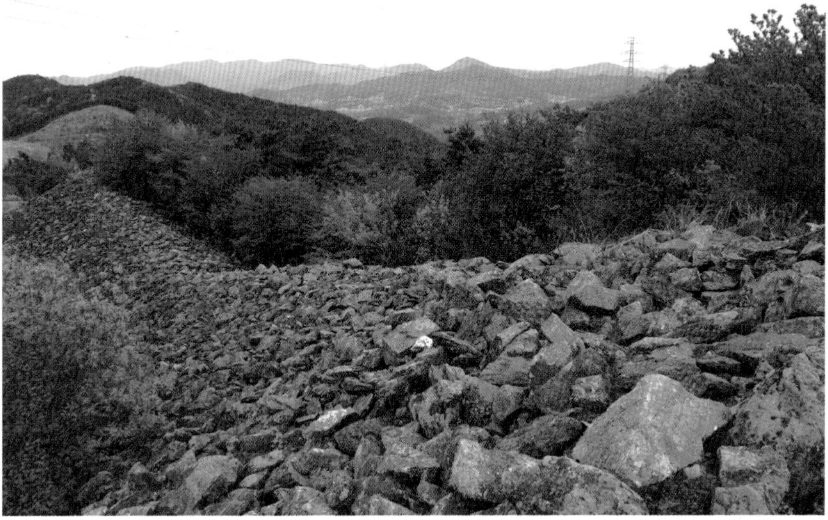

第2 鶴城 : 洪城郡 長谷面 山城里 山上(趙煥雄宅 뒷산)

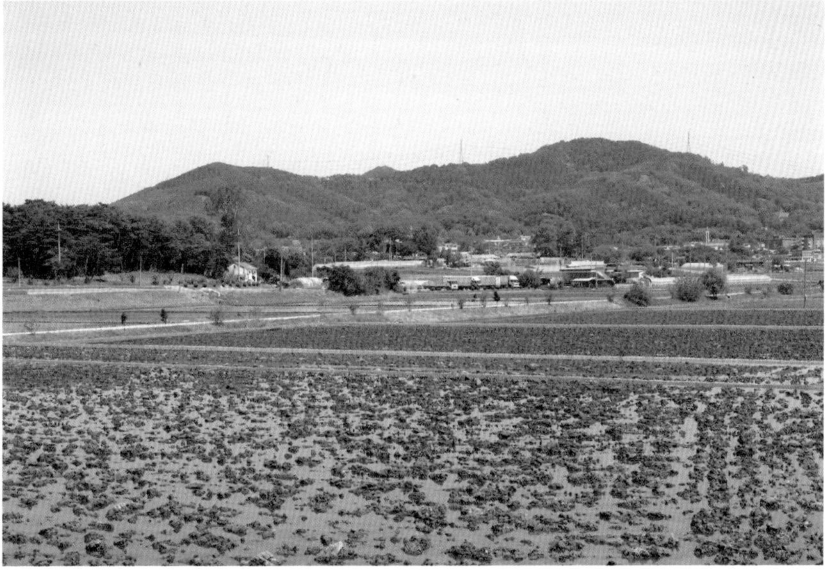

避城(椑城, 蒙城) : 唐津郡 沔川面 上城里

沙平城 : 唐津郡 新坪面 雲井里

豆陵尹城 : 靑陽郡 定山面 白谷里

豆陵城(金盤陽土城) : 靑陽郡 定山面 白谷里

尹城(鷄鳳山城) : 靑陽郡 定山面 白谷里

古連旦涇之水 : 唐津郡 唐津邑 九龍里

內院寺와 福信窟 遠景 : 洪城郡 長谷面 廣城里

福信窟 遠景：洪城郡 長谷面 廣城里

福信窟：洪城郡 長谷面 廣城里

豆率城 遠景 : 靑陽郡 長坪面(赤谷面) 赤谷里

豆率城 : 靑陽郡 長坪面(赤谷面) 赤谷里

孫梁과 只伐浦 : 唐津郡 高大面 瑟項里

白沙 : 唐津郡 石門面 長古項里 "白沙場 漁港(용무치)마을"

白村江 : 唐津郡 石門面 三峰里(熊浦)

白石村의 長岩(긴바위, 차돌백이) : 唐津郡 石門面 三峰里

막무덤 : 唐津郡 高大面 大村里

墳나루 : 唐津郡 高大面 大村里

서언

先親(本 册의 著者)께서는 60년대부터 우리 역사의 古代史 분야인 眞番·目支國에 관하여 연구하던 중 일본인들의 歷史歪曲 문제에 충격을 받고 백제사를 연구하게 된 動機가 되었다.

60년대 末頃만 해도 지방에서는 교통이 불편한 시절이었다.

대중교통수단을 이용하여 내포지방의 구석구석 150여 곳의 城址를 답사 연구하였다. 20여 년 전쯤에 거동이 불편하신 부친을 10년 가까이 간호를 하면서 논문 집필을 도와드리게 되었다.

眞番·目支國의 古代史는 紀元前後로부터 4C까지의 역사이니 문헌이나 유적·유물이 희소하여 古代史를 연구하는데 어려움이 많다.

內浦地方이란 "차령산맥의 서북부지역으로 古代 眞番·目支國의 마한문화권으로서 아산만과 삽교천유역과 가야산을 중심으로 한 개浦가 발달하고 西海에 임한 곳"이다.

1. 내포지방의 古代史에 관하여,

1) B.C. 108年 漢武帝가 衛氏朝鮮國을 침공하던 때 동시에 眞番國도 점령함으로써 設置된 「眞番郡과 그 治所 〈삽현-霅縣〉의 位置問題」,

-眞番郡治霅縣去長安 七千六百四十里十五縣. 『茂陵書』-

2) A.D. 121年頃 三韓(南韓) 全域을 領導한 것으로 기록된 「馬韓 目支國의 位置와 그 辰王에 關한 問題」 등이다.

-馬韓最大 共立其種爲辰王 都目支國 盡至三韓之地 其諸國王先 皆是馬韓種人焉.『後漢書 · 韓伝』-

-辰王治月(目)支國.『三國志 · 魏書 · 韓伝』-

古今을 통하여 볼 때 各人各說로 오늘에 이르고 있다.

이 두 문제에 대한 通史의 推定에는 수긍하기 어려운 결함이 내포되어 있음을 斟酌케 된다.

筆者는 目支國의 位置問題를 論하면서 〈眞番國-藩國의 主部는 內浦地方의 揷橋川流域이고, 目支國은 이를 계승한 것〉이라고 주장한다.

本 稿에서는 이를 고증하는데 노력하였다.

『日本書紀』에 나타나는 任那, 卽 임(任, 님)의 나라의 미마기[ミマキ, 桑(三)間宮殿]에 崇神王이 살고 있었고, A.D. 313年 騎馬民族인 高句麗 美川王에 의해서 漢 · 魏인 中國系 세력인 낙랑군이 韓半島로부터 축출 당하니, 大興地方의 任那國에 살던 崇神(しうじん)王은 위협을 느끼고, 任那地方을 떠나 1차적으로 경상도 남해안인 金海地方으로 이동하였다가, 거기서 다시 日本의 九州北部地方으로 이동한 것으로 생각한다.

崇神(しうじん)이 떠난 內浦地方에는 馬韓系인 目支國의 辰王이 있었다.

筆者는 禮山郡 揷橋邑 城里의 목시(moksi, 目支) 部落이 目支國의 主部라고 주장한다. 이 目支國이 司馬遷이『武陵書』에서 말한 眞番郡의 治所 雪縣인 것이다.

A.D. 395年 廣開土王이 京畿道地方의 18個城을 정복하자, 馬韓諸國과 弁 · 辰諸國의 折半인 12個國을 지배하였다는 目支國(禮山郡 揷橋邑 城里)의 辰王(應神)은 이에 놀라, A.D. 396年初 馬韓諸國을 침공하기 직전 경상도 김해지방을 거치지 않고, 船便으로 海路를 통하여, 九州南部地方으로 亡命, 狗倻國, 卽 伽倻國을 세운 다음, 北九州의 卑彌呼(ひみこ)를 멸망시키고, 일본 중심부인 近畿[긴기, 오사카(大阪), 나라(奈良)]地方으로 진출, 에가미(江上波夫)教授 說대로 2차 통일국가를 수립한 것이 應神(おうじん)天皇이다.

A.D. 396年 廣開土王의 공격을 당한 伽倻諸國은 전라도와 경상도 해안지

방으로 이동, 2차 任那 · 伽倻國을 세웠다.

이것이 후기 임나 · 가야(김해가야)이다.

『日本書紀』 神代紀篇에 일본 天孫降臨神話의 誕降場所인 久土布流(쿠지후루)는 龜旨峰이다.

伽倻國의 始祖 金首露王도 龜旨峰의 알(卵)에서 誕生하였다.

일본의 始祖와 金首露王은 다 같은 龜旨峰에서 태어난 雙生兒인 것이다.

그 중 하나는 일본에 정착 일본의 國祖가 되었고, 또 하나는 김해에 정착 가야국의 國祖가 되었다.

당진 우두리의 거북산에 살던 馬韓 韓族인 前期任那 · 伽倻人이, 북방민족인 기마족(고구려인, 부여족)에 밀려 김해에 정착(後期任那 · 伽倻)한 것이 金首露王이라 하고, 다른 一派는 일본으로 건너가 일본의 지배층이 되었다고 주장한다.

"당진의 牛頭里(曾尸茂梨, ゾウシモリ)는 일본의 천손강림신화와 金首露王의 탄신신화 두 곳 모두를 충족 시켜주는 장소다." [1편 1장 5. 古代 內浦地方과 古代日本語, 9) 牛頭里(소머리, 소시머리, 曾尸茂梨, ゾウシモリ), 6. 古代 內浦地方은 日本 天皇家의 뿌리나라(根國)-前期任那와 前期伽倻는 內浦地方에 있었다- 參照]. 古代 일본 지배층의 뿌리가 농경문화를 가진 충남 내포지방에서 일본으로 건너간 馬韓 韓族이므로 일본인들이 주장하는 임나일본부설을 근거로 하는 일본의 우월주의 사상을 잠재울 수 있으며, 일본은 우리와 同一한 韓族으로서 21C를 함께 개척해 나아갈 수 있으리라 확신한다.

2. 洪州周留城과 白村江戰鬪에서,

1) 일본이 한국을 침범한 직후인 1913년 쓰다(津田左右吉)교수가 주류성 한산설과 백촌강 웅진강(금강)說을,

2) 1924년 오다(小田省吾)씨가 처음으로 주류성은 위금암산성이고, 백촌강은 동진강이라고 주장하는 說,

3) 단재 신채호선생이 주장한 燕岐說,

4) 고산자 김정호 선생의 『대동지지』에서 "洪州牧 本百濟周留城 唐改支潯州"라는 說을 연구 정립 한 것이 선친께서 주장하였던 洪州 周留城說 이다.

이 네 곳의 學說이 오늘에 主流를 이루고 있다.

이미 850여 년(A.D. 1145) 전 金富軾이 『三國史記』를 편찬할 당시 약 200여 곳이 「이름은 있으나 위치가 확실치 않은 곳(有名未詳地)」으로 분류한 상태인데, 이들 百濟遺跡을 1,300여 년이 지난 오늘에 고증한다는 것은 容易한 일은 아니다. 이 史跡들은 서로 깊은 聯關이 있으므로, 이제라도 어느 한 곳이 새로이 규명될 경우, 이를 參較삼아 다른 확실치 않은 곳도 밝혀 낼 수 있을 것이다.

本 稿에서는 『三國史記』의 기록을 軍事史學的인 作戰概念으로의 접근을 충실히 인용 참고하였다.

위치가 규명되지 않은 豆陵尹城, 〈周留城 = 두루城 = 州柔城 = 石城 = 鶴城〉, 〈白村 · 白村江 · 白江 · 白江之口〉, 〈避城 = ヘサシ = 樿城〉, 沙平城 等과 진번 · 목지국의 위치와 명치시대 이래 일본인들이 찾고 있는 일본을 개국한 천조대신(아마데라스오호미가미)의 男同生인 素戔鳴尊(스사노오노미고도, すさのをのみこと)이 韓鄕에서 살던 곳, 소시머리(소머리, 牛頭里)를 내포지방에서 고증한 것은 큰 의미가 있다.

先親께서 백제부흥전쟁사를 연구할 때 함께 현장을 답사하고, 그 가능성을 확인하여주신 당진 석문중학교 申良雄 校長 선생님과 내포문화연구소 洪奭杓 소장님, 당진군과 홍성군의 향토사연구회원과 卜益采 회장님께 감사드린다. 고증자료를 탐구하던 때 수많은 유적과 유물을 教示하여 주신 申二均 석문중학교 이사장님은 고인이 되셨다. 또한 3~4일이 멀다하고 전화로 격려와 위로를 아끼지 않으신 전 공주사대 불문학과 류제경 교수님께도 감사드린다.

2008년 先親께서 몸이 불편하실 때 성급한 마음에 교정도 제대로 못하고 출간을 하였다. 이제 보완을 하고 재 발간함에 있어 적극 도와주신 서경문화사 김선경 사장님과 열의를 다해 교정에 참여한 편집국 직원 분에게도 감사를 드린다.

여러 논문을 종합편집하다 보니 중복되는 내용이 다수 있으며, 의욕만 가지고 글을 쓰다보니 부족한 점이 많아 안타갑고 송구스런 마음이다. 격려와 질타를 부탁드립니다.

遺稿集이 되어버린 本稿를 先親의 靈前에 올립니다.

2016. 6.
德山 伽軒房에서
박 태 신

차례

第1篇 內浦地方의 古代史 ... 43

1. 序言 ···· 45
2. 假說的 問題提起 ···· 49

1章 內浦地方의 古代文化 ···· 55

1. 內浦地方 ···· 55
2. 內浦地方出土의 靑銅器類 ···· 57
3. 伽倻의 地名은 어디에서 왔을까? ···· 61
4. 檀君朝鮮과 上古時代 ···· 63
5. 古代 內浦地方과 古代 日本語 ···· 69
6. 古代 內浦地方은 日本 天皇家의 뿌리나라(根國) ···· 84
   -前期任那와 前期伽倻는 內浦地方에 있었다-

2章 眞番郡 考 ···· 101

1. 眞番의 位置에 대한 前提 ···· 101
2. 眞番의 藩國 ···· 102
3. 禮山郡과 洪城郡은 眞番國의 故地 ···· 105
4. 眞番郡의 北方說과 南方說 ···· 111
5. 藩國은 眞番郡中의 南部 8縣地方 ···· 114
6. 眞番郡은 帶方郡의 南쪽 ···· 115
7. 眞番國과 辰國과 帶方郡 ···· 119
8. 蕃國(眞番國)의 主部는 禮山郡 揷橋地方 ···· 121
9. "雪縣"의 必須的 與件 ···· 129

3章 目支國 考 ···· 132

1. 目支國의 問題提起 ···· 132

2. 목시(moksi)土城-目支國 133
3. 目支國은 眞番의 正統 狹義의 辰國은 目支國의 故地인가? 140
-李丙燾 學說에 대한 檢討-
4. 辰國의 辰王과 目支國의 辰王 145

4章 諸學說에 대한 檢討 157
1. 歸結없는 眞番 研究 157
2. 錦江(熊川-熊津江)流域說 158
3. 茂陵書는 僞書인가? 159
4. 忠淸南道의 沃土地帶는 두 곳 163
-이와기찌(稻葉岩吉)博士의 [忠淸道 沃土說]에 대하여-
5. 霅縣은 깊고 짧은 河川邊 164
-楊守敬의 <熊津江說>과 李丙燾博士의 反論에 대하여-
6. 藩國의 海産物 168
-이마니시(今西龍)博士의 廣域 錦江流域說에 대하여-
7. 去長安 7,640里 170

5章 揷橋地名 考 179
-言音的인 考察-
1. 揷橋 179
2. 揷橋川 180
3. <揷>字의 基因은 <霅> 186
-沙邑川은 <서내-삽내>에 대한 借音 表記다-

6章 結語 190

第2篇 廣開土王의 南侵과 未詳城의 位置比定 ... 201

第3篇 洪州周留城과 白村江 戰鬪 ... 223

1章 序言 ... 225
1. 位置가 確實하지 않은 百濟遺蹟에의 接近 ... 225
2. 周留城과 白村江에 대한 筆者의 基本槪念 ... 227
3. 周留城과 白村江 問題 ... 235

2章 百濟 故地의 地政學的 特徵 ... 244
1. 忠南地方의 分水嶺 車嶺山脈 ... 244
2. 忠南 西海岸의 潮汐 ... 245
3. 熊津江(錦江)과 揷橋川(삽내-霅川)의 水運 ... 246
4. 牙山灣 ... 250

3章 筆者의 百濟復興戰 遺跡의 遍歷(두루살핌) ... 252
1. 古山子 金正浩의 洪州 周留城說 ... 252
2. 黑齒常之는 검은산 아래(伽倻山下)의 內浦人 ... 253
3. 洪州 두루城(두루미城 = 鶴城 = 周留城 = 州柔城 = 石城) ... 255
4. 鶴城(주류성 = 두루城 = 沙尸良城 = 石城)의 發掘調査 ... 256
5. 百濟의 敗亡과 百濟復興戰 ... 261
-今突城과 沙羅之停은 同一한 場所-
6. 周留城과 白村江의 位置問題 ... 269

4章 周留城 考 ... 286
1. "避城" 考證에 의한 周留城에의 接近 ... 286
-沔川 槥城-

2. 沔川 樿城이 日本書紀의 避城 ···························289
3. 犬上君의 "石城" 訪問과 福信窟 ···························305
4. 第 2次 新羅軍과 唐軍의 周留城 攻略 ···························310
5. <豆率城 = 慈悲城>과 角山 ···························312

5章 白村江 考 ··························· 315
1. 位置 未詳의 白村江 ···························315
2. 白江(白江口 = 白村江) ···························316
3. 孫梁과 只伐浦·長巖 ···························317
4. 大興地方의 唐山 ···························320
-任存城은 白江에서 周留城으로 進擊하는 途中에 있다-
5. 白村江(白江口)의 海戰 ···························322
6. 唐津郡 高大面의 大古墳(막무덤) ···························335

6章 百濟遺民의 日本亡命 ··························· 341
1. 枕服岐城과 弖禮城(데레성)의 位置 ···························341
2. 무데(ムテ, 牟弖, 무티, 틀무시, 機池市) ···························344

7章 結語 ··························· 349

參考文獻 ··························· 355

廣開土王碑文解譯과 未詳城의 位置 比定

NO	王健群判讀	NO	筆者判讀과 城郭位置比定	
1	寧八城			
2	臼模盧城			
3	各模盧城			
4	幹底利城			
5	□□城			
6	閣弥城			
7	牟盧城			
8	弥沙城			
9	古舍蔦城			
10	阿旦城			
11	古利城			
12	□利城			
13	雜珎城			
14	奧利城			
15	句牟城			
16	古模耶羅城			
17	須鄒城			
18	□□城			
19	□而耶羅城	1	芬而耶羅城	洪城郡 結城面 琴谷里(부니티)
20	瑑城	2	瑑城	瑞山市 海美面 猪城里(돈土城)
21	於利城	3	於利城	瑞山市 海美面 雄梳城里(於利城)
22	農賣城		農賣城	
23	豆奴城	4	豆奴城	禮山郡 揷橋邑 頭里(두루머리土城)
24	沸城	5	緋城	保寧市 熊川面 水芙里(붉은뎅이土城. 萬盧國)
25	比利城	6	比利城	禮山郡 古德面 大川里(卑离城, 今候山周邊)
26	弥鄒城	7	彌鄒城	牙山市 仁州面 密頭里(金城)〈金聖昊〉
27	也利城		也利城	
28	大山韓城	8	大山韓城	瑞山市 地谷面 環城里(韓城, 大山部曲)
29	掃加城	9	掃加城	泰安郡 所遠面 所斤里(漢衣山城)〈金聖昊〉
30	敦拔城		敦拔城	
31	□□□城		□□□城	
32	婁賣城		婁賣城	
33	散那城	10	散那城	洪城郡 長谷面 佳松里(城中部落) · 洪東面
34	那旦城		那旦城	

NO	王健群判讀	NO	筆者判讀과 城郭位置比定	
35	細城	11	細城	天安市 木川面(細城山城)〈井上〉
36	牟婁城	12	牟婁城	禮山郡 古德面 四里(말머리土城, 宮(軍)牟婁)
37	于婁城		于婁城	
38	蘇灰城	13	蘇灰城	唐津郡 合德邑 素素里(되뫼山城. 素素部落. 灰台部落)
39	燕婁城		燕婁城	
40	析支利城		析支利城	
41	巖門旨城	14	巖門旨城	唐津郡 石門面 三峰里(高山아래, 泰山城)
42	林城	15	任(林)城	禮山郡 光時面 長田里(長田里土城, 只三村)
43	□城	16	犬城	瑞山市 雲山面 巨城里(개성=伽倻城=巨城)
44	□□□城		□□□城	
45	□利城		□利城	
46	就鄒城			
47	□拔城			
48	古牟婁城	17	古牟婁城	洪城郡 洪城邑 九龍里(고모랭이土城. 古牟里)
49	閏奴城	18	閏奴城	唐津郡 順城面 本里[毖(御)羅山. 되뫼城]〈酒井, 井上〉
50	貫奴城		貫奴城	
51	彡穰城		彡穰城	
52	曾拔城			
53	宗古盧城			
54	仇天城	19	仇天城	瑞山市 海美面 冬岩里(구터바위城. 古海美城)
55	□□□			
56				
57	□□			
58	□□□	20	百殘城	京畿道 漢江 南쪽

百濟末期의 忠淸南道 地方圖

(朴性興 原案)

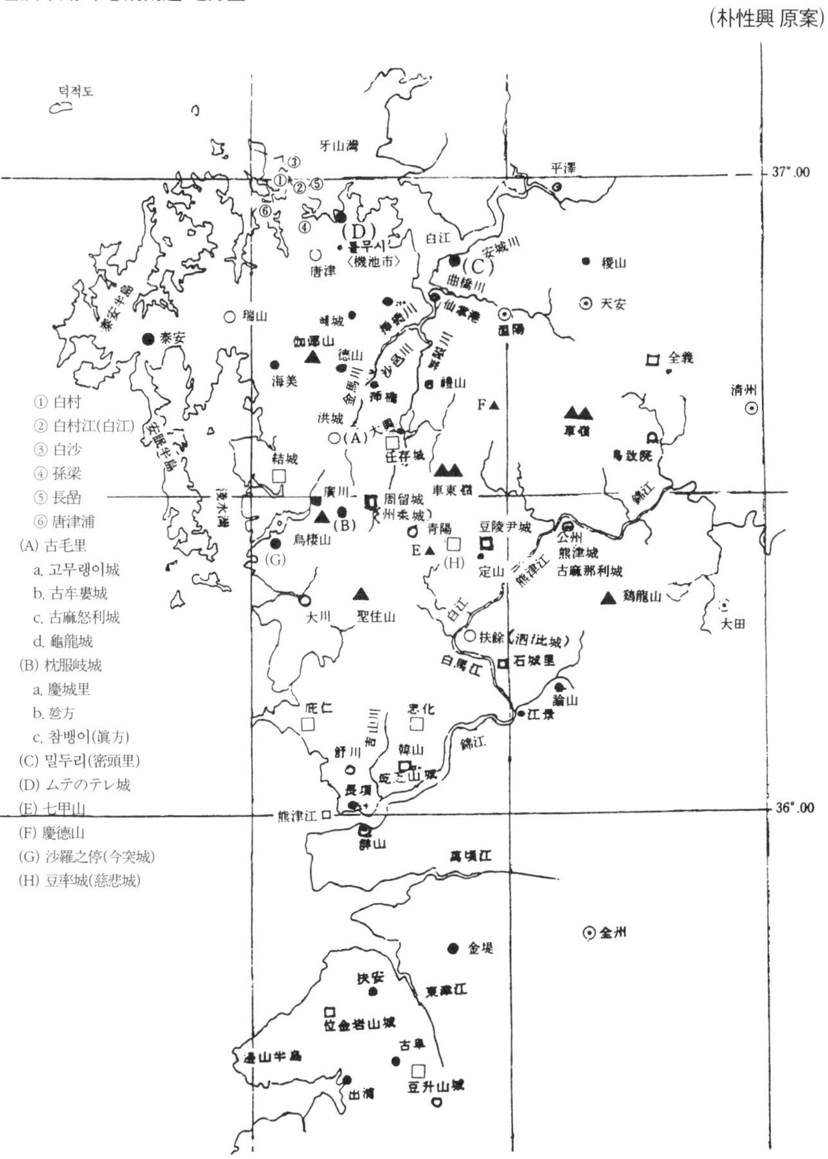

百濟復興戰史關聯 遺跡의 假說圖表

地名	所在位置	
任存城	大柵 : 鳳首山 山頂(禮山郡 大興과 洪城郡 金馬間) 大興(只彡村) a) 小柵 : 上中里 鳳首山 下麓(大興中學校 옆) : 官祿재城 b) 任那城 : 光時面 長田里土城, c) 薪東里土城 : 大興面薪東里	
豆陵尹城	a) 豆陵城 : 青陽郡 定山面 白谷里(金盤陽土城) b) 尹城 : 青陽郡 定山面 白谷里(鷄鳳山城)	
古沙比城	a) 草幕골土城 : 定山面 德城里	加召川-鵲川里(까치내)
豆率城	七甲山 西南麓 : 青陽郡 赤谷(長坪)面 赤谷里 山頂, 角山-七甲山	
周留城 州柔城-ツヌサシ 石城-シヤクサシ	洪城郡 長谷面 大峴里, 山城里의 鶴城山城(乫方城 = 石城) 및 大釜洞盆地	
참뱅이	南城재(峙)土城(洪城郡 長谷面 廣城里골뜸) シソブクギサシ-심부구기사시-침북기성-枕服岐城	
沙平城	沙平縣城(唐津郡 新平面 雲井里, 城재)	
避城 혜사시 · ヘサシ	樽城 = 蒙山城(唐津郡 沔川面 城上里, 잿골 = 城谷)	
白村 하구스기 · ハクスキ	차돌배기마을(白石村)(唐津郡 石門面 三峰里 1區)	
白村江 ハクスキノヱ	白石村의 〈入江=이리에(イリヱ)=灣〉, 白石村의 浦口 · 熊浦	
白江	牙山灣(孫仁師의 渡海援軍인 唐軍의 上陸地點은 密頭里와 仙掌港 間)	
白江之口 白村江	唐津郡 石門面에서 高大面에 걸친 牙山灣 入口 部位의 沿岸(海)	
白沙	石門面 長古項里의 용무치, 4km에 達하는 白沙場 漁港 周邊	
長嵒	唐津郡 石門面 三峰里의 海中으로 뻗은 200餘m 巖脈	
只伐浦	唐津郡 高大面 長項里의 只섬(島)의 옛浦口	
孫梁	唐津郡 高大面 長項里와 大村里 中間에 位置한 좁은地形의 옛浦口 (長港橋 下流 500m)	
福信窟	烏棲山 北東쪽 中턱 長谷面 廣城里 內院寺앞	
弖禮城	唐津郡 松岳面 井谷里의 돌무지(石城, 積石塚)	

第1篇
內浦地方의 古代史

1章 內浦地方의 古代文化
2章 眞番郡 考
3章 目支國 考
4章 諸學說에 대한 檢討
5章 挿橋地名 考
6章 結語

1. 序言

1940年頃에 地方에서는 交通手段으로는 自轉車가 고작이던 무렵 8~9年間을 禮山郡에서 勤務한 德分에 管內를 두루 돌아 볼 수 있었는데, 內浦地方 특히 揷橋川流域이야 말로 考古學的 處女地라고 느껴왔다.

多量의 土城, 支石墓(dolmen, 고인돌), 立石(menhir, 선돌), 寺刹遺墟와 若干의 古墳, 게다가 近年들어 8~9件의 優秀한 青銅器類의 出土가 있었기에 더욱 그러하다.

禮山郡 新岩面의 龍山[94m, 목시(moksi, 目支)地方]의 主峰에 올라 살펴보면 東으로는 車嶺山脈과 南으로는 烏棲山, 西에는 伽倻山峻脈. 이것들이 包括하는 幅 7~80里, 길이 170~180里의 廣闊한 緩丘陵地帶와 禮唐의 肥沃한 無限川은 三峽鷺江을 이루면서 北쪽 牙山灣으로 流入된다.

金秋史의 煙江疊嶂. 그 景觀內에 어찌 古代文明이 없었으랴.

나는 우리고장의 根源이 밝혀지기를 期待하였기에 그간 몇 분 學者들에게 內浦地方의 古代文化에 留意할 것을 勸誘하여 보았지만 아무도 關心을 가져주는 이 없었다.

內浦地方을 疏外輕視하는 傾向은 오늘에 까지도 여전하다.

支石墓 研究를 예로 들면 미가미(三上次男)博士의 『韓國 支石墓의 集成表』에서는 禮山 · 洪城郡의 것은 물론이고, 忠南의 折半地域에 해당하는 內浦地方의 것은 實際로는 支石墓라고 보기 어려운 部落名인 "支石里"인 鷹

峰面의 흔들바위 一件이 收錄되어 있을 뿐이고, 8年間에 걸쳐 南韓의 支石墓 1,723基를 實地踏査 하였다는 미스오까(光岡雅彦)氏의 『韓國 古地名의 謎』의 큰 業績도 揷橋川流域의 對象物에 관한 한 全無함은 이를 말한다.

또 地名採集을 예로 들면 金聖昊氏는 『沸流百濟와 日本의 國家起源』에서 여러 系統의 地名一覽을 援用하고 있는데, 內浦地方의 "熊系地名"으로는 瑞山의 熊島와 洪城의 金馬川을 採錄하였을 뿐이다.

禮山 周邊地方의 것만을 살펴보아도

① 禮山邑 金烏山 東麓의 "거무실"

이곳 禮山邑 勃然里에서 1940年代에 石棺墓를 10餘基 發掘한 바 있었다.

② 禮山郡 大述面 詩山里의 "곰실(熊室)".

이곳에서 大述面 詩山里와 新陽面 時旺里(俗地名 ; 不雲里)에 걸쳐, 立石(menhir)과 支石墓(dolmen)가 多數 散在하며, 石刀類가 出土된다.

③ 合德邑 玉琴里의 "거문(검은)들"

④ 古德面 上宮里의 宮말 앞을 "거문(검은)들"

⑤ 德山 伽倻山의 古名이 "거문(검은)산"

⑥ 唐津郡 順城面 鳳巢里의 "검은들"

⑦ 古德地方의 古地名이 百濟때는 "今勿縣", 唐의 占領下에서는 "支潯州, 已汶縣". 新羅가 占領하고는 "今武". 이 모두 "黑(검은)"에 해당한다.

⑧ 上記 "金馬川"은 現 揷橋川의 上流를 말함인데, 金正浩의 大東輿地圖와 舊 德山邑誌에서는 同一 河川의 上流(南쪽)를 "金馬川", 下流(北쪽)를 "沙邑川"이라 記載하였다.

이 沙邑川에 架設한 다리(橋)가 "沙邑다리"→"삽다리"→"삽다리 + 내" →"揷橋川"으로 變遷한 것이다.

金馬라는 地名은 "洪城郡 金馬面"과 揷橋川上流에 "金馬川"으로 남아있다.

⑨ 그러면 禮山의 揷橋邑과 洪城의 金馬面, 洪北面, 洪城邑의 河川(金馬川)을 中心으로 隣接하는 地帶의 "金馬"라는 地名은 어디에서 緣由하는 것일까?

이는 現 金馬面과 洪城邑이 接境한 河川邊인 "고무랭이(古牟婁)"에서 비롯된다.

保寧에서 廣川→禮山路程은 現在의 道路가 아니라 "廣川→大興→禮山"이었는데, 그 옛 路順은 이곳 "立石(menhir)酒幕[現在는 人家가 없음]"에서 "오목내(凹川)"를 건너게 된다.

聖住山과 烏棲山에서 發源하는 두 줄기 河流는 이 "오목내(凹川)"에서 合流하는데, 이 좁고 깊은 냇물이 金正浩의 "金馬川," 李丙燾博士의 "熊川"인 것이다.

이곳 合流地點에 "고모랭이(古牟婁) 二重土城"이 位置한다. 洪城驛에서 南方向으로 咫尺之間에 바라다 보이는 孤立된 二重段丘를 이루는 野山土城이다.

"고무랭이(古牟婁)"地方을 五万分地形 地圖에는 「古毛里」로 記載되어 있지만, 나는 이를 A.D. 396年 廣開土王의 攻略을 받은 「古牟婁城」으로 推定하고자 한다.

위에서 예로 들은 바와 같이 지금까지 史學界에서 忠南의 若 折半을 차지하며, 中國大陸과 至近距離인 西海岸의 內浦地方에 沃土地帶가 存在함을 無關心하게 보아온 것은 아마도 이 地方이 近來까지 靑銅器文化의 不毛地로 認識되어 온 때문인 것 같다.

드디어 靑銅器文化의 不毛地. 揷橋川流域의 여러 場所에서 多數多量의 燦爛한 靑銅器類가 發掘되었다.

牙山市 新昌面의 南城里, 禮山郡 大興面의 東西里를 爲始하여 學界에 紹介되지 아니한 6~7件의 優秀한 出土品이 있었음을 「第 1篇 1章 2. 內浦地方 出土의 靑銅器類」에서 살피는 바와 같다.

1) 筆者는 일찍이 李丙燾博士의 論文中에서 「安城川 -熊川流域인 稷山 · 平澤地方이 目支國과 辰國의 故地」라는 句節에서, 李丙燾博士 스스로 考古學的으로나, 文獻學的으로도 考證資料가 未洽함을 自認하면서도 大勢論的으로 이 「稷山地方說」을 推定하였음에 疑問을 느낀 적이 있었다. 왜냐하면,

내가 아는 禮山郡 揷橋邑 城里는

a) 俗稱地名이 〈宮마루〉 或은 〈목시(moksi)〉인데, 이를 漢字로 對應(借字)하면 「目支」이고,

b) 이 마을에 두 곳의 平地土城이 있었고,

c) 部落의 中央部에 位置하는 祠堂內(普慈菴)에는 巨大한 立石(menhir)이 모셔져 있고, 部落周邊에는 數基의 支石墓가 남아있다.

d) 이 部落의 背後地方인 〈피지기〉附近에서는 石鏃(석촉) · 石刀 등을 얼마든지 拾得할 수 있었다. 日帝때 이곳에서 靑銅器類의 出土가 있은 후로는 頻繁히 盜掘이 있어 왔는데, 近年에 또 新岩面 宗敬里 등에서 7~8件의 出土가 있었다.

그러므로 李博士의 "稷山地方"보다는 "揷橋邑 城里 -목시(moksi)地方이 「目支國」의 故地일 可能性이 크다"고 느꼈기 때문이다.

2) 이마니시(今西龍)博士의 『眞番郡 考』에서 敎示를 받은 것은 漢의 眞番郡이 罷郡된 다음 原住韓族의 自治國으로 되돌아간 國名이 〈藩國(번국)〉이라는 事實이었다.

A.D. 121年頃에 著述된 許愼의 『說文解字』에 나타나는 〈樂浪 · 藩國〉 産의 魚類에 關한 記錄인데, 이 〈藩國〉을 淸의 學者 段玉裁는 〈眞番國〉이라 考證한 것이다.

樂浪이 곧 漢郡設置 후의 韓半島를 말함이고, "藩國"은 漢郡이 撤收한 다음 [原住眞番族-韓族]이 再建한 나라에 대한 中國의 記錄이라면 [金馬川-揷橋川]流域의 10餘 平地土城地方의 中心部를 이루는 禮山郡 揷橋邑 "水村里"의 俗地名이 〈반챙이〉 或은 〈원반챙이〉 이기에 筆者의 큰 關心을 끌었다. "-챙이"를 接尾辭로 보면, 〈藩〉은 〈原潘(원번)-原藩 · 原番, 原來의 番〉이 된다.

옛날 金馬들(반챙이앞 平野)에 큰 都邑이 있었는데, 大洪水로 廢都가 되었다는 傳說(第1篇 2章 8. 藩國(眞番國)의 主部는 禮山郡 揷橋地方)은 이

地方에 널리 알려져 있거니와 이 〈반챙이部落〉에도 훌륭한 平地土城과 支石墓와 立石(선돌, menhir)을 改刻한 것으로 보이는 巨大한 立佛이 남아 있고, 部落背後에는 陵墓(능묘, 능미, 능뫼)라는 丘陵에는 4基의 大型古墳까지 現存한다.

더구나 이 地方의 背後를 이루는 德山과 洪城 및 大興地方과 瑞山의 副長里에서도 國寶級인 靑銅器類가 出土된 바 있기 때문이다.

3) 한편, 〈眞番郡 在南方說〉의 發想者인 淸末의 大地理學者 楊守敬先生의 〈錦江流域說〉에서 筆者는 "〈錦江-熊津江〉만이 〈熊川〉이냐?" 하는 疑問을 느꼈다.

"插橋川의 上流인 金馬川이 〈雪縣〉이 位置하던 〈熊川〉일 수는 없는가?" 말이다.

內浦地方이 眞番과 目支國의 故土일 수 있다는 筆者의 推想에 激勵와 意慾을 안겨 준 것은 故 李鉉淙博士 였다.

그 분은 筆者에게 「通史에서의 眞番郡 問題는 空白입니다. 空白으로 놓아 둘 수가 없어 李丙燾博士의 學說을 擇하고 있는 것입니다.」라고 하였다.

그 後로 5年 餘. 나는 未洽한 知識을 무릅쓰고 이 問題에 關心을 쏟았다.

이에 한 鄕土人의, 한 門外漢의, 한 見解를 적어 두려 한다.

2. 假說的 問題提起

實學派 以後로 日帝 때까지는 그렇다 할지라도, 專門史家들이 내 나라 歷史를 進步된 方法으로 自由로이 探究할 수 있었던 60餘年이 經過한 이 時點에서도, 아직껏 異說이 紛紛한 事項이 있음을 볼 때면 錯雜한 感을 느끼게 된다.

上古史는 國史의 뿌리 部分이다. 이 分野에서의 定說이 어긋나 있을 境遇

이를 基準으로 한 다음 硏究들이 混迷를 거듭하게 될 것임은 必然的이라 하겠다.

이러한 觀點에서 筆者가 關心을 갖게 된 것이 바로 各人各說을 이루고 있는 다음 事項들이다.

1) B.C. 108年 漢武帝가 衛氏朝鮮國을 侵攻하던 때 同時에 眞番國도 占領함으로써 設置된「眞番郡과 그 治所 〈삽현-霅縣〉의 位置問題」와,

-眞番郡治霅縣去長安 七千六百四十里十五縣.『茂陵書』-

2) A.D. 121年頃 三韓(南韓) 全域을 領導한 것으로 記錄된「馬韓目支國의 位置와 그 辰王에 關한 問題」등이다.

-馬韓最大 共立其種爲辰王 都目支國 盡至三韓之地 其諸國王先 皆是馬韓種人焉.『後漢書 · 韓伝』-

-辰王治月(目)支國.『三國志 · 魏書 · 韓伝』-

1) 眞番郡의 位置에 關하여 通史 李丙燾說에서「慈悲嶺以南의 黃海道地方과 漢江以北의 京畿道地方」으로 推定하였고, 郡治 霅縣의 位置에 대하여는 〈霅縣의 所在도 漢江北岸인 서울附近으로 보고 싶다〉 하였다.

이에 關하여 學界 또한 李丙燾博士의 說을 따르는 것이 大勢이다.

그러나 한편,

a) 北滿洲地方인 哈爾濱(寧古塔)地方說.

b) 鴨綠江의 支流인 冬佳江流域說.

c) 錦江流域인 忠淸道 · 全北地方說. 심지어

d) 榮山江流域說과 慶北地方說까지 擧論된다.

다시 말하면 定說이 確立이 안되어 있는 分野라 하겠다.

2) 馬韓 54國 中의 하나인 目支國의 位置에 대하여는 通史-李丙燾說에서「天安 · 稷山地方」이라 推定하고,「이는 辰國을 繼承한 것」이라고 까지 主張되었다.

그러나 이에 反하는 硏究로는

a) 千寬宇 先生은 『韓國史硏究』「戰後三韓考」, pp.13~30에서 仁川地方說을,

b) 金貞培敎授는 『韓國史硏究』, p.17에서 全北 益山 · 金馬地方說을,

c) 申景濬의 益山 · 金馬說, 『疆界誌』,

d) 申采浩先生의 서울 慰禮城說, 『韓國史硏究草』

e) 李基白, 李基東敎授는 稷山地方에서 益山地方으로의 移動說 등이 이를 追窮하고 있다.

이로 미루어 이 두 問題에 대한 通史의 推定에는 首肯하기 어려운 缺陷이 內包되어 있음을 斟酌케 된다.

筆者가 近年들어 上古史에 興味를 느껴 古代史料들을 읽게 된 過程에서 위 두 問題에 접하면서 나름대로 다음과 같은 假想을 갖게 되었다.

A) 眞番郡과 霅縣의 位置問題에 대하여는,

a) 漢의 侵略軍이 26年後에 撤收한 다음(B.C. 82年) 原住韓族이 再建한 國名이 "藩國"인데,

이는 원반챙이 或은 반챙이土城地方(現 禮山郡 揷橋邑 水村里)이 그 核心體였다. 〈第 1假說〉

b) 藩國이라는 國號는 〈반챙이 城〉의 "반"이라는 音을, "番(번)" 或은 "藩(번)"字로 借字 表記한 것이다. 〈第 2假說〉

c) 行政區域名을 霅縣(삽현)이라 하였음은 郡治所를 設置한 "반챙이" 或은 "原반챙이城"이 〈삽내-沙邑川-揷橋川〉 邊에 位置하며, 그 管轄區域 또한 "삽내流域地方" 이었으므로 이 地方 傳來의 河川名인 〈삽내〉의 "삽"이라는 音을 "霅-삽"이라는 한자로 借字하여 縣名을 삼은 것으로 생각하였다. 〈第 3假說〉

이에서 看過할 수 없는 問題가 提起된다. 眞番郡은 그 領域이 15縣이었는데 李丙燾博士가 通史에서 黃海道 慈悲嶺以南地方에 考証을 한 것은 그 중

의 北部 7縣에 해당하는 部分 뿐 이다.

그러면서 南部 八縣은 그 縣名이 전해짐이 없음을 指摘하면서 大略 漢江以北地方으로 推測하였고, 唯一하게 縣名이 알려진 治所 "雪縣" 뿐이고 南部의 殘餘 7個 縣名을 알 길이 없음은 筆者 또한 李博士와 다를 바 없으니, 여기서 論及할 수 있음은 "雪縣" 뿐이다.

그 雪縣의 位置가 〈삽내-挿橋川〉 流域이었다는 것이 筆者의 假想이고 보면, 北部 7縣과 南部 8縣 사이는 멀리 떨어져 있었다는 結果가 된다.

이 廣大한 區間, 즉

① 京畿道의 大部分과 挿橋川流域 間에 殘餘 7個 縣이 配置되어 있었느냐?

② 或은 京畿道地域의 大部分은 漢의 直轄이 아닌 韓族에 속하는 多數部族國들이 服屬되어 있는 소위 「空地」였느냐?

③ 錦江流域인 忠南地方과 全北地方에 까지 미쳐 있었느냐?

④ 內浦地方 自體가 南部 8縣地方에 해당하느냐? 하는 疑問이 提起된다.

眞番國은 戰國燕時代 때(B.C. 3C) 이미 中國의 交易對象國이던 나라이긴 하지만 약 2,000年前 文化段階에서 東은 車嶺山脈에 가로 막히고, 西는 黃海에 끝하는 地政學的 與件으로 미루어 原住韓族中의 眞番部族群의 領域은 "內浦地方"이라는 範圍를 벗어나지 못하는 것이었다고 생각된다.

그러므로 南部 8縣은 漢의 海軍이 眞番諸國의 核心體 都城인 "原반챙이城"을 占據하고, 이곳에 郡治所를 둔 直轄郡縣이니, 그 眞番國의 領域인 內浦地方을 主로 하는 地域이며 北部 7縣과 遊離되어 있음은 그 占領主體가 漢의 海軍이었기 때문이다. 〈第 4假說〉

B) 目支國의 位置問題에 관하여는,

通史-李丙燾說의 推論過程을 살펴보면 李博士 스스로 "典據도, 遺物도, 遺跡도 發見할 수 없음을 認定하면서도 오직 3~4個 宮字가 붙은 地名이 이 地方에 있음을 論據 삼아 이를 推定한 것임을 알 수 있다."

그러나 內浦地方인 [禮山郡 挿橋邑 城里]는 俗地名을 "宮마루" 或은 "목시(moksi, 目支)"라고 한다.

이 마을에는 40年前까지 平地土城遺跡이 남아있었으며, 支石墓(dolmen)와 立石(menhir)이 있고, 隣近地方에서는 優秀한 靑銅器類가 出土된다.

뿐만아니라 『後漢書』의 記錄인 目支國이라는 "支"자의 古代漢音이 〈si〉라는 發音이고 보면, 이 地方 原住民의 都城인 〈목시(moksi)〉를 中國史家가 漢字로 借音하여 〈目支〉라고 記述한 것임을 斟酌케 된다.

그리므로 이 두 地方의 與件들을 比較하여 보면 "天安 稷山地方보다 禮山 目支地方이" 더 確然한 것임을 알 수 있다. 그러니 "目支國의 領域은 挿橋川流域地方이고 목시城(moksi城, 目支城-現 挿橋邑 城里)이 그 都城이다." 〈第 5假說〉

以上 5個項의 假說을 綜合하여 볼 때 [眞番國(藩國)은 B.C. 3~1C 무렵 "삽내(挿橋川)"의 上流쪽 西岸인 現 挿橋邑 水村里를 核心으로 하는 "반챙이 或은 原반챙이 城"을 中心으로 "[안다락미(뫼)(上哆唎, 現 挿橋邑 2里)]"와 "[밖다락미(뫼)(下哆唎, 現 挿橋邑 2里)]," "宮牟婁城(現 挿橋邑 上城里)" 및 "龍葛尾土城(現 洪城郡 洪北面 石宅里) 등에 隣接한 "平地衛城部落"을 거느리고 있었으며, 目支國은 A.D. 3~4C 무렵 同一 河川의 6km 下流東岸(現 挿橋邑 城里)인 "宮마루"에 都邑한 것이니 馬韓의 目支國은 眞番國(藩國)을 繼承한 것이다.] 〈第 6假說〉

이에 本 論考에서 意圖하는 것은 위 問題에 대한 通史와 筆者가 主張하는 假說間의 큰 見解差異의 根源을 推究하여 봄에 있다.

이를 위한 方法으로는

a) 于先 文獻에 의한 考証이 이루어져야 할 것이다. 그러나 依據할 史料가 稀少함을 어찌하랴.

本稿에서 考察하게 될 事項은 大略 2,100~1,600年前 事實들인데, 『三國史記』와 『三國遺事』는 약 1,100年前 著述이고, 그나마 眞番이나 目支國時代, 즉 B.C. 2C~A.D. 4C 무렵 일은 詳細치 않으니 不得已 『史記, B.C. 99年』,

『魏志, A.D. 3C』, 『後漢書, A.D. 4C』 등을 依持할 수 밖에 없지만 그나마도 內容이 簡略하다. 그러니 旣往에 唐 以後로 擧論되어 온 以外의 새(新) 史料 發掘이란 不可能한 일이라 하겠다.

b) 考古學的 資料를 受用하는 方法 또한 아쉽다.

지금까지 內浦地方의 古代遺蹟과 遺物들에 대한 學界의 關心은 不毛地에 가까웠다. 不過 20餘年前부터 數件의 被動的 調査報告 등이 있을 뿐이다.

따라서 內浦地方의 古代文化는 別個의 文化圈으로 認識되지 못하고, 錦江流域圈에 從屬시켜 解釋되고 있다.

그러나 錦江流域과 內浦地方 간에는 忠南地方을 兩分하는 分水嶺인 車嶺山脈이 이를 가로막고 있다. 이 地政學的 與件으로 인하여 이 두 地域間의 古代部族社會는 別個의 樣相으로 發展하고 있었으리라는 것은 考慮되어 마땅하다.

이토록 貧弱한 資料를 가지고 內浦地方의 古代文明을 推測한다는 것은 어려운 일이 아닐 수 없다. 그러면서도 歷史的 事項의 考證이란 어느 면에서건 首肯될 수 있어야 함이 要求된다.

筆者는 內浦地方의 中心部인 禮山地方에서 平生을 보내오면서, 이 고장의 周邊에 關心을 가져왔다.

비록 아마추어인 處地라서 參較할 수 있는 典籍이 限定되어 있고, 考古學的 資料 또한 不足함은 不得已 한 일이지만 先學들의 硏究成果를 參酌하고, 地名이나 遺蹟, 遺物들도 探索하면서, 위에서 提起한 "假說"과 對比하여 究明하여 보려한다. 이를 위하여 本稿의 바탕을 이루고 있는 內浦地方의 古代像부터 살펴보기로 한다.

1章 內浦地方의 古代文化

1. 內浦地方

忠淸南道는 脊梁山脈인 車嶺山脈에 의하여 兩分된다. 이 分水嶺의 東南方面은 錦江流域이자 內陸地方이고, "車嶺山脈의 西北部地域으로 古代 眞番 · 目支國의 馬韓文化圈으로서 牙山灣과 揷橋川流域과 伽倻山을 中心으로 한 개浦가 發達하고 西海에 臨한 곳"이《內浦地方》이다.

崔南善先生은 "內浦라 함은 牙山灣으로 注入하는 揷橋川 · 金馬川의 以西諸郡이다."하였고, 元曉大師의 『元曉訣』에서는 "烏(烏棲山) · 聖(聖住山)之間은 山모습, 물기운이 가장 뛰어나 나라땅의 內臟部와도 같은지라 內浦라 한다." 하였다.

1940年代까지도 禮山 · 唐津 · 瑞山 · 洪城 · 保寧地方 老人들은 흔히 自己自身을 "內浦人(내포사람)", 그 사는 地方을 "內浦地方"이라 일컬었다.

그런데 盧道陽博士에 의하면 現在 韓國과 日本의 一部 地理學界에서는 錦江流域을 內浦地方이라고 呼稱하고 있다는 것이고, 이는 日本의 地理學者 노구찌(野口保興)가 1910年頃 『帝國地誌』를 著述하면서 범한 誤謬에 起

因한 것이라 한다.

李重煥(1690~1756)은 『擇里志』 중에서 이 分水嶺의 影響에 대하여 興味있는 觀察을 하고 있다.

"格菴 南師古의 十勝地論 중에 '維麻兩水之間', 즉 維鳩와 麻谷의 두 河流가 包括하는 地方이 兵亂을 피할 만한 곳이라 하였는데, 이 維麻之間에서 西쪽으로 한 고개, 車東고개를 넘은 곳이 內浦地方이다. 內浦는 木花栽培는 잘 안되지만 개포와 漁民이 많아서 漁獲과 食鹽生産이 많다. 그러므로 公州 · 維鳩에서는 內浦로 木綿을 貿易하고, 內浦의 魚鹽을 貿易한다면 큰 利益을 얻는다." 하였다.

또 위 『擇里志』에서 「自公州西北可二百里 有伽倻山 ……中略…… 伽倻山前後 有十縣 俱號爲內浦」 云云 하였지만, 歷史地理的 見地에서는 德山 伽倻山 周邊의 10縣(唐津 · 瑞山 · 海美 · 禮山 · 德山 · 大興 · 洪城 · 結城 · 保寧 · 靑陽)에 局限될 것이 아니라 新昌 · 牙山 · 稷山 · 天安 등도 같은 牙山灣의 隣接된 沿岸地方인지라 共通的 特徵을 지니고 있으므로, 이를 同一圈視하여 內浦地方의 範疇로 考察함이 마땅하다고 생각된다.

揷橋川流域인 內浦地方과 錦江流域인 內陸地方 간에는 고작 5~600m 級 車嶺山脈이 이를 가르고 있을 뿐이지만, 盧道陽博士의 『內浦地方 考』에서 논하였듯이 氣候가 다르고, 言語가 다르고, 生活圈도 다르고, 古代遺跡들의 特性 또한 다르다.

이는 歷史地理的으로는 크게 留意할 事項이다.

그 特異性을 判別하자면 內浦地方 全域의 資料가 두루 正確하게 蒐集 되고서야 可能한 일이겠지만 專門史學家도 아니고, 考古學에도 어두운 筆者로서는 于先 揷橋川流域을 主로하여 살펴보고자 하거니와, 將次 考古學的인 硏究成果가 뒤따라 주리라 期待한다.

모든 古代文明이 江河를 끼고 發祥하였듯이 內浦地方에서도 揷橋川流域이 그 中心을 이루고 있음을 斟酌케 하는 것이 그 上 · 下流, 左右岸에 現存하는 30餘 個所의 土城遺墟와 이들 周邊에서 伴出되는 新石器時代에서 靑

銅器時代로 이어지는 遺跡, 遺物, 地名 등과 百濟의 初期佛敎의 遺蹟들이다.

于先 禮山地方을 中心으로 하는 土城, 立石(menhir), 支石墓(dolmen)와 新石器時代 遺物 등을 살피기로 한다.

靑銅器類의 出土狀況은 「2. 內浦地方 出土의 靑銅器類」에서 살피고, 藩國問題와 關聯시켜 「2章, 眞番郡 考와 3章, 目支國 考」에서 再論키로 한다.

平生을 禮山地方에 살아온 筆者는 揷橋川流域에 形成되었던 古代文化는 北方으로부터 傳來된 文化만이 아니고, 그 主流는 西海上을 통하여 牙山灣으로 流入되고 發展한 것임을 感知할 수 있게 되었다.

筆者가 이들 文化의 本質을 糾明하여 볼 意慾을 느낀 것은 揷橋川流域을 中心으로 靑銅器類가 頻繁히 出土되기 始作한 近年의 일이다.

2. 內浦地方出土의 靑銅器類

從來 靑銅器文化의 不毛地로 認識되어 온 內浦地方에서 近年들어 繼續 集中的으로 優秀한 遺物이 出土되었다.

1) 牙山郡 新昌面 南城里 石棺墓 出土-一括遺物, 〈國立中央博物館 所藏〉

南城里란 部落名은 "南댕이 兄弟방죽"의 「南」字와 "斗城里"의 「城」字가 合字되어 이루어진 地名인데, 『斗城里』에는 俗稱 "將軍墓"가 4~5基 있었다.

높이가 약 2m 程度, 直徑은 약 10m쯤 되는 封墳이었는데, 近年(1976年)에 農土 · 牧場 或은 果樹園 등으로 開墾되면서 平土가 되고 말았다. 果樹園에서 灌井을 파다 發見된 이 石棺墓도 그러한 류의 하나가 아니었나 한다. 나머지 古墳들도 그 옛 位置를 아는 老人들의 生存中에 標識라도 남겨둠이 바람직 하다.

그 出土品의 優秀함은 報告書에서 讚揚된 바와 같이 古代文化의 壓卷이다. 揷橋地方과는 약 18km 相距가 된다.

2) 禮山郡 大興面 東西里 出土-一括遺物

任存城의 東北쪽 기슭에서 砂防工事 作業中 發見된 이 遺物은 扶餘博物館에 保管中이다.〈博物館 新館〉

無限川邊이기도 한 東西里는 "반챙이土城"에서는 약 10km, "목시土城(moksi土城, 目支土城)"까지는 약 14km가 된다.

3) 禮山郡 德山面 上伽里 出土-八珠鈴

瑞山 海美 朴準祥氏 所藏. 國寶級인 이 遺物은 一時 國立中央博物館에 展示된 바 있다.

그 優秀한 製作技法에서 이 地方의 옛 文化水準을 엿볼 수 있다. "반(藩)챙이城"과는 8km, "目支城"까지는 11km 相距가 된다.

한편 이 上伽里에 있는 興宣大院君의 親山인 南延君墓의 東쪽 地帶를 "陵골"이라고 하지만 陵에 해당하는 遺蹟은 알아볼 수는 없다.

周邊에는 立石(menhir)에다 改刻한 것으로 보이는 彌勒佛이 있다.

4) 禮山郡 德山面 玉溪里 出土-細身銅劍

밤나무 植栽中 石棺墓 속에서 出土되었다. 손잡이에 精巧한 雙龍頭와 "고리"가 共鑄된 길이 약 30cm, 幅 약 2.5cm, 學界에 紹介되지 않은 銅劍인데, 筆者가 確認할 수 있었다. 出土位置에서 "藩城(반챙이城)"까지는 6km, "目支城(moksi, 土城)"까지는 9km가 된다.

5) 禮山郡 新岩面 宗敬里 出土-八珠鈴과 四珠鈴과 雙珠鈴 각각 2個씩 6個

果樹園 作業中 큰 土器단지(甕器) 하나가 나왔다. 발로 툭 차니 단지(甕器) 속에 八珠鈴, 四珠鈴, 雙珠鈴이 각각 2個씩 들어 있었다. 길이 약 30cm의 十字形 병끝에 방울이 있고, 방울 속에 또 방울이 들어있었다. 出土位置와 "목시(moksi, 目支)土城"과의 相距는 不過 6.5km가 된다.

日帝 때(時代) 이와 隣接한 "피지기地帶"에서도 靑銅器의 出土가 있었다 한다. "피지기"와 "目支(목시, moksi)土城"과의 相距는 약 6km가 된다.

6) 唐津郡 合德邑 城東里에서 開墾工事中 出土된 雙珠鈴도 目擊者에 의하면 "宗敬里"의 雙珠鈴과 恰似한 것 같다.

7) 禮山郡 大述面 出土

大述面 時山里에서 出土品이 있었고, 新陽 時旺里(俗地名 ; 不云里)의 "잘푸개"마을에서도 石刀 등이 出土되었다.

8) 瑞山郡 海美面 出土-桃氏劍을 爲始한 一括遺物

國立中央博物館에서 展示된 바 있으며, 〈海美 朴準祥氏 所藏品〉. 海美 "石葬골"에는 盜掘 당한 石棺墓가 二十餘基가 있는데 아마도 그 곳 出土品이 아닐까 생각된다.

海美地方과 揷橋地方 相距는 약 12km

9) 洪城邑 月山里 出土-銅鏡

洪城邑의 鎭山인 月山의 東쪽 기슭인 이곳을 "海風"이라 한다. 1950年頃 豚舍를 짓다가 出土되었다. 漢字 "四"자가 새겨져 있었다. [洪城出身 制憲議員 孫在學氏 証言]

10) 瑞山郡 雲山面 臥牛里 出土-靑銅馬 2個

院坪初等學校 어린이에 의하여 採取된 이 明器는 現在 禮山의 任城 中學校에서 所藏中이며, 이 地方에는 象王이 都邑하였다는 傳說과 象王이 [海印-玉璽(옥새)]를 감췄다는 "印바위" 傳說 등이 있다.

11) 禮山邑 勃然里 거무실의 石棺墓出土 鐵劍 등은 모두 揷橋川流域에 集中되어 있음을 알 수 있다.

學界에서는 韓國의 靑銅器類의 出土圈을 北部의 平壤地方, 中部의 錦江流域, 南部의 慶州 · 金海地方으로 大分하는 듯하다.

한편 過去의 上古史研究는 文獻考證爲主였지만 近來로는 考古學的 成果를 受用하고 있는데, 대략 北部圈의 것을 樂浪文化로, 南部圈의 것은 伽倻文化로 보며, 中部圈(大田 槐亭里 出土, 扶餘 松菊里 出土, 金馬의 靑銅器文化,

挑氏劍 등 一括遺物)의 것을 錦江文化로 區分하고 있다.

그렇다면 위에서 살핀, 內浦地方(揷橋川流域)에 形成되었던 靑銅器文化는 어느 圈域에 隸屬된다고 볼 것인가?

學者에 따라 見解도 다르고, 地域에 따라 差異는 있겠지만, 大略 B.C. 2C 頃에서 A.D. 2C 頃 間의 考古學的 遺物로는 石器類, 靑銅器類, 鐵器類 등이 混用 된 것으로 볼 수 있을 것이다.

그러므로 筆者는 學界의 無關心 속에 放置되었던 內浦地方의 靑銅器文化를 車嶺山脈 너머인 錦江流域圈과는 別個의 文化, 즉 "眞番과 目支(馬韓)文化"였다고 推定하는 바다.

본 論考에서 주로 擧論되는 年代는 衛氏朝鮮과 辰國과 맞먹는 眞番國, 漢四郡 중의 眞番郡(B.C. 108~82), 이를 繼承한 眞番地方 原住民의 나라 藩國(B.C. 82~A.D. 121, 許愼의 說文解字), 馬韓 目支國의 辰王時代(『魏志』, A.D. 280年 頃)에 해당하는 年代이니 揷橋川流域의 古代文化는 〈眞番國에서 目支國으로 이어진 文化였다〉고 推定할 수 있을 것이다.

아울러 大田 · 扶餘 · 益山地方 등 車嶺山脈 東南쪽의 古代文化는 이를 〈辰國圈의 文化였다〉고 생각하면서 그 歷史的 背景을 살펴본다.

强大한 水軍兵力을 併用하던 漢 武帝의 侵略軍이 牙山灣 · 揷橋川을 통하여 侵入할 수 있었음은 常識的인 것이며, 被占領國의 故地名을 引用하여 〈眞番郡〉이라 하고, 眞番諸國 중의 代表的 都城인 "반챙이城-藩城"을 治所로 占據하면서, 地理的 特性을 담아 稀貴한 用例인 "霅"字로서 縣名을 삼은 것으로 본다.

同一年度에 創置된 漢 樂浪郡이 A.D. 313年 高句麗의 强盛에 밀려 날 때까지 420年이나 植民地를 維持하였음에 反하여, 眞番郡은 不過 26年만에 罷郡이 되었음은 樂浪에서도 遠隔한 水軍에 의한 占領地였기 때문이라고 보여 진다.

筆者는 위에서 實存의 遺跡과 實在의 地名과 周邊의 情況과 이 時代에 符合되는 遺物-靑銅器類의 이 地方 出土事例를 提示하였다.

이로써 本章의 前提에 대한 考證이 되기를 期待하는 것이지만, 萬苦 未洽한 것이라면 3章. 4.「辰國의 辰王과 目支國의 辰王」에서 傍證될 수 있으리라 믿는다. 왜냐하면 後日 魏의 時代가 되면서 『魏志』와 『後漢書』에 登場하는 〈目支國의 目支王〉이 아닌 〈目支國의 辰王〉이 三韓 全體의 領導者로 記錄된 理解하기 困難한 事實은 揷橋川邊을 舞臺로 하는 藩國과 그 後 200年 間에 이를 繼承한 目支國이 아니고서는 解明될 수 없는 記錄이기 때문이다.

다음으로는 藩國이 200年 以上(B.C. 82~A.D. 121) 先進文明國의 地位를 維持할 수 있었던 事由와 그 傳統이 魏時代가 되기 以前에 馬韓諸國이 形成될 때, 同一地方을 〈目支國〉으로 繼承되었고, 魏時代가 된 후에 對夷統治策으로, 三韓 78國의 同格인 모든 將帥中 惟獨 〈目支國의 臣智〉만이 〈辰王〉으로 呼稱되며, 三韓全域을 領導하게 되는 必然性을 살핀 다음, 過去 千 餘年間에 걸쳐 文獻史料에만 依存하여 〈眞番郡〉을 追究하여 온 內外 여러 學者들의 硏究成果를 檢討 함으로서, 그분들의 主眼點과도 符合되는가를 確認함도 또한 傍證이 되리라 생각한다.

3. 伽倻의 地名은 어디에서 왔을까?

우리나라에는 伽倻山의 地名을 가진 곳이 3곳이 있다.

忠南 內浦地方에 있는 伽倻山(검은산).

한 곳은 慶尙南 · 北道(陜川 · 高靈)에 걸쳐있는 伽倻山.

또 한 곳은 全羅南道 光陽에 있는 伽倻山이다.

釋迦牟尼는 B.C. 563年에 誕生하였다.

中國에는 A.D. 67年 後漢의 蔡愔이 佛敎를 傳來하였고,

高句麗는 A.D. 372年 17代 小獸林王 때에 佛敎를 受用하였다.

百濟는 A.D. 384年 15代 枕流王 때에 佛敎를 受用하였다.

新羅는 A.D. 527年 23代 法興王 때에 異次頓의 殉敎를 契機로 佛敎가 公

認되었다.

日本은 A.D. 552年 百濟 26代 聖王 때에 奴唎斯致契가 日本에 佛敎를 전했다.

A.D. 553年 眞興王 14年에 黃龍寺를 建立할 때 百濟 建築家인 阿非知가 9層 木塔을 세웠다. 이로 보아도 百濟의 佛敎文化가 新羅에 傳授되었음을 알 수 있다.

內浦地方의 伽倻山은 忠淸南道의 西北部地方(車嶺山脈의 西北쪽)에 位置하며, 南에서 北으로 우뚝 솟은 홀 山으로 자리하고 있다.

伽倻山의 東쪽으로는 德山川이 흘러, 揷橋邑 二里에서 金馬川과 合流, 드넓은 揷橋들(平野)을 껴안고 揷橋川을 흘러 牙山灣(揷橋湖)으로 流入된다.

이곳이 內浦地方이자 馬韓이 자리한 곳이다.

內浦地方은 山東半島와 가까운 地理的 關係로 앞선 中國의 先進文化와 海洋術을 受用할 수 있었다.

先進文化를 受用한 馬韓은 三韓中 第一 發展할 수 있었다.

이것이 馬韓의 文化이고, 후에 公州 · 扶餘의 百濟文化의 產室이며, 新羅와 日本에도 傳播되었다.

伽倻라는 地名은 어디에서 由來되었을까?

內浦地方의 伽倻山은 이 地方에 佛敎文化가 傳來되기 전에는 검은산 이었고, 검은산(伽倻山) 周邊의 들(農耕地)은 검은들 이었다.

唐津郡 合德邑 玉琴里의 검은들,

唐津郡 順城面 鳳巢里의 검은들,

洪城郡 銀河面 錦菊里의 伽倻골(伽羅골, 伽倻티),

洪城郡 結城面 琴谷里의 巨城,

瑞山市 雲山面 巨城里의 犬城(개성),

禮山郡 鳳山面 鳳林里의 伽倻古城 등이 있다.

內浦地方의 佛敎遺跡으로는 泰安의 磨崖佛, 瑞山의 磨崖三尊佛, 禮山 花田里의 四面石佛 등 百濟 初期의 佛敎遺跡이 남아있다.

內浦地方(馬韓)의 佛敎文化는 北方佛敎만이 아닌 山東半島에서 바다를 건너 西海岸의 泰安半島와 牙山灣으로 上陸한 佛敎文化가 傳來되었다고 보여 진다.

그 時期는 高句麗나 百濟의 佛敎受用보다 앞선 馬韓時代라고 생각된다.

"伽倻라는 語源은 梵語(sanskrit)로 코끼리(象)를 말한다."한다.

그러니 內浦地方에 佛敎文化가 들어오면서 검은산이 伽倻山으로 바뀌었고, 象王山이란 地名도 생겨났다.

內浦地方에 있는 修德寺는 百濟 15代 枕流王 2年(A.D. 358年)에 修德寺라는 觀音化身이 衆生濟度를 위해 創建했다는 傳說로 남아있으나, 이(修德寺)는 北方佛敎(高句麗와 百濟佛敎)보다 앞선 馬韓時代 中國으로부터 海洋을 통하여 泰安半島와 牙山灣으로 上陸 內浦地方에 佛敎文化가 傳來 되었으며, 修德각시 이야기가 傳說이 아닌 實際의 歷史로 보아야 한다.

以後 百濟 滅亡時 修德寺에서 慧顯高僧이 修道를 하였다는 기록과, 百濟復興戰爭時 復興軍의 護國寺刹로서의 役割을 하였을 것이다.

그 후 韓半島에서의 大政治的變化(B.C. 108年 漢四郡의 設置, A.D. 313年 高句麗가 半島에서의 漢四郡 勢力을 退出, A.D. 396年 廣開土王의 南侵 등)에 內浦地方의 馬韓 原住民들은 不安을 느끼고 南쪽으로 移動 洛東江 周邊에 定着 後期任那 · 伽倻를 建設하였고, 그 一部는 앞선 海洋術과 文化를 가지고 新天地를 찾아 大韓海峽을 건너 日本에 定着 日本의 支配層이 되었다고 본다.

4. 檀君朝鮮과 上古時代

B.C. 2300年頃 檀君은 遼東地方으로부터 韓半島로 들어와 檀君朝鮮을 세웠다.

그 후 中國이 春秋戰國時代가 되자 殷나라의 箕氏가 朝鮮에 들어와 檀君

朝鮮을 代身하여 箕氏朝鮮을 平壤地方에 세웠다.

B.C. 194年 燕나라 사람 衛滿이 中國의 戰亂을 避하여 箕氏朝鮮에 亡命해 왔다.

箕氏朝鮮의 準王은 衛滿을 厚待하였건만, 滿은 이를 背叛하고 쿠테타를 일으켜 準王을 逐出하고 衛氏(衛滿)朝鮮(B.C. 194~108)을 세웠다.

箕氏朝鮮의 「準王은 衛滿에게 쫓기어 馬韓의 海中으로 亡命하였다.」한다.

中國은 漢武帝의 統一國家 時代가 된다. 衛滿의 孫子인 右渠가 漢武帝와의 服屬協約을 어기자 이에 怒한 武帝는 이를 핑계 삼아 B.C. 109~108年의 두 해에 걸쳐 兵船便으로 5萬 兵力을 平壤에 보내어 衛氏朝鮮을 滅亡시키고 直轄領인 漢四郡을 設置하였다.

漢四郡은 樂浪郡, 玄兎郡, 臨屯郡, 眞番郡이 이것이다.

樂浪郡은 平壤地方을 中心으로 한 것이고,

玄兎郡은 中國 東北部인 松花江流域 地方이다.

臨屯郡은 咸鏡道와 江原道 東海岸 쪽이었다.

眞番郡은 樂浪郡의 南쪽에 位置하지만 記錄이 없어 異說이 많다.

漢 武帝의 太史官이던 司馬遷은 그가 모시던 武帝의 陵記인 『茂陵書』에 「眞番郡治 霅縣 去長安 七千六百四十里 十五縣」이라는 19字를 남겼을 뿐이다.

이것이 眞番郡에 關한 唯一한 歷史記錄이다.

丹齋 申采浩先生은 『茂陵書』를 僞書라 하면서 "武陵書의 著者 司馬相如는 武王보다 10年前에 死亡하였으니 죽은 이가 陵記를 쓸 수 있나?"하였다.

그러나 筆者가 研究한 바로는 司馬相如가 武王보다 10年前에 死亡한 것은 事實이지만 武王의 太史官이자 史記의 著者인 司馬遷은 武王보다 10年後에 死亡한 것이 分明하니 『茂陵書』를 쓴 것은 武王을 모시던 太史官이었던 司馬遷이었을 것이다.

이로 미루어 申采浩先生의 僞書說은 成立이 안 된다고 본다.

眞番郡의 位置問題를 研究한 學者는 많다.

李丙燾先生을 비롯하여, 히라도리(白鳥庫吉)教授, 나까미찌오(那珂通世)教授, 이나바(稻葉岩吉)氏, 이마니씨(今西龍)教授, 이께우찌(池內宏)教授 등이 있다.

이분들은 眞番郡의 位置를 考證하는 方法으로 眞番郡의 治所 雪縣이 長安으로부터 「7,640里」라는 記錄을 自意대로 考證資料로 活用하였다.

李丙燾博士는 漢江下流라 하였고, 다른 研究家 중에는 「7,640里」를 韓半島에 가져오면 榮山江流域이 되거나 慶州地方에 다다를 것이니 韓半島가 아닌 滿洲의 하루빈(哈爾濱)地方이라고 생각한 學者까지 있다.

그 중 興味 있는 研究를 밝힌 이가 있다.

이나바(稻葉岩吉)氏는 "中國의 遼寧에서 樂浪에 이르는 上古時代의 路線은, 鴨綠江은 河幅이 넓어서 通行할 수가 없으니, 鴨綠江의 中流地方에서 渡江을 한 다음, 明刀錢(漢나라의 通貨貨幣)이 出土되는 地點을 連結하여 樂浪에 到達한다."하였다.

6 · 25때 禮山郡 德山地方으로 避亂을 온 李文鉉 翁이 있었다.

그는 말하기를 自己는 日本이 大韓帝國을 侵犯하던 當時 마지막 楚山郡守였다고 한다.

"鴨綠江은 楚山의 下流 十里쯤 되는 곳에서 滿洲에서 흘러 들어오는 큰 江인 佟佳江(渾江)과 合流한다.

이 合流地點에서부터 下流는 水量이 많고 깊어서 江을 건널 수가 없다. 그래서 古來로부터 滿洲地方의 渡江 位置로는 楚山에서 이루어진다.

楚山의 水深은 洪水 때를 除外하고는 젖가슴을 넘지 않으며, 潺潺함으로 옷을 벗어 머리에 이고, 알몸으로 건너면 危險이 없다. 그래서 中國人이나 韓國人을 莫論하고 넘나들면서 相互 장사(商業)를 한다."라고 하였다.

筆者는 이나바(稻葉岩吉)氏 見解와 李文鉉 翁의 말에서 느끼는 바가 많아 이를 調査하여 보았다.

中國學者들이 남겨놓은 長安에서 遼東까지의 距離와, 遼東에서 楚山까지, 楚山에서 明刀錢이 出土되는 渭原과 江界地方을 거쳐, 江界에서 平壤間

의 距離를 合算하고, 平壤에서 서울, 서울에서 揷橋間의 距離를 加算하였더니 7,540里쯤 된다.

『武陵書』의 「7,640里」와의 誤差가 약 100里에 不過함을 알게 되었다.

자세한 内用은 「4章 7. 去長安 7640里」에서 論한다.

實學者 磻溪 柳馨遠先生은 그의 著書 『東國輿地誌』에서 揷橋川을 霅川이라고 記述하고 있다.

"霅"字는 眞番郡의 治所인 "霅縣"의 "霅"字와 同一하다.

筆者는 이를 접하였을 때 快哉를 불렀다.

眞番郡은 北部 七縣과 南部 八縣이 있었다.

北部 七縣은 李丙燾博士가 말하는 黃海道 慈悲嶺以南과 漢江以北에 位置하였고, 南部 八縣 중의 霅縣은 禮山郡 揷橋邑의 城里地方이라고 생각하고 있었기 때문이다.

漢 武帝가 禮山郡 揷橋邑 城里에 眞番郡의 治所인 霅陽障土城을 築造하던 當時 이 地方에는 馬韓의 目支國이 있었다.

土城이 2곳 있었는데, 하나는 潮汐(tide)이 올라오는 揷橋川 辺에 있었고, 또 하나의 土城은 部落의 東方向 城里川 辺에 있었는데 1970年頃 이 土城들을 허물어 揷橋川 堤防을 築造하는데 使用하느라 모두 搬出하였다고 한다.

筆者는 内浦地方이 B.C. 108年에 漢武帝의 占領軍이 設置한 眞番郡의 領域이었다는 概念에서 出發한다.

眞番郡은 創置 26年만인 B.C. 82年에 撤收하고 말았다. 아마도 樂浪으로부터 連絡하기에 너무나 遠距離이고, 眞番郡의 原住民들의 抵抗心이 强하였기 때문이라고 본다.

B.C. 82年 漢武帝가 眞番郡에서 撤收함으로서 慈悲嶺以南 漢江以北 眞番郡의 北部 七縣은 樂浪郡 南部都尉의 統治下에 들어가고, 禮山郡 揷橋邑 城里地方에 있던 霅縣을 治所로 하던 南部八縣은 本來대로 馬韓族의 나라로 돌아갔다.

眞番郡의 撤收는 霅陽障에 머물던 駐屯軍이 撤收하였을 뿐 大興地方의

任那國과 揷橋 城里地方에 있던 漢族의 支配勢力은 尙存하였다.

漢武帝는 雪陽障의 駐屯軍을 撤收하면서 이 地方의 原住馬韓族의 나라인 目支國의 王에게 辰王이라는 呼稱을 除授하고 馬韓諸國을 統率할 것을 委囑한 것으로 본다.

目支國의 辰王은 漢의 先進文化, 즉 漢의 統治體制와 漢의 文字, 造船術과 航海術 등을 受用할 수 있었으니, 先進文明國이 될 수 있었던 것이다.

이리하여 目支國의 辰王은 馬韓과 辰韓 · 弁韓도 支配하게 된 것으로 생각한다.

中國의 最初 字典이라 할 수 있는『說問解字』는 A.D. 121年에 許愼이 著述한 것인데 이 册에 "眞番郡이 撤收한 다음 그 땅에 原住韓族이 세운 나라가 藩國이고, 藩國에서는 六 種類의 魚類가 捕獲된다" 하였다.

李丙燾先生은 眞番郡의 位置를 考證하기 위하여 이 魚類를 論及한 바 있다.

筆者도 泰安 · 萬里浦 間에서 舒川 · 長項 間의 市場과 魚市場을 다니며 이를 調査하고 이 海岸地方에서 그 魚類가 모두 生産됨을 確認할 수 있었다.

이 중 鰈魚[역(력)어-범치]의 産出記錄이 없음은 "鰈魚(력어-범치)"의 지느러미에 손이 다면, 淡水魚인 쏘가리처럼 살이 찢겨져서 出血이 심하므로 漁夫들은 "財數 없는 고기"라 하여 그물에서 分離하는 즉시 바다에 버리기 때문에 옛날에는 먹을 機會가 없었다.

藩國은 現 揷橋邑 水村里인 반챙이 或은 原반챙이地方이다.

藩國은 目支國과 隣接한 上流쪽 4km 距離에 있다.

이곳에 큰 土城이 있었는데 重裝備를 動員 開墾하여 現在는 밭(田)이 되고 말았다.

現在 골뜸이라는 地名이 있고, 支石墓는 새마을 事業 때 搬出되고 말았다.

巨石文化時代의 遺物인 立石(menhir)에 佛像을 造成한 것으로 보이는 佛像이 洞里 佛堂 속에 모셔져 있으며, 玉과 방울, 石鏃, 石斧(돌도끼), 石刀 등이 出土 되었으나 搬出되었다.

筆者는 위에서와 같은 考察을 거쳐 眞番郡의 南部 八縣은 禮山郡 挿橋邑 城里의 雪陽障을 中心으로 한 것이라고 確信한다.

그 후로 이루어진 筆者의 內浦地方 關係 硏究는 이 觀念을 土臺로 하고 있다.

忠淸 · 全羅地方의 馬韓 54個國.

慶尙道 南海岸地方의 弁韓 12個國.

洛東江 以東에 辰韓 12個國의 統一되지 않은 많은 部族國家가 있었다.

그 무렵 滿洲地方에서는 騎馬民族인 朱蒙이 B.C. 37年에 高句麗를 세웠다.

北方에서 내려온 溫祖는 B.C. 18年에 樂浪에 속한 漢의 故土 帶方郡에 百濟를 세웠다.

辰韓地方에서는 B.C. 57年에 朴赫居世가 新羅를 세웠고,

弁韓 땅에는 A.D. 42年에 金首露王이 任那 · 伽倻國을 세웠다고 한다.

이 무렵 韓半島의 南部地方은 三韓時代가 된다.

3C 初 中國 中原에서는 魏가 일어나 後漢을 滅하니, 樂浪郡은 必然的으로 魏에 隷屬되었을 뿐 아니라 魏는 樂浪의 南部都尉의 땅에 帶方郡(A.D. 205)을 設置 하였다.

A.D. 246年 帶方郡은 周邊의 馬韓諸國에 行政上의 指示를 내렸다.

通譯의 잘못으로 이를 誤解한 馬韓諸國은 叛亂을 일으켜 帶方郡의 崎離營을 攻擊하기에 이르렀다.

이 戰鬪에서 帶方太守 弓遵은 戰死하였지만, 樂浪太守 劉茂가 兵力을 이끌고 反擊하여 馬韓의 여러 나라를 滅亡시켰다.

이들 馬韓諸國의 群小國들은 歷史上에 國名조차 전하지 못한 채 滅亡當하는 事件이 發生하였다.

다 같은 馬韓族의 地域이면서도 馬韓이라 指稱되는 54個 國名의 分布가 漢江以南地方에서는 유난히 稀少함은 崎離營의 叛亂事件으로 滅亡된 나라가 많아서 魏에 朝貢을 바치는 主體(國家)가 없어졌기 때문일 것이다.

A.D. 313年에 이르자 高句麗의 15代 美川王(在位 A.D. 300~331)은 南侵

을 하여 樂浪을 滅하고 漢四郡을 逐出하였다.

이로써 中國 勢力은 韓半島에서 물러나게 되었다.

그러나 高句麗는 都邑을 平壤으로 옮겨 오지는 않았다(A.D. 427年 20代 長壽王때 平壤遷都).

美川王의 樂浪攻擊으로 中國勢力이 撤收하자 禮山郡 大興地方에 있던 任那國의 미마기[ミマキ, 桑(三)間宮殿]에 살던 農耕文化를 가진 馬韓系의 崇神王은 威脅을 느끼고 慶尙道 南海岸인 金海地方으로 亡命하였고, 任那의 支配를 받던 伽倻의 一部, 즉 禮山과 洪城 · 唐津地方, 즉 內浦地方에 있던 伽倻諸國의 一部도 任那를 따라 慶尙道地方으로 移動하였다.

이것이 1~4C의 『前期任那와 前期伽倻』라고 생각한다.

5. 古代 內浦地方과 古代 日本語

「第3篇. 洪州 周留城과 唐津 白村江 戰鬪」에서 位置問題를 살펴보겠지만 諒解하기 어려운 미스테리가 있다.

百濟가 新羅와 唐나라 18萬 大軍의 侵攻을 받아서 滅亡한 것은 660年 7月이었다.

그 후 3年이 經過한 663年 8月의 時點에서 天智條는 當時 世界 最强의 帝國인 唐나라를 相對로 出兵을 하였다.

그리하여 白村江 戰鬪에서 慘敗하였다.

出兵 理由는 무엇인가? 定說이 없다. 이것을 追究하여 보고자 한다. 日本의 史學界에서도 이 점은 關心이 큰 모양이다.

筆者가 日本史를 中學時節 教科書로 배운 것이 全部인데, 古代 日本史를 云云함은 지나친 일이지만 白村江 出兵 理由와 關聯해서 古代 日本史를 言及하여 보고자 한다.

高麗大學校 崔在錫 名譽教授가 日本의 著名한 史學者 13人의 見解를 整

理한 것에 의하면(韓國學報, 第 90號. 春) 그 理由가 각각 다르다고 한다.

筆者는 이를 日本의 國家起源 問題, 즉 에가미나미오(江上波夫)教授가 말하는 崇神王과 應神王의 出資問題와 關聯이 있다고 생각한다.

前期任那와 前期伽倻가 慶尙道의 金海地方에 있었던 것이 아니고, 忠南의 西北部地方인 內浦地方에 所在하였던 것으로 생각되기 때문이다.

1986年 慶尙南道 金海市가 主催한 伽倻史 關聯 세미나가 있었다.

이 때 明治大學校의 오스까(大塚)教授의 한마디에 筆者는 큰 感銘과 刺戟을 받았다.

"前期任那 · 伽倻의 研究가 進展하지 못하는 한 日本의 國家起源 問題와 韓國의 古代史(金海伽倻)問題는 解決하기 어렵다."는 趣旨의 發言이었다.

其實, 伽倻의 始祖 金首露王의 建國은 1C 中葉이고, 그 王妃는 印度系라 말하는데, 오늘날 史學界에서 研究되고 있는 伽倻史는 그 全部가 4~6C의 後期伽倻史의 일이니, 1~4C의 伽倻史, 즉 前期任那와 前期伽倻史의 研究는 空白이라고 말 할 수 있을 것이다.

筆者가 古代史에 興味를 가지게 된 初期인 30餘年前(1960年代 初) 주로 研究한 分野가 馬韓史와 任那 伽倻史 分野이었다.

筆者가 研究한 分野가 日本史와도 重要한 關聯이 있음을 오스까(大塚)教授로부터 새삼 깨닫게 된 것이다.

지금 伽倻라 말하면 慶尙道地方에 있었던 것으로 생각되고 있지만, 筆者는 그와는 別個로 前期任那와 前期伽倻가 있었고 그것이 忠南의 內浦地方에 있었던 것으로 생각한다.

忠淸南道의 西北部地方을 內浦地方이라 한다.

5~600m 及의 車嶺山脈은 忠南의 東北部인 安城 · 天安地方으로 부터 西南部인 保寧 · 舒川地方까지 對角線으로 달려 忠淸南道地方을 兩分하는 分水嶺인데 그 西北部에 해당하는 地方이 內浦地方이다.

에가미나미오(江上波夫)教授가 騎馬民族 國家論을 發表한 것은 1948年인데 아마추어인 筆者가 中空文庫의 『騎馬民族 國家』를 읽은 것은 30餘年

前(1960年代)의 일로서 非常한 感想을 받았다.

에가미(江上波夫)教授는 그 中에서 日本의 第 1次 建國者는 崇神天皇이고, 第 2次 建國者는 應神天皇이라 하였다.

崇神天皇은 韓國의 미마기노미야(ミマキノミヤ, 3間 木造宮殿), 즉 任城에 살고 있던 王으로서 金海의 "辰國의 辰王系"이라고 말하였고,

第 2次 建國者인 應神天皇은 "九州地方으로부터 畿內 야마토地方으로 進出해서 統一國家를 始作한 天王"이라고 말하고 있다.

筆者는 이 점에 疑問이 있다고 느꼈다.

에가미(江上波夫)氏 說의 全體 흐름에 대하여는 完全히 同調하지만 "辰國의 辰王"과 "辰王의 基地가 金海地方이다."라고 말한 점에 疑念이 있는 것이다. 中國의 史料에 의하면 4C의 南韓에는「辰國의 辰王」은 存在하지 않는다.

馬韓 50 餘個國과 弁韓 · 辰韓 24國의 折半을 支配하고 있던 것은「目支國의 辰王」이라고 되어 있다.

그렇다면 目支國은 어디인가?

筆者는 이것을 內浦地方인 現在의 禮山郡 揷橋邑 城里의 목시(moksi, 目支)部落을 中心으로 한 地方이라고 생각한다. 즉 漢의 武帝가 眞番郡의 治所로 하고 있던「霅縣-霅陽障土城」의 마을이라고 생각한다.

辰國은 漢 武帝의 眞番 占領時點(B.C. 108年)에서 이미「故之辰王」이라고 되어 있다.

"辰王은 辰王이지만 目支國의 辰王"이라고 되어 있다. "辰國의 辰王"이 아니라는 것이다.

歷史的 大事件의 背景에는 이를 誘發한 大事件이 있다. 당시의 大事件으로는,

a) A.D. 313年 騎馬民族인 高句麗가 韓半島로부터 漢 · 魏의 中國勢力을 逐出 하였다.

이 事件으로 아유가이(鮎貝房之進)氏가 研究한 任那(大興)地方의 任城에

根據하고 있던 崇神系가 1次的으로 慶尙道의 南部海岸(金海)地方으로 移動하고, 2次的으로 日本으로 移動하였다.

b) 崇神系가 移動한 任那(大興)地方에는 目支國의 辰王이 大興의 任城이 아닌 揷橋의 目支地方에 자리하였다.

c) 그로부터 崇神이 떠난지 약 80년 후인 A.D. 396年 高句麗의 廣開土王이 스스로 水軍을 거느리고 馬韓地方의 40個 城을 席捲하였다.

이 때 目支國의 辰王이던 應神王이 九州地方으로 移動하였다.

그것이 〈구누왕-伽倻王〉이다. 그 곳으로부터 다시 畿內 야마토地方으로 移動한 것으로 생각된다.

一介의 아마추어가 감히 日本을 뒤흔든 碩學의 "騎馬民族 國家論"과 相反되는 意見을 말함은 에가미(江上波夫)教授가 韓國의 地理에 어두웠던 점이 있었던 것이 아닌가 느끼기 때문이다.

이 境遇 두 遺跡(大興과 揷橋地方)의 地名과 遺物로 미루어 騎馬民族이 아닌 農耕文을 가진 北支系였다고 생각된다.

이는 大興面 東西里 出土 農耕文인 青銅器와 大興 薪東里 出土 三足土器로 미루어 생각된다.

에가미(江上波夫)氏의 「崇神의 任城宮은 金海의 辰國이다.」라는 見解는 무리라고 생각된다.

그렇다면 ミマキノミヤ(미마기노미야, 3間 木造宮殿), 즉 任城은 어디인가?

아유가이(鮎貝房之進)氏가 言及한 "禮山의 任城이라고 보는 것이다."

아유가이(鮎貝房之進)氏의 『雜攷, 第 7集 下卷-日本書紀 朝鮮地名考 天智紀條의 231쪽 北任劒利山』, 이 境遇 大興面 東西里에서 出土된 有名한 青銅器는 農耕文이고, 薪東里土城에서 出土된 北支系의 三足土器 등으로 미루어 崇神系의 文化는 北方中國系의 農耕文이었다고 생각을 안 할 수 없다.

筆者는 A.D. 313年 騎馬民族인 夫餘族에 의해서 漢·魏의 中國勢力이 韓半島에서 逐出 당하니 大興(任那)地方의 崇神王은 慶尙道의 南部(金海)地

方으로 移動한 다음 다시 金海地方으로부터 日本으로 移動한 것으로 생각한다.

a) 아유가이(鮎貝房之進)氏가 논하는 大興地方의 任那城으로 부터 에가미(江上波夫)氏가 말하는 慶尙道의 미마기(ミマキ)城, 즉 後期任那로 移動한 후 그 약 80年後인 A.D. 396年 空白을 繼承한 勢力이 目支國의 辰王인 應神系이다.

그러나 그들의 據點은 崇神이 떠난 任那城이 아니고, 그 北쪽 12km 距離인 漢 武帝의 雪縣地方이다.

b) 396年 廣開土王이 南侵하던 때 目支國의 辰王인 應神은 船便으로 日本 九州地方으로 亡命하였다.

그 亡命에는 目支國(前期伽倻)地方의 先進 造船術과 航海術이 作用한 것으로 생각한다.

目支國地方에는 伽倻라는 地名이 集中的으로 남아있다.

즉 馬韓의 目支國 자리였다. 漢나라 武帝가 眞番郡의 治城으로 築造한 雪陽障土城이 있는 마을이다.

이 地方은 原來 馬韓地方으로서 前期伽倻의 中心地였다.

沖積土인 廣闊한 平野속이면서도 巨大한 立石(menhir), 3基의 支石墓(dolmen)와 巨大한 墳墓(말무덤)자리가 있다.

附近에서 8珠鈴(新岩面 宗敬里), 靑銅短劍(德山面 玉溪里)이 出土되었다.

前期任那地方(大興面 東西里)遺跡에서 出土된 遺物에 有名한 農耕文靑銅器가 있다.

金元龍博士가 北支系라고 말하는 三足土器를 筆者는 직접 大興面 薪東里의 土城 안에서 採取하였다.

아유가이(鮎貝房之進)氏가 任城이라고 말하는 隣接土城이다. 이로 미루어 崇神天皇의 出資가 大興地方의 任城이라고 한다면 崇神系는 北支系의 農耕系라고 생각된다.

薪東里土城出土：禮山郡 大興面 薪東里

그러나 약 80年後인 應神의 立場은 다르다.

313年 高句麗系에 의해서 漢 · 魏의 中國勢力이 韓半島로부터 逐出되고 崇神이 慶尙道의 南海岸(金海)地方으로 移動하고 나니 그 뒤를 占有한 應神系는 崇神의 任城이 아니고 그 北方 약 12km인 揷橋川邊의 〈伽倻-目支國〉地方이었다. 그러니 應神系는 中國의 앞선 文化를 받아들인 韓族인 目支國의 辰王系이다.

漢나라 武帝의 眞番郡의 雪縣地方 이다.

이 地方은 B.C. 108年부터 B.C. 82年까지 26年間 眞番郡의 治所가 있던 마을이니 漢의 文化, 漢의 行政機構, 漢의 文字, 漢의 造船術과 航海術 등이 전하고 있었으니, 應神系는 馬韓諸國 뿐 아니라 弁韓, 辰韓 24國 中의 折半까지도 큰 影響을 미치는 强大한 先進國家가 되었다.

이것을 中國의 史料는 「目支國의 "辰王"」이라고 말하고 있다.

辰王이란 韓半島의 王者를 말한다. 應神系가 目支地方에 定着하여 發展을 거듭하고 있을 때, 崇神이 任那를 떠난 약 80年後인 A.D. 396年 高句麗의 廣開土王이 스스로 水軍을 이끌고 馬韓地方의 40個 城을 席捲한 것이다.

이 大侵略이 內浦地方에 미쳤음을 提起한 것은 사가이가이소(酒井)教授였다. 이에 同調한 學者로는 이노우에히데오(井上秀雄)教授, 金聖浩氏, 朴性鳳教授가 있다.

筆者도 이에 同調하지만 그 現地 比定에는 異見이 있다.

에가미(江上波夫)氏는 九州地方에 있던 應神이 畿內地方으로 進出한 것이라 말하고 있지만 筆者는 A.D. 396年 廣開土王의 侵攻을 當한 目支國의 辰王인 應神이 직접 九州地方으로 移動하였다고 생각한다.

이것이 九州地方의 伽倻王 이었다고 생각한다.

〈目支國의 辰王-應神〉이 직접 日本 九州地方으로 亡命하였음에는 目支地方의 漢 以來 先進 航海術이 큰 貢獻을 한 것으로 생각한다.

〈伽倻王-구누왕〉이 畿內地方으로 간 것도 目支國의 船舶과 航海術이 作用하였다고 생각한다.

韓國側에서 보면 에가미(江上波夫)氏의 研究도 그러하지만 아유가이(鮎貝房之進)氏의 『朝鮮地名考』는 日本學者가 『日本書紀』를 理解하기 위한 研究지만 놀라운 努力으로 老作을 남겼다고 생각된다.

韓國 立場에서는 그 이름조차 모르는 사라진 遺跡의 再發見이다.

筆者도 이 書籍을 親知로부터 받은 것이 數年前 일이다.

그러나 아유가이(鮎貝房之進)氏도 韓國의 地理에는 亦是 어둡다.

그 모두가 古文獻과 古地圖에 依存하고 있음에 限界가 있음을 알게 된다.

아유가이(鮎貝房之進)氏 눈에 보이지 않는 地名이 많은 것은 必然的이다.

韓國의 一介 아마추어가 日本을 뒤 흔드는 碩學의 見解에 疑念을 느끼는 것은 崇神王과 應神王이 出發한 基地에 關해서 韓國의 地理事情에 어두운 바가 있는 것이 아닌가 생각되기 때문이다.

內浦地方은 確實히 古代 日本의 故地라고 느껴진다.

內浦地方에는 "머리(頭)系"의 地名이 10餘個所 있다.

1) 두루머리

普慈菴 : 禮山郡 揷橋邑 城里[목시(目支)部落]

立石(menhir) : 禮山郡 揷橋邑 城里[목시(目支)部落 普慈菴內]

現 禮山郡 揷橋邑 頭里로서 꽃산(花山)에서 始作하여 城里까지 이어지는 丘陵地帶이다.

頭里 꽃산(花山)에는 土城이 남아있고 土器類가 發見된다.

城里 目支(목시, moksi)部落에는 巨大한 立石(menhir)이 있으며, 支石墓가 3基가 있었는데 1基는 開沓을 하느라 깨쳐버리고, 1基는 연자방아를 만들고, 또 하나는 道路 속에 묻혀있으며, 巨大한 立石(menhir)은 洞里 中央部의 祠堂內에 모셔져 있다.

이 곳이 馬韓 때의 目支國地方이고, 漢四郡의 하나인 眞番郡의 治所인 霅縣이었다.

2) 용머리

용머리(龍東里)土城 : 禮山郡 揷橋邑 龍東里

現 揷橋邑 龍東里로서 가마시라고도 한다.

龍東里(가마시)에도 土城이 남아있고 古代遺物이 出土된다.

3) 성머리

現 揷橋邑 上城里로서 土城이 남아있고 古塚에서 古代遺物이 出土된 바 있다.

성머리(上城里)土城 : 禮山郡 挿橋邑 上城里

4) 말머리

現 古德面 四里로서 말머리(宮牟婁, 軍牟婁)土城이라 본다. 古塚에서 古代遺物이 出土된 바 있다.

1970年代에 四里 앞을 흐르는 孝橋川 河床工事場에서 雙珠鈴과 石鏃(화살촉), 石斧(돌도끼), 石劍 등 石器遺物이 發見되기도 하였다.

말머리土城周邊出土 : 禮山郡 古德面 四里

이것이 廣開土王 碑文의 牟婁城(말머리土城)으로 본다.

또한 四里에 居住하는 裵龍珠氏에 의하면 1980年初 果樹園을 造成하기 위해 開墾 할 때 數十餘基의 甕棺墓와 石斧, 石鏃, 石劍 등 多量의 石器類와 土器類가 發見되었다고 한다.

5) 개머리

現 古德面 大川里의 市場周邊으로서 土城이 3곳(處)이 있고, 古德初等學校 뒷편에 있는 山을 今後(검은, 黑, 黔)山 이라고 한다. 60餘年前 이 곳의 古塚에서도 古代遺物이 出土 搬出되었으며 現在 立石(menhir)에 새겨진 彌勒佛이 石谷里에있다.

今後山 周邊의 俗地名은 "개머리"이니 "개"는 "검(黑, 黔)", "곰(熊)"과 相通한다.

6) 덕머리

덕머리토성 : 唐津郡 合德邑 城東里

現 唐津郡 合德邑 城東里에 土城이 있다.

5~60年前 이 城안에 절(寺刹)을 建築한 帶妻僧에 의하면 고추밭을 開墾할 때 다수의 石器類가 出土되었다 한다.

禮山郡 古德面의 行政區域上 古德이란 地名의 由來가 옛 덕머리에서 온 것이지만 古德面 上宮里에는 土城이 없고 이와 隣接한 合德邑 城東里에 土

城이 있을 뿐이다.

그래서 郡界에 있는 城東里 土城이라고 생각한다.

7) 동머리

現 合德邑 玉琴里(검을들)이다.

合德邑 平野 속에 있는 마을이다.

8) 원머리

現 唐津郡 新平面 寒井里이다.

新坪面 雲井里의 沙平城 옆 바닷가에 있는 마을이며, 開墾으로 土砂搬出 時 學界에 알려지지 않은 많은 土器類와 石器類가 出土되어 搬出되었다 한다.

9) 牛頭里(소머리, 소시머리, 曾尸茂梨, ゾウシモリ)

牛頭里(소머리, 曾尸茂梨)土城 : 唐津郡 唐津邑 牛頭里

現 唐津郡 唐津邑 牛頭里가 소머리(소시머리, 曾尸茂梨, ゾウシモリ)이다.

『日本書紀』의 神代紀 上篇에 의하면 日本을 開國한 것은 天照大神(あまてらすおほみかみ)이라 한다.

이 女神의 男同生인 素戔嗚尊(스사노오노미고도, すさのをのみこと)이 韓鄕에서 살던 곳이 소시머리(소머리, 牛頭里)였다.

伊奘若尊(이사나기노미고도, いさなきのみこと)과 伊奘冉尊(이사나미노미고도, いさなみのみこと), 두 神은 長女가 英特하므로 하늘나라, 즉 高天原(다가아마나하라, たかあまなはら)을 다스리라 하고 日本으로 보냈다.

次女는 바다를 다스리라 하고, 長男은 天地를 다스리라 하였다.

그러나 長男인 素戔嗚尊(스사노오노미고도, すさのをのみこと)은 울보였다. 왜 우느냐고 물으니 "어머니가 있는 뿌리나라(根國, ネノクニ, 네노구니)로 가고 싶다" 하였다.

그래서 韓鄕으로 보내어 소시머리(소머리, 牛頭里, 曾尸茂梨, ゾウシモリ)에 살았다고 한다.

日本學者들은 이 소시머리(曾尸茂梨. ソウシモリ)를 韓國語의 소머리, 즉 牛頭里로 생각하고 明治時代 以來 韓國 全域에서 牛頭里를 찾는 努力을 오늘에 이르고 있는 것이다.

筆者가 主張하는 唐津邑 牛頭里의 거북산에 있는 소시머리(曾尸茂梨)土城은 아직 日本學者들이 모르고 있는 牛頭里(소머리, 소시머리, 曾尸茂梨, ソウシモリ)인 것이다.

이는 소머리, 즉 소(牛)의 머리(頭)地方 이라고 보고 있다.

日本의 뿌리를 찾으려고 努力한 日本學者들은 明治時代에 이미 江原道 春川에 있는 牛頭山을 注目하였다.

「朝鮮地名 考」를 쓴 아유가이(鮎貝房之進)氏에 의하면 明治時代에는 春川 牛頭山을 소시머리(曾尸茂梨, ゾウシモリ)로 생각하였다.

그러나 이는 信憑性이 없자 2次的 候補地로 釜山地方을 소시머리(소머리, 牛頭里)로 생각하게 되었다.

이것도 합당치 않다고 알게 되자 3次的으로 漢江下流說이 나왔다. 이도 定說이라 할 수 없자 近年 馬淵和夫(まぶち)敎授는 慶南 高靈地方을 旅行하고서 高靈地方이 소시머리(牛頭里)라는 論文을 發表하였다.

이 說을 받아들인 高靈의 伽倻大學校에서는 校內에 公園을 造成하고 巨大한 紀念碑를 세웠다.

馬淵和夫(まぶち)敎授의 主張에 의하여 眞價는 알 수 없지만, 筆者는 唐

津의 牛頭里에 있는 土城을 注目하고 싶다.

日本의 天孫降臨神話의 誕降場所인 久土布流(쿠지후루)는 龜旨峰이다.

伽倻國의 始祖 金首露王도 龜旨峰의 알(卵)에서 誕生하였다.

日本의 始祖와 金首露王은 다 같은 龜旨峰에서 태어난 雙生兒인 것이다.

그 중 하나는 日本에 定着 日本의 國祖가 되었고, 또 하나는 金海에 定着 伽倻國의 國祖가 되었다.

1986年 日本 明治大學의 오스까(大塚)敎授는 金海市 主催로 伽倻問題에 關한 學術會議에서 "前期任那와 前期伽倻 問題가 解決되지 않고서는 日本의 國家起源과 韓國의 古代史(金海伽倻)는 解決될 수 없다."는 趣旨의 發言과, 『三國史記』 卷 41 列傳 1의 金庾信 上篇에, "…… 金庾信의 12代祖인 首露는 어디에서 온, 어떤 사람인지 모른다. 後漢 建武 18年 壬寅에 龜峰에 올라가 駕洛의 9村을 바라보고, 그 곳에 나라를 세우고 國號를 伽倻라 하고, 後에 金官國 …… (……12代祖 首露, 不知何許人也, 以後漢建武18年壬寅登龜峰, 望駕洛9村, 遂至基地開國, 號曰伽倻, 後改爲金官國, ……)"이라 하였다는 記錄과, 「眞景大師 塔 碑文」의 記錄에 "金庾信의 祖上이던 任那王族이 新羅로 歸化하였다는 記錄" 등으로 볼 때, 金首露王은 金海地方에서 自生한 것이 아니라 어디에선가 移住하여 定着한 移住民인 것이다.

그렇다면 金首露王은 어디에서 移住하여 왔을까?

忠南 內浦地方의 龜旨峰(唐津郡 唐津邑 牛頭里의 거북산)에 살던 馬韓韓族(前期任那 · 伽倻人)이, 北方民族(高句麗人, 夫餘族)에 밀려 金海에 定着(後期任那 · 伽倻)한 것이 金首露王이라 하고, 다른 一派는 日本으로 건너가 日本의 支配層이 되었다고 한다면, 앞에서 오스까(大塚)敎授가 論及한 "日本의 國家起源과 韓國의 古代史(金海伽倻)는 解決될 수 있을 것이다."

그러므로 "唐津의 牛頭里(우두리, 曾尸茂梨, ゾウシモリ)는 日本의 天孫降臨神話와 金首露王의 誕辰神話 두 곳 모두를 充足 시켜주는 場所라 생각한다".

唐津의 牛頭里에는 土城 2곳이 있다.

거북산에 있는 土城을 台城 或은 牛頭山城, 봉우리를 龜旨峰이라 하고, 加城山에 있는 土城을 加城山城이라 한다.

唐津郡에서는 唐津邑 牛頭里의 都市開發地域에 대한 發掘調査를 (財)忠淸南道 歷史文化 硏究院에 依賴하여 2008年 6月 12日부터 同年 11月 18日까지 95日間 發掘調査를 하였다.

發掘調査는 Ⅰ, Ⅱ, Ⅲ, Ⅳ區域으로 區分하여 發掘調査가 이루어 졌다.

調査結果 Ⅱ區域에서는 新石器時代 住居址 및 野外爐址 3基, 靑銅器時代 住居址 1棟 및 竪穴 6基와 함께 押引 + 沈線紋土器, 二重口緣單斜線紋土器만이 出土되는 靑銅器時代 住居址가 發掘 되었다.

Ⅳ區域에서는 口脣刻目孔列紋土器가 出土되고 靑銅器時代 住居址 4基, 竪穴 2基가 確認 調査되었다.

Ⅰ區域에서는 靑銅器時代 住居址에서 孔列紋, 孔列 + 沈線紋土器가 出土되었다.

그 밖의 遺物로서는 新石器時代 砥石과 石材, 土器片이 出土되었고, 靑銅器時代의 石鏃 多數와 石器, 砥石, 石材와 土器와 土器片이 出土되었으며, 百濟時代 土器와 土器片도 出土되었다.(參照 : 「唐津 都市開發地域內 文化遺蹟 發掘調査 2次 槪略報告書」, 忠淸南道 歷史文化硏究院)

隣接 遺蹟으로는 元唐里遺跡과 彩雲里遺跡으로 百濟時代 初期의 竪穴遺構와 住居址 등 生活遺蹟이 確認된 바 있다.

唐津邑 牛頭里의 發掘遺跡, 遺物로 미루어 牛頭里 거북산의 龜旨峰은 金海伽倻(金海地方)의 龜旨峰과 金首露王의 出緣과 日本 天孫降臨神話의 誕降場所인 쿠지후루(久士布流)와도 聯關지어 생각할 수 있지 않은가?

韓國에서는 住民이 集團的으로 모여 사는 곳을 머리(村 = 마을)라고 하지만 日本에서는 무라(ムラ = 村), 或은 모리(森 = モリ)라고 한다.

이로 미루어 古代 內浦地方의 住民들이 日本으로 移住하므로서, 韓國의 古代 內浦地方의 古代語인 머리(村 = 마을)가 日本으로 傳播되어 日本語의 「무라(ムラ = 村), 或은 모리(モリ =森)」로 변한 것으로 생각된다.

또한,

內浦地方에서는 마을(村)을 「구니(クニ)」라고 하는 곳이 있다.

「소구니[蘇クニ(國)]」와 「바구니」가 이것이다.

「소구니[蘇クニ(國)]」는 洪城郡 長谷面 杏亭里에 있다.

傳說에 의하면 옛날 蘇氏의 나라(ナラ, 國)와 陵이 있었는데, 洪氏가 이 마을에 定着하면서 陵을 파헤쳤다고 한다.

筆者는 「6. 古代 內浦地方은 日本 天皇家의 뿌리나라(根國). -前期任那와 前期伽倻는 內浦地方에 있었다.-」에서 『日本書紀』의 崇神紀에서 소나가시지(蘇那曷叱智, そなかしち)의 韓鄕인 蘇氏의 나라(ナラ, 國)인 소나라(蘇國, 蘇구니, 蘇クニ)로 보는 것이다.

「바구니」는 禮山郡 新陽面 時旺里(俗地名 ; 不雲里)에 있다.

不雲里에 있는 自然部落의 地名이다.

馬韓時代의 不雲國이 있던 곳으로서 土城과 支石墓가 남아있다.

또한, 洪城郡 西部面 南塘里와 於沙里 中間地點에 「바구니」 마을(村)이 있다.

「구니」는 나라(國)를 말하는 것으로서 日本의 구니(クニ · 國)와 同一함을 알 수 있다.

이로 미루어 日本語의 나라(ナラ)와 구니(クニ)도 內浦地方의 言語가 日本地方으로 傳播된 것으로 생각된다.

6. 古代 內浦地方은 日本 天皇家의 뿌리나라(根國)

-前期任那와 前期伽倻는 內浦地方에 있었다-

1986年 慶南 金海市 主催로 伽倻問題에 關한 學術會議가 있었다.

이때 日本 明治大學의 오스까(大塚)敎授는 "前期任那와 前期伽倻 問題가

解決되지 않는 한 日本의 國家起源과 韓國의 古代史는 解決될 수 없다."는 趣旨의 發言에 筆者는 큰 感銘을 받았다.

其實, 伽倻의 始祖 金首露王의 建國은 1C 中葉(A.D. 42)이고, 그 王妃는 印度系라고 말하는데 只今 史學界에서 研究되고 있는 伽倻史는 그 全部가 5~6C의 伽倻史를 研究한 것이다.

그러니 1~4C의 伽倻史, 즉 "前期任那와 前期伽倻史"의 研究는 空白이라고 말할 수 있다.

지금 伽倻라 말하면 慶尙道地方에 있었던 것으로 생각되고 있지만,

筆者는 그와는 別個로 1~4C의 空白期에 前期任那와 前期伽倻가 있었고, 그것이 忠南의 內浦地方에 있었던 "前期任那와 前期伽倻"가 아닌가 생각하게 되었다.

"任那 · 伽倻"가 史料에 나타나는 것은 『三國史記』 列傳의 强首條와, 「眞景大師 塔碑文」에서, 『日本書紀』 등에 나타나며, 「廣開土王 陵碑에 "新羅의 要請으로 新羅를 救援하기 위하여 男居城에 와 보니 倭가 充滿하였다."」고 한 金石文이 있을 뿐이다.

日本은 1905年 大韓帝國을 合併하여 植民地로 삼으면서, 이를 合理化하기 위해 많은 歷史學者를 動員하여 古代 韓 · 日關係를 浮刻시킴으로서 韓國合併의 合理性을 圖謀하였다.

日本歷史는 大部分이 皇國史觀에 바탕 한 것들이다.

그 중에서 特異한 것을 들자면 에가미나미오(江上波夫)教授의 『騎馬民族國家 〈中空文庫〉』와 도리고에(鳥越憲三良)教授의 『古代朝鮮과 倭族 〈1992 中空新書〉』, 이노우에(井上秀雄)教授의 『倭 · 倭人 · 倭國 〈1991. 人文書院〉』, 아유가이(鮎貝房之進)氏의 『日本書紀의 朝鮮地名考』 등을 들 수 있다.

1948年 에가미(江上波夫)教授는 有名한 "騎馬民族 說"을 폈다.

筆者가 접한 에가미(江上波夫)教授의 論文은 上記에서 말한 『騎馬民族國家』外에 『朝日新聞社發行 週刊朝日紙의 特輯論文』과 『歷史と旅』에 실은

論文, 東洋(orient) 學會 Seoul大會에서 發表한 論文 등이 있다.

에가미(江上波夫)教授의 初期論文과 後期論文 간에는 若干의 變化가 있음을 엿볼 수 있다. 이는 日本學界의 極甚한 批判에서 벗어나려는 方便이었다고 생각된다.

日本言論에 의하면 騎馬民族說이 發表된 後, 日本人의 70%가 이 說에 關心을 갖게 되었다고 한다.

騎馬民族說은 皇國史觀 立場에서 보면 異端的인 놀라운 發說이다.

그는 말하기를,

滿洲地方에서 일어난 騎馬民族인 夫餘族이 韓半島의 中央部를 거쳐 慶尙道 南海岸에 직접 다다라 日本으로 건너 갈 機會를 노리고 있었다.

이 무렵 日本은 戰國時代였다.

金海地方에 머물러 있던 崇神王이 日本으로 건너가 1次的인 統一國家를 이룩한 것이 崇神天皇이고, 日本이 戰國時代가 되어 卑彌呼(ひみこ)라는 巫女가 九州北部地方에 나라를 세웠을 때 九州南部地方에 있던 應神王이 卑彌呼(ひみこ)를 滅하고 日本本州의 中央部를 征服하였는데, 이것이 2次로 日本을 統一한 應神天皇이라 하였다.

그러나 筆者는 이에 대하여 異見을 갖는다.

에가미(江上波夫)教授는 騎馬民族인 夫餘族이 直線的으로 金海地方에 다다라, 日本으로 건너갈 機會를 노리고 있었다고 하였지만, 中國勢力이 韓半島를 支配하던 時節 內浦의 大興地方에는 馬韓系의 任那國이 있었고, 揷橋邑 城里에는 馬韓의 目支國이 있었다.

『日本書紀』에 나타나는 任那, 즉 임(任, 님)의 나라의 미마기[ミマキ, 桑(三)間宮殿]에 崇神王이 살고 있었고, A.D. 313年 騎馬民族인 高句麗 美川王에 의해서 漢·魏인 中國系 勢力인 漢四郡이 韓半島로부터 逐出 당하니, 大興地方의 任那國에 살던 崇神(しうじん)王은 威脅을 느끼자, 任那地方을 떠나 1次的으로 慶尙道 南海岸인 金海地方으로 移動하였다가, 거기서 다시 日本의 九州北部地方으로 移動한 것으로 생각한다.

崇神(しうじん)이 떠난 內浦地方에는 馬韓系인 目支國의 辰王이 있었다.

그 定着地는 崇神이 떠난 大興地方(光時面 長田里)이 아니고, 그 北方向으로 12km 떨어진 揷橋川辺의 目支國의 雪陽障쪽 이었다.

雪陽障의 位置는 潮汐(tide)이 드나드는 揷橋川辺에 있었다.

이 마을에는 B.C. 108年 漢武帝가 漢四郡의 하나인 眞番郡의 治所城으로 構築한 雪縣의 雪陽障土城이 있었다.

李丙燾博士는 眞番郡의 治所 雪(揷)縣을 漢江下流로 생각하였지만, 이점 筆者의 見解와 크게 差異가 있다.

筆者는 禮山郡 揷橋邑 城里의 목시(moksi, 目支) 部落이 目支國이라고 본다.

이 目支國이 司馬遷이『武陵書』에서 말한 眞番郡의 治所 雪縣인 것이다.

A.D. 313年 高句麗의 15代 美川王(在位, 300~331)이 樂浪郡을 攻擊하였을 때 禮山郡 大興地方에는 任那國이 있었다.

任那國과 目支國 間에는 12km 距離가 되며 당시 任那國에는 中國의 農耕文化를 受用한 馬韓系의 崇神王이 統治하고 있었다.

伽倻國의 領域은 넓고, 任那國의 領域은 좁다.

伽倻國의 領域은 伽倻山 周邊을 網羅한 地域, 즉

揷橋邑 城里의 目支國,

揷橋邑 龍東里의 가마시,

伽倻山(검은산) 周邊의 여러마을,

唐津郡 合德邑 玉琴里의 검은들,

唐津郡 順城面 鳳巢里의 검은들,

洪城郡 銀河面 錦菊里의 伽倻골(伽羅골, 伽倻티),

洪城郡 結城面 琴谷里의 巨城,

瑞山市 雲山面 巨城里의 犬城(개城),

禮山郡 鳳山面 鳳林里의 伽倻古城 등이 있고,

任那國은 禮山郡 大興地方을 말하는 것이니, 任那地方의 馬韓系의 統治

者로서 伽倻의 全域을 支配하던 것이 崇神王이었다.

이것이 「前期任那」와 「前期伽倻」였다고 본다.

高句麗의 美川王이 樂浪郡을 滅하자, 이에 놀란 前期任那와 前期伽倻의 支配層은 慶尙道 海岸地方으로 移動하였다.

이것이 에가미(江上波夫)教授가 金海地方에서 日本 九州北部地方으로 亡命하였다는 崇神王이라고 본다.

A.D. 313年 美川王의 南侵이 있은 83年後의 應神(おうじん)系는 B.C. 82年 漢武帝로부터 辰王稱號를 除授 받은 目支國의 辰王의 後裔였다.

A.D. 395~6年 廣開土王은 58個城을 攻掠 征服하였다.

廣開土王이 占領한 58個城 이름은 A.D. 414年 長壽王(20代, A.D. 413~491)이 세운 廣開土王의 陵碑文에 記錄되어 있다.

이는 「第 2篇. 廣開土大王의 南侵과 未詳城의 位置比定」에서 考察한 바와 같다.

이 大侵略이 內浦地方에까지 攻略하였음을 提起한 學者는 사까이가이소(酒井改藏)教授 였다.

이에 同調한 學者로는 이노우에히데오(井上秀雄)教授, 金聖昊氏, 朴性鳳教授가 있다.

筆者도 이에 同調하지만 그 現地 比定에는 異見이 있다.

에가미(江上波夫)教授는 本來부터 九州南部地方에 있던 狗耶國(伽倻國)의 應神王이 卑彌呼(ひみこ) 政權을 滅하고 日本의 中央部로 進出하여 2次的으로 日本의 統一國家를 세운 것이 應神(おうじん)天皇이라 하였지만,

筆者는 이와 見解를 달리한다.

廣開土王(在位, A.D. 391~413)이 A.D. 395年 京畿道地方의 18個城을 征服하자, 馬韓諸國과 弁 · 辰諸國의 折半인 12個國을 支配하였다는 目支國(禮山郡 揷橋邑 城里)의 辰王(應神)은 이에 놀라, A.D. 396年 初 廣開土王이 馬韓諸國을 侵攻하기 直前 慶尙道 金海地方을 거치지 않고, 船便으로 海路를 통하여, 九州南部地方으로 亡命, 狗倻國, 즉 伽倻國을 세운 다음, 北九州

의 卑彌呼(ひみこ)를 滅亡시키고, 日本 中心部인 近畿[긴기, 오사카(大阪), 나라(奈良)]地方으로 進出, 에가미(江上波夫)教授 說대로 2次 統一國家를 樹立한 것이 應神(おうじん)天皇이라고 본다.

A.D. 396年 廣開土王의 攻擊을 당한 伽倻諸國은 全羅道와 慶尙道 海岸地方으로 移動, 2次 任那 · 伽倻國을 세웠다.

그러니

"後日 日本으로 옮겨간 日本의 王祖가 日本으로 移動하기 以前의 內浦地方 故地의 緣故를 主張한 것은 理解가 간다."[中國 晉書]

그 時期는 A.D. 313年 直後였음이 分明하다.

이러한 抽象을 可能게 하는 與件이 2~3가지 있다.

그 하나는

禮山의 大興地方은 옛날 只三村이다.

長田里土城(任那城) : 禮山郡 光時面(大興地方) 長田里

城이 3곳(處)이 있다는 뜻이다.

그 하나는 任存山의 東쪽에 있는 大興面 上中里의 官祿재(峙)土城이다.

또 하나는 官祿재(峙)土城의 東쪽 無限川(現 禮唐貯水池)건너 位置에 있는 長田里土城(任那城). 그리고 長田里에서 東北쪽 新陽川을 건너는 位置에

있는 薪東里土城이다.

薪東里土城 : 禮山郡 大興面 薪東里

薪東里土城 內(안)에는 큰 墳墓가 있었는데 盜掘 當했다.

長田里의 任那土城은 洪城郡 長谷面 杏亭里의 소구니(소나라, 蘇國, 蘇ク ニ)와 近接한 곳이다.

筆者는 長田里의 土城을 에가미(江上波夫)教授가 말하는 崇神天皇(御肇國天皇, はつくにしらすすめらみこと)이 살던 三(桑)間宮[ミマキノミヤ, 미마기노미야, 3間 木造宮殿]이라고 생각한다.(『日本書紀』 卷 第 5. 第 10世 崇神天皇條.)

大興面 東西里에서 植木을 하다가 古墳이 發見되어 中央博物館에서 이를 發掘調査 하였다.

結果 有名한 農耕文青銅器 一括遺物이 出土되었다.

池健吉博士에 의하면 南韓에서 出土된 青銅器遺物 중에서 가장 優秀한 것이라 하였다.

이 遺物을 使用하던 사람들은 農耕文化人이었음이 考證된 것이다.

그러니 에가미(江上波夫)教授가 擧論한 騎馬民族과는 다른 民族임을 알게된다.

또 하나는 三足土器의 出土다.

考古學者 金元龍博士는 三足土器는 中國 北쪽의 農耕文化의 遺物이며 이것이 中國 遼東地方에서까지 發見되었는데 韓半島에서는 아직 發見된 예가 없으나, 必是 發見이 되리라 하였다.

다행히 筆者는 이것을 光時面(大興地方) 長田里에 있는 任那土城 內(안)에서 三足土器 외에 石斧(돌도끼), 石劍, 半月形石刀 등도 직접 採集할 수 있었다.

이 외에도 洪城中學校에는 學生이 주어온 것이 있고, 洪城郡 結城面의 農器具 展示館에는 黃成昌氏가 採集한 것이 있으며, 唐津郡 石門中學校 鄕土資料室에도 5點이 展示 되어있다. 扶餘博物館에 1點이 保管되어 있으나 出處 不明이라 한다.

이들로 미루어 大興地方에 있던 中國의 農耕文化를 受用한 馬韓系의 崇神王이었다고 생각할 수 있을 것이다.

또 한가지 與件은 『日本書紀』 卷 第 4. 開化天皇條의 記錄들이다.

任那城(長田里)土城出土 : 禮山郡 光時面 長田里

에가미(江上波夫)敎授는 崇神王이 日本으로 직접 移動하였다고 하였지만, 『日本書紀』에서는 "崇神王이 직접 移動하였다는 記事는 없고, 그의 父王인 開化天皇 57年 都邑을 옮겼다." 하였는데, 이것이 禮山郡 大興地方인 任

那國에서 金海地方으로 移動한 것을 말한 것으로 생각된다.

崇神은 19歲에 太子가 되었다.

開化天皇이 60年에 崩하고, 崇神이 王位에 올랐다.

崇神王 3年 都邑을 磯城(しき, 九州北部地方)으로 옮겼다고 하였는데, 이것이 日本으로 건너간 記錄으로 생각된다.

『日本書紀』는 이 崇神王을 나라를 처음 세운 王, …… 御肇國天皇(はつくにしらすすめらみこと, 崇神天皇)…… 이라고 적고 있다.(日本書紀 卷 5. 第10世 崇神天皇條)

그래서 에가미(江上波夫)教授는 崇神王이 日本을 統一한 初代 人皇으로 생각한 것이다.

崇神紀에는 ……「崇神天皇 65年 秋 7月, 任那國이 소나가시지(蘇那曷叱智, そなかしち)를 보내어 朝貢하였다.

任那는, 筑紫國에서 2千餘里 떨어진 距離에 있다.

北은 바다를 隔하고 鷄林의 西南에 있다.」하였고,

崇神天皇의 아들인 垂仁天皇의 垂仁紀에는 ……"垂仁天皇 2年, 任那人 소나가시지(蘇那曷叱智, そなかしち)가, '本國에 돌아가고 싶다.'고 말하였다.

아마 先皇代에 來朝하여 아직 돌아가지 않았던 것인가.

故로 소나가시지(蘇那曷叱智, そなかしち)에게 厚하게 賞을 주었다.

붉은緋緞(赤織絹) 100疋을 주어 任那의 王에게 下賜하였다."라고 記錄되어 있다.

筆者는 소나가시지(蘇那曷叱智, そなかしち)를 1章 5.「古代內浦地方과 古代 日本語」에서 言及한 소구니(蘇クニ, 소나라, 蘇國)에서 온 사람으로 생각한다.

소구니(蘇クニ, 소나라, 蘇國), 즉 소나라(蘇國, 蘇氏의 나라)는 洪城郡 長谷面 杏亭里이고, 任那는 禮山郡 大興地方(光時面 長田里)土城을 中心으로 한 것이니, 現在 行政區域은 달리 하지만, 그 距離는 약 7~8km에 不過하다.

崇神王의 아들인 垂仁王이 "붉은 緋緞(赤織絹) 100疋을 소구니(蘇國)의 가시지(曷叱智, かしち)를 통하여 任那王에게 전하였다." 하였음은 있을 수 있는 일이다.

또 應神紀에 의하면, 應神이 「胎中에 있을 때 天神地祇가 三韓을 주었다.」 하였고, 一書에 또한 「天皇이 太子가 된 다음, 越國에 가서, 角鹿의 笥飯大神에 參拜 하였다.」라고 하였다.

살피건대, 에가미(江上波夫)教授는 應神王이 九州南部의 狗倻國(伽倻國)에서 自生한 것으로 말하였지만, 筆者는 應神이 禮山郡 挿橋邑 城里地方인 目支國에서 A.D. 396年 初 日本으로 亡命한 "目支國의 辰王"이라고 생각한다.

應神紀에서 「胎中에 있을 때 天神地祇로부터 三韓을 받았다.」함은 歷史時代인 目支國에 居住하던 때 일이며, 太子가 된 다음 越國으로 갔다함은 바다건너에 있는 나라, 즉 日本으로 亡命하였음을 表記한 記錄으로 본다.

『日本書紀』에 應神王 16年 百濟의 阿莘王(阿芳王)이 崩하였다.

百殘國의 阿莘王(A.D. 392~405)이 死亡한 것은 A.D. 405年이니 이때의 應神王은 日本의 應神天皇이었던 것이다.

이때 百濟王子 直支(腆支)가 日本에 머물고 있었다.

應神王은 直支를 불러 本國으로 돌아가 王位를 繼承하라고 하면서, 東韓의 땅을 주어 보냈다고 하였다.

아유가이(鮎貝房之進)氏는 『日本書紀』의 「朝鮮地名 考」에서 이 東韓의 땅을 이림성(爾林城), 즉 任(林)城이라 하고, 任那 · 伽倻의 位置에 대하여 禮山郡 大興地方에 있었던 것으로 注目하였는데 筆者의 見解와 接近하는 것이다.

에가미(江上波夫)教授는 應神王을 九州南部地方에서 自生한 것으로 생각하였지만,

筆者는 廣開土王이 內浦地方의 40個城을 攻掠하넌 때 目支國의 辰王이넌 應神王이 직접 九州南部地方으로 亡命 狗倻國을 세웠다고 본다.

즉 伽倻國을 세우고 그 후 몇 년 사이에 北進하여 巫女인 히메고(卑彌呼)

의 王國을 滅하고, 繼續 水路를 통하여 日本의 中樞部인 近畿地方에 이르러 崇神系를 滅하고, 2次的으로 日本을 統一한 王이 되었다고 본다.

應神天皇은 에가미(江上波夫)教授의 說과 같이 九州南部地方에서 自生한 것이 아니고, 上述한 바와 같이 "目支國의 辰王의 後裔"로서 廣開土王이 南侵한 A.D. 396年 初에 日本으로 亡命한 것으로 생각한다.

A.D. 396(丙申)年에 廣開土王이 內浦地方의 任那城을 攻掠하였을 때는, A.D. 313年 美川王이 平壤城을 攻掠한 때보다 83年後였으니, 任那城에 있던 馬韓系의 崇神王은 이미 慶尙道 南部地方으로 移動하였다가 日本으로 건너간 後였고, 目支國의 辰王인 應神王도 日本으로 직접 亡命한 후였다고 본다.

廣開土王의 侵攻을 당한 伽倻諸國은 全羅道와 慶尙道 海岸地方으로 移動 2次「任那 · 伽倻」, 즉「後期任那 · 伽倻」를 建設하였다.

이러한 假說이 成立된다면 에가미(江上波夫)教授의 崇神天皇과 應神天皇(目支國의 辰王인 應神)이 同一한 騎馬民族이었다고 보는 見解에 贊同할 수가 없게된다.

大興地方의 任(林)那城에서 떠난 崇神王과 崇神이 떠난 80年後에 目支國(現 禮山郡 揷橋邑 城里)에서 떠난 應神王(目支國의 辰王)은 農耕文化를 가진 馬韓계였다.

日本의 史學界를 뒤흔든 騎馬民族說에 대하여 異見을 提起함은 憫惘(민망)한 일이지만 任那城과 目支城의 遺物을 對比할 때 생각할 수 있는 意見인 것이다.

繼體紀에 의하면,

繼體天皇 6年(A.D. 512), 冬 12月, 百濟 武寧王(A.D. 501~523)이 使臣을 보내어 調를 올렸다.

이때 百濟는 任那國의 上哆唎(상다리), 下哆唎(하다리), 娑陀, 牟婁의 四縣을 請하였다는 句節과,

7年 夏 6月 伴跛國이 己汶의 땅을 奪取하였다는 內容,

同 11月 己汶, 滯沙(대사)의 땅을 百濟에 주었다는 記錄이 있다.

己汶의 땅은 禮山郡 德山地方이고, 百濟時代에는 今勿縣, 唐의 占領 下에서는 己汶縣이라 改名하고, 後日 新羅는 今武縣이라 하였다.

伴跛國은 洪城郡 長谷面 山城里의 潘溪마을 이라고 생각한다. 後日 百濟 復興戰爭 當時 復興軍이 日本에서 歸國한 豊王이 王城으로 使用한 周留城이 있는 곳이기도 하다.

上哆唎(위다락미)遠景 : 禮山郡 揷橋邑 二里

上哆唎[위(안)다락미]土城 : 禮山郡 揷橋邑 二里

伴跛國(洪城 長谷의 潘溪)과 己汶(禮山의 德山地方)과의 相距는 약 20km 이다.

上記에서 言及한 地名(娑陀, 牟婁, 伴跛, 己汶)은 上哆唎와 下哆唎로부터 各其 半徑 약 20km 以內에 存在한다.

禮山郡 揷橋邑 水村里의 반챙이 或은 原반챙이 部落과 隣接한 곳이 揷橋邑 二里의 上哆唎[위(안)다락미]와 下哆唎[아래(밖) 다락미]部落이다.

두 部落에는 各其 望樓가 있었다고 하며, 아래 다락미(下哆唎)에는 童舞山土城이 있고, 古墳에서 古代遺物이 많이 出土된 바 있다.

下哆唎[아래(밖) 다락미]土城 : 禮山郡 揷橋邑 二里

筆者는 이것이 『日本書紀』의 繼體紀(게이다이기)에 나오는 오고시다리[上哆唎, 위다락미(뫼)]와 아라시다리[下哆唎, 아래다락미(뫼)]라 생각한다.

筆者는 앞에서 任那國의 位置를 禮山郡 大興地方이라고 하였는데 上哆唎[위(안)다락미(뫼)]와 下哆唎[아래(밖)다락미(뫼)]는 任那國에서 약 15km 距離에 있는 部落이니 任那國의 領土임이 分明하다.

1章 5.「古代 內浦地方과 古代 日本語」에서 論及한 바 있는 牟婁城은 禮山郡 古德面 四里의 말머리部落이고, 娑陀는 百濟復興戰爭 當時 沙陀相如가 擧兵을 일으킨 現 洪城邑 古牟里部落이니 이도 任那國의 領域이라고 볼 수

있다.

그러니 日本의 應神王은 禮山郡 揷橋邑 城里인 目支國에서 바다를 건너 日本으로 亡命한 「辰王」이 分明하다.

鳥越三郎(とりごえ)에 教授는 『古代朝鮮과 倭族, 中公新書』에서 稻作文化를 日本으로 傳播한 것은 倭族(中國 中原에서 볼 때 邊方地方의 異民族들을 모두 倭라 稱함)이라 하였다.

"中國大陸의 南西部 湖水地方에서 發達하기 始作한 稻作文化는, 稻作 技術을 가진 倭族의 一派가 東南亞地方으로 移動하였고, 또 다른 一派는 東쪽으로 移動 揚子江을 따라 黃海에 다다른 다음, 一派는 北쪽 泰山쪽으로 뻗어 나갔고, 다른 一派는 船便으로 韓半島로 건너와 韓半島 南部地方에 稻作技術을 傳播시켰다. 다시 日本으로 건너가 稻作技術을 傳播시켰다."라고 하고, 이것이 倭族이라 하였다.

近年 中國에서는 揚子江 下流地方에서 5千年前의 稻作文化 遺跡을 發見하였다 한다.

稻作農器具인 「半月刀」의 出土가 忠淸道의 西海岸, 즉 內浦地方의 海岸地方과, 全羅道와 慶尙道南部 海岸地方에서 集中的으로 出土됨과, 洪城郡 結城地方의 農謠가 韓國農謠의 原形이라고 말하는 李소라氏의 意見을 綜合할 때, 鳥越三郎(とりごえ)教授의 見解는 妥當性이 있다고 본다.

日本學者들은 『日本書紀』의 記事인 任那日本府와, 廣開土王 陵碑의 「男居城에 倭가 充滿하고 있었다.」는 記事를 들어 日本府는 朝鮮總督府와 같이 日本의 官憲이 건너와서 南韓을 統治하고 있었다는 것이며, 男居城의 倭人은 日本에서 渡來한 倭人이라고 主張하고 있지만 당시 倭國의 文化와 國力을 勘案할 때 이러한 主張은 成立될 수 없는 것이다.

鳥越三郎(とりごえ)教授가 考察한 바와 같이 中國南部에서 韓半島로 渡來하여 居住하던 倭人이었다고 보면 問題가 될 것이 없다.

『日本書紀』의 神代紀 上篇에 의하면,

日本은 自國의 開國神을 天照大神(あまてらすおほみかみ)이라 하고, 이

女神의 男同生을 「스사노오노미고도(すさのをのみこと, 素戔鳴尊)」라 하였고, 이사나기노미고도(いさなきのみこと, 伊奘若尊)와 이사나미노미고도(いさなみのみこと, 伊奘冉尊), 두 神은 長女가 英特하므로 하늘나라, 즉 高天原(다가아마나하라, たかあまなはら)을 다스리라 하고 日本으로 보냈다.

次女는 바다를 다스리라 하고, 長男은 天地를 다스리라 하였다.

그러나 長男인 스사노오노미고도(すさのをのみこと, 素戔鳴尊)는 울보였다. 왜 우느냐고 물으니 "어머니가 있는 根國(뿌리나라, ネノクニ, 네노구니)으로 가고 싶다" 하였다.

그래서 韓鄕으로 보내어 牛頭里(曾尸茂梨, ソウシモリ, 소시머리)에 살았다고 한다.

日本 學者들은 이 曾尸茂梨(ソウシモリ, 소시머리)를 韓國語의 소머리, 즉 牛頭里로 생각하고 明治時代 以來 韓國 全域에서 牛頭里를 찾는 努力을 오늘에 이르고 있는 것이다.

筆者가 1章 5.「古代 內浦地方과 古代 日本語」에서 言及한 唐津邑 牛頭里의 龜(거북)山에 있는 소시머리(曾尸茂梨, 소머리)土城은 아직 日本學者들이 모르고 있는 牛頭里(우두리, 소머리, 소시머리, 曾尸茂梨, ソウシモリ)인 것이다.

牛頭里 問題는 日本學界의 關心事임이 分明하지만 韓國의 젊은 研究家들도 關心을 가져 볼 만한 課題라고 생각하기에 記錄으로 남긴다.

앞에서 論及한 바와 같이 "日本의 崇神王과 應神王의 緣故地가 韓國의 古代內浦地方이었다고 한다면 古代內浦地方은 日本 天皇家의 뿌리나라(根國, ネノクニ)이다."

또한 日本 史學界에서는 "任那日本府說, 一名 南鮮經營論"을 내세워 日本帝國主義者들은 韓半島 植民支配政策을 正當化하는 論理로 오늘에 이르기까지 歷史歪曲을 하고 있는 것이다.

日本이 主張하는 4~6C의 任那日本府說은 虛構이지만 이 보다 앞선 韓半島에서는 數世紀 동안 政治變化(B.C. 108年 漢四郡設置, A.D. 313年 美川王

의 南侵, A.D. 396年 廣開土王의 南侵 등)에 의해 農耕文化를 가진 馬韓 韓族인 內浦地方의 原住民들은 不安을 느끼고 앞선 航海術과 先進文化를 가지고, 一部는 南쪽으로 移動 後期 任那伽倻(金海伽倻)를 建設하였고, 一部는 日本으로 건너가 定着 日本의 支配層이 되었다.

이것이 오늘날 韓 · 日學界에서 主張하는 騎馬民族說이다.

그러나 筆者는 騎馬民族이 아닌 農耕文化를 가진 內浦地方의 馬韓族이라 생각한다.

『日本書紀』神代紀 上篇의 記事에 "日本을 開國한 天照大神(아마데라스오호미가미, あまてらすおほみかみ)의 韓鄕이 牛頭里(소시머리, 曾尸茂梨, 소머리)"라 한 記錄과 一脈相通하는 것이다.

이 牛頭里(소시머리, 曾尸茂梨, 소머리)가 忠南 唐津의 牛頭里[1章 5.「古代 內浦地方과 古代 日本語의 9) 소머리(소시머리, 牛頭里)」; 參照]이며, 앞에서 論하였듯이 人皇으로서 日本을 統一한 崇神天皇과 應神天皇의 出自가 忠南의 內浦地方(禮山地方)이라고 主張하는 바이다.

또한 百濟 復興戰爭 當時 日本의 天智天皇이 百濟 復興軍을 支援次 渡來한 日本壯丁 1萬餘名이 白江(白村江, 牙山灣, 唐津 앞바다)戰鬪에서 羅 · 唐軍에 의하여 大敗하였다.

『日本書紀』에서는「이때 나라 사람들(日本人)은 서로 말하기를 "州柔城(周留城)은 降伏되고 말았구나. 무어라 할 말이 없도다. 百濟라는 이름도 오늘로 告하였구나. 祖上의 墓所를 어이 또 다시 와 볼 수 있겠는가. 오직 弖禮城(데례성)으로 가서 日本의 將軍들을 만나 重要한 일들을 相議하여 볼 수 있을 뿐이로다."라고 記錄하고 있다.」이로 미루어 볼 때 天智天皇의 白村江 出兵은 百濟를 支援하기 보다는 "古代 日本의 祖上 緣故地(內浦地方)를 守護하기 위한 것"이었다고 생각된다.

"『日本書紀』神代紀 上篇에 天照大神(아마데라스오호미가미, あまてらすおほみかみ)의 韓鄕인 牛頭里(소머리, 소시머리, 曾尸茂梨, ゾウシモリ)가 忠南 唐津郡 唐津邑에 있으며, 人皇으로서 日本을 統一한 10代 崇神天皇과

15代 應神天皇이 忠南 內浦地方(禮山地方)에서 건너갔다. 이런 緣故로 百濟復興戰爭때 自己들의 祖上땅을 守護하기 위해 1萬餘名을 派遣 白江(白村江, 牙山灣, 唐津 앞바다)戰鬪에서 羅 · 唐軍에게 敗하였다.

그러니 古代日本 支配層(天皇家)의 뿌리가 農耕文化를 가진 忠南 內浦地方의 馬韓 韓族이므로 同一한 韓族"인 것이다.

그렇다면 日本人이 主張하는 任那日本府說을 根據로 하는 日本의 優越主義思想을 잠재울 수 있으며, 同一한 馬韓 韓族으로서 21C를 함께 開拓해 나아 갈 수 있으리라 確信하는 바 이다.

2章 眞番郡 考

1. 眞番의 位置에 대한 前提

鉅燕이 朝鮮 · 眞番과 交易을 하고 있었다는 事實과 漢武帝가 衛氏朝鮮을 攻略할 때 五萬陸軍을 動員하면서, 7千 水軍을 併用하였음은 朝鮮航路인 大同江은 이미 活用되고 있었음을 證明하는 것인 즉, 眞番航路인 牙山灣 또한 이미 開拓되어 있었음을 推測케 함으로, 眞番諸國과 그 主部인 藩國의 位置를 考察함에 있어 다음과 같은 想定的 前提를 갖는다.

漢 眞番郡 15縣 中,

1) 〈北部 7縣〉은 王儉城인 平壤을 征服한 그 陸軍이 大同江以南地方까지 進擊하면서 占領한 地域이고,

2) 〈南部 8縣〉은 大同江을 溯航하여 "平壤城"을 挾攻하던 漢의 水軍兵力의 一部가 大同江口인 "南浦"로 부터 帆船으로 不過 3~4日 距離인 牙山灣의 沙邑川(揷橋川의 古名)으로 航進하면서 占據한 舊 眞番諸國의 疆土, 즉 內浦地方이다.

3) 그렇기에 眞番郡 南部 8縣과 北部 7縣의 中間地帶, 즉 漢江流域과 安城川以北인 京畿道 南部地方 間에는 漢軍이 占領하지 못한 土着 韓族의 [蓋國-辰國]이 있었다.

後日 이 地方에서

a) 王莽 · 地皇年間(A.D. 20~23)에 辰韓의 〈伐木史話〉가 發生하였고,

b) 魏 正始 7年(A.D. 246)에는 韓의 〈邦奚等數十國 各率種藩降〉하는 奇離營에서의 叛亂事件으로 帶方太守 弓遵이 戰死하는 事態 등이 發生하였다고 본다.

4) 眞番郡의 治所가 있던 『霅縣』은 被侵當時 眞番의 中心地이던 揷橋川流域, 즉 現 禮山郡 一圓과, 洪城郡의 金馬平野와 唐津郡의 合德地方이었다.

그러니 漢眞番郡의 治所인 邑城은 古來의 目支城의 10里쯤 上流方向으로서, 眞番諸國의 代表的 都城인 『반챙이城-藩城』을 26年間 占據하였던 것으로 想定한다.

2. 眞番의 藩國

우리는 上古時代하면 모든 歷史記錄이 北方을 舞臺로 展開된 것이고, 三韓時代까지도 部族移動에 의한 것이라는 說을 들을 때, 2000年도 못되는 年代까지 우리 韓半島 南部地方에는 文化不在는 姑捨하고, 住民조차 없었던 것 같은 錯覺을 느끼곤 한다.

그러나 韓半島 南部 到處에는 新石器時代 遺跡 뿐 아니라, 舊石器時代 遺跡까지도 發見되니, 우리 疆土 內(안)에는 自古以來로 고루 많은 사람이 살고 있었음은 儼然한 事實이며, 이들이 原住韓族임은 물론이다. 그러함에도 住民不在로까지 느끼게 됨은, 옛 中國史家들이 남겨준 史料가 자기네들과 利害關係가 깊었던 隣接地의 侵略的이던 後末支配族에 관한 記錄뿐 이기 때문이다.

忠南의 西北部地方인 牙山灣 · 揷橋川流域(內浦地方)에도 優秀한 靑銅器文化를 가진 原住韓族인 眞番部族의 集團이 30餘 土城을 中心으로 平和的인 繁榮을 누리고 있었다.

『史記』「貨殖傳」과 『漢書』「食貨志」에 의하면 燕나라 商人들이 朝鮮 뿐 아니라, 眞番과 交易을 하고 있었음을 알 수 있으니 眞番은 大同江流域을 차지하던 古朝鮮(箕氏에서 衛氏를 걸치는)과 同一時代인 옛 나라다.

B.C. 108年 漢武帝가 우리 疆土에 侵入하여, 衛氏朝鮮을 征服하고 直轄四郡을 設置하던 때 眞番諸國도 征服하고, 이 舊國의 國名을 따서 『眞番郡』이라 하였고, 그 治所(그 管轄이 15縣이었으니 今日의 槪念으로는 道廳所在地)를 『霅縣』에 두었다.

그러나 眞番 30餘城은 團合된 힘으로 26年만에 漢郡縣을 몰아내는데 成功하고는 그들 韓族의 나라를 再建(B.C. 82)하였다.

이 나라를 後漢의 許愼은 『說文解字, A.D. 121年頃에 著述』 중에 "藩國"이라 記載하였고, 이를 淸나라 段玉裁는 "樂浪藩國이라 함은 眞番을 말함이고, 「番」音이 「藩」이다."하였다.

즉 中國史家들은 26年間 漢眞番郡을 거친 다음의 眞番部族諸國의 代表國을 "藩國"이라 記錄하고 있는 것이다.

이로써 "藩國"은 적어도 200年(B.C. 82~A.D. 121)以上 存續하고 있었음이 確證되는데, 같은 해 B.C. 108年에 設置된 樂浪郡이 A.D. 313年 高句麗에 밀려나던 때까지 420餘年間 中國人의 直轄領으로 存續하였음에 反하여 眞番郡은 創置 30年을 넘기지 못하고 廢郡이 되어, 原住韓族의 自治國으로 復歸할 수 있었음은 여러 가지 示唆를 남긴다.

한편 A.D. 280年頃에 著述된 陳壽의 『三國志』 魏志 · 東夷傳에서는 "藩國"稱號는 사라지고, 대신 『馬韓의 目支國』이 두드러지게 登場함을 볼 수 있다.

同一地域內(現 揷橋邑 管內)에 眞番國時代의 〈藩城-반챙이土城〉과 그 약

200~300年 후인 馬韓時代의 〈目支城 -"宮마루"의 목시(moksi)土城〉이 所在함은 魏의 A.D. 121年에서 A.D. 280年 사이, 즉 약 160年 사이, 公孫氏의 燕에서 曹魏 사이에 『藩國』의 正統이 "目支國"으로 繼承되었음을 實証하는 것이다.

이로써 筆者는 內浦地方의 古代文化는 眞番의 "藩國"에서 馬韓의 "目支國"으로 이어진 文化였다고 推想하게 된 것이다.

우리 通史中 衛氏朝鮮에서 三韓에 이르는 한 時代는

a) 樂浪 : 大同江流域說

b) 眞番 : 黃海道 慈悲嶺以南-漢江以北說

c) 辰國 : 稷山地方說[稷山地方-安城川流域]

d) 馬韓의 目支國 : 위 辰國의 正統을 繼承

e) 辰韓 : 京畿道南部와 江原道一部地方說 등. 李丙燾博士 學說이 그 基幹을 構成하고 있음은 이미 오래된 일이며, 특히 眞番의 位置 問題는 "그러한 줄로 알면 그만인 것을" [千寬宇氏의 古代史의 爭點, p.197]

f) 金貞培教授는 馬韓의 目支國을 益山으로,

g) 崔夢龍教授는 益山 또는 羅州地方으로,

h) 李基東教授의 韓國史 講座 古代篇, p.67

I) 金聖昊先生의 『沸流百濟와 日本의 國家起源』, p.115

이에 筆者가 새삼 過去 어느 史家도 披瀝한 바 없는, 異端的인 見解를 提起함은 問題가 아닐 수 없다.

더구나 眞番郡 問題는 지금까지 千餘年에 걸쳐 여러 碩學들이 各自 다른 見解를 披瀝한 重要한 課題이니 만큼 筆者가 禮山人의 直感만으로 이러한 異端的인 推測을 學界에 내세울 수도 없는 일이지만, 眞番國과 藩國과 目支國은 內浦地方의 挿橋川辺에 있었다고 主張한다.

3. 禮山郡과 洪城郡은 眞番國의 故地

揷橋川流域의 靑銅器文化는 〈眞番〉의 文化였다.

上古代의 遺跡이 集中되어 있는 이곳 揷橋川流域은 從來 靑銅器文化의 不毛地로 여겨져 왔다. 그러던 것이 近年 여러 次例 精巧한 遺物이 出土되는 消息을 듣고, 나는 문득 우리나라 上古史의 問題인 眞番郡 問題와의 聯關與否에 關心을 가지게 되었다.

眞番國은 漢 眞番郡의 前身이니 2,100年 以前에 있었던 여러개의 部族國들이다.

忠南의 西北部地方(內浦地方)인 揷橋川流域에 集中되어 있는 新石器文化는 적어도 2,500年 以前의 遺物들이고, 이 地方에 出土되는 燦爛한 靑銅器文化는 약 2,500年 以後 2,100年前 사이의 文化이니, 眞番國이 存在하던 年代와 걸맞는 文化다.

禮山과 洪城地方에는 儼然히 이러한 遺蹟과 遺物이 많이 存在하건만 우리 國史에서 이를 納得할 만한 記錄을 찾을 길이 없다.

우리는 學界의 關心조차 끈 일이 없는 알려지지 않은 空白을 가려내야만 한다.

나는 忠南人의 感覺으로 이 文化를 『眞番의 文化』였다고 推想을 하기에 이르렀다.

옛날의 中國史家들이 韓半島의 여러 部族을 "夷, 狄, 濊, 貊" 등 野蠻人으로 表記하면서, 오직 朝鮮과 眞番과 辰國만은 國名으로 待接하였는데, 〈朝鮮國〉이 大同江 流域을 차지하고 있었음은 周知의 일이거니와, 그 어디인지 오늘날까지 알려지지 않은 〈眞番國〉이 바로 禮山 · 洪城地方이였다고 推想을 한 것이다.

나는 眞番郡의 位置를,

1) 現在의 國定教科書와 震檀學會의 『韓國史』에서 推定하고 있는 "黃海

道 慈悲嶺以南으로부터 漢江以北의 땅"에 있었다는 說과

2) 一部 南方說學者가 主張한, "忠淸道의 錦江流域說"이 아닌

3) 筆者는 "眞番國의 主部는 忠南의 西北部地方, 즉 忠南의 分水嶺인 車嶺山脈의 西北方面, 內浦地方(揷橋川流域)"이라고 생각하면서, 果然 이 見解가 確實한 것이라면 禮山 · 洪城地方의 揷橋川流域에 『眞番國, 或은 그 後身인 藩國』 등과 關係되는, 또는 遺蹟 등이라도 남아 있을 것이 아니냐 하는 생각이 들었다.

이때 머리에 떠오른 것이 『반챙이』 或은 『原반챙이』라 불리는 揷橋川邊인 現 揷橋邑 水村里였다. 里名 노릇도 못하는 작은 部落인 것이다.

나는 이 水村里 〈原番部落-원반챙이〉를 調査하고 놀라움을 禁할 길이 없었다.

揷橋平野를 가로막고, 洪城에서 德山으로 뻗어나간 龍鳳山과 水庵山脈의 기슭인 〈五城이벌〉, 즉 新里테뫼土城, 二里의 〈童舞山土城〉, 水村里의 〈반챙이-長城뜸〉土城, 洪北 石宅里의 〈龍葛尾土城〉, 洪北 龍山里〈싸래기내土城〉 등 5個 城이 包括하는 丘陵地帶를 背後로 삼고, 마을앞 金馬川 건너서부터 展開되는 廣闊한 揷橋平野를 눈앞에 놓고, 〈長城뜸〉의 巨大한 土城에 둘러싸인 〈골(宮)뜸〉, 金馬川 岩壁에 남아있는 佛堂 속 立石(menhir, 선돌).

龍葛尾土城 : 洪城郡 洪北面 石宅里

蛇行湖로 10餘年前까지 남아있던 〈성기방죽〉의 位置는 分明 옛날 市街가 있어 마땅한 자리였다.

日帝때 이 地方에서 採金船이 作業을 하던 때, 이 地帶에서

싸래기내土城 : 洪城郡 洪北面 龍山里

큰 沈香木 多數가 發見되었다고 하는데, 이는 大洪水說을 뒷받침하는 것이다.

그렇다면 이 地方에 전하는 "洪水說話"는 實話임이 確實하다.

〈반 · 番챙이〉 或은 〈원반 · 原番챙이〉라는 마을이름은 〈-챙이〉를 愛稱의 接尾辭로 보면

〈반 · 번-番(藩)〉 혹은 〈原番(藩)〉이 된다.

〈原番〉이란 原來의 〈番〉, 옛날의 "番(藩)" 眞짜 "番(藩)", "眞番(藩)" 등으로 풀이 할 수 있는 말이다.

中國 淸나라때 學者 段玉裁는 『樂浪藩國이라 함은 眞番을 말함이고, "番音"이 "번(藩)"이다.』하였다.

이로 미루어 石器時代以來 多數의 遺跡을 간직하고 있는 이 揷橋川邊의 마을이 〈眞番國-藩國〉의 故地임이 分明하다.

이로써 筆者는 〈眞番國〉과 그 後身인 〈藩國〉의 主部는 揷橋川 流域이었

다는 確信을 갖게 되었다.

그러나 眞番郡 問題는 지금까지 千餘年에 걸쳐 여러 碩學들이 諸 各其 다른 見解를 披瀝한 重要한 問題이니 만큼, 筆者가 禮山人의 直感만으로 이를 主張할 수 있는 性質이 못된다.

그러므로 여러모로 客觀的인 뒷받침으로 이를 考証토록 하고자 한다.

1) 北方說은 大體로 南方說學者들이 이를 打破하였다고 본다.

2) 한편 다같은 南方說이면서도 久庵 韓百謙의 說과, 楊守敬(清朝 末期의 學者), 이와기찌(稻葉岩吉, 朝鮮總督府歷史編修官)博士, 이마니시(今西龍, 京城帝大 教授)博士 등의 『忠清道 錦江流域說』을 否認하고, 獨自的인 南方說인, 『黃海道 慈悲嶺以南-漢江以北說』을 定立한 史學界의 泰斗 李丙燾博士의 論據는 다시 살펴볼 必要가 있다.

3) 揷橋川流域이 〈藩國〉의 故地임이 客觀的으로도 考證이 되어야만 한다.

이러한 確認이 이루어진다면 必然的으로 〈揷橋〉라는 地名의 〈揷〉은 眞番郡의 治所(郡邑 所在地)가 있던 〈霅縣〉의 〈삽-霅〉에 基因한다고 歸結될 수 있게 될 것이다.

4) 同時에 揷橋川流域의 文化는 〈眞番의 文化〉였다는 歸結이 되기도 한다.

우리나라 上古史는 樂浪이라는 또 하나의 基準點 위에서 이루어진 것이라 보여진다.

"眞番" 찾기를 위하여 古今의 수많은 碩學들이 典籍을 살피며 推論을 거듭하였다.

또 一部學者는 漢 眞番郡 創置보다 약 300年後에 樂浪郡 南部都尉로부터 分立한 帶方郡을 追跡하기도 하였다.

이는 舊眞番郡의 位置는 옛 史料로 미루어 帶方郡의 南部에 位置하였을 것이기 때문이다.

李丙燾博士도 眞番郡을 찾느라 帶方郡을 推究하였지만 그 南쪽 限界는 가려내지는 못한 것으로 여겨진다.

李博士는 『眞番郡 考』에서,

帶方郡과 旧眞番國이 合쳐진 範圍였을 眞番郡의 南限을, " ………, 그러나 推測이긴 하지만 그 南境은 지금의 漢江附近에까지 미쳤던 것이 아닐까"하였다.

帶方郡의 北界가 樂浪의 南限과 一致됨은 當然하지만, 帶方郡의 南限이 確定되지 못하는 以上, 그 南方에 位置하였던 眞番郡의 位置는 流動的일 수 밖에 없다.

帶方郡의 領域이 狹小한 것이었다면, 眞番郡의 15縣은 李博士의 主張대로 漢江以北에 收容될 수도 있다.

反面 그것이 넓은 것 이었던가, "帶水"가 "漢江"이였다면, 眞番郡의 位置는 이와기찌(稻葉岩吉)博士나 이마니시(今西龍)博士의 見解대로 忠淸道, 或은 그보다도 南方일수도 있다.

이로 미루어 稀少한 史料를 바탕으로 眞番을 찾는다는 것은 不可能하다는 結果를 보여준다.

이에 揷橋川邊에서 몇가지 遺跡, 遺物, 地名 등 실마리를 얻었다.

佛堂 속의 彌勒佛(menhir, 立石, 선돌) : 禮山郡 揷橋邑 水村里

a) 大德山面 水村里-現 揷橋邑 水村里의 〈반챙이土城〉과 佛堂 속의

menhir(立石)

b) 場村面 木里(目支, 목시, moksi)-現 揷橋邑 城里의 祠堂 속에 모셔진 巨大한 立石(menhir, 선돌)과 支石墓(dolmen, 고인돌)와 두군데 土城址. 이곳 洞名이 〈목시(moksi)〉이니 이 土城址를 〈目支城〉으로 보아 마땅하다.

c) 居等面 宮里, 下里, 浦里-現 揷橋邑 下浦里

이곳 土城址를 〈雪陽障〉으로 볼 수 있는 理由는 充分하다.

d) 〈宮里〉라는 記錄에 큰 關心이 가는데, 不過 20餘戶[德山邑誌의 記錄]가 살던 이 마을의 位置를 찾아볼 必要가 있다.

以上을 考證함과 同時에 聯關史料를 살펴서 禮山郡이 眞番郡-藩國의 故地임이 考證되어야만 하겠다.

이 글에서 學術的인 私論을 펼 形便이 아니기 때문에 여기서 다루고자 하는 것은 廣範圍한 眞番郡 問題가 아니고, 〈揷橋〉란 地名의 緣由를 살피기 위하여 漢나라 武帝에게 攻滅當한 韓人의 部族國家인 〈眞番國〉에 局限하여 논하고자 한다.

여기서 論及하게 될 것을 簡略히 說明하면,

a) 약 2,100年 以前 新石器時代와 靑銅器時代로부터 이어지는 韓族의 部族國家이던 『眞番國』

b) 漢武帝가 이 眞番國을 攻略함과 同時에 그 자리에 세운 漢郡으로서, 26年間 中國人의 直轄統治를 받던 『眞番郡, B.C. 108~B.C. 82』

c) 原住韓人이 侵略者 漢人(中國人)을 물리치고 26年만에 再次 韓族의 自治國으로 되돌아간 『藩國(B.C. 82年以後 前期馬韓의 形成때까지), A.D. 121年頃』

d) 〈目支國〉과 〈甘奚卑離國〉은 前期馬韓이 形成될 때 〈藩國〉의 故地를 繼承한 나라다.

目支國이 馬韓 54個國의 政治的 領導 役割을 하였다는 時代는 馬韓前期로서, 北方의 夫餘族이 南으로 膨脹하기 直前, 즉 百濟로 統合되기 以前일 것이다.

揷橋川流域에 꽃피었던 靑銅器文化時代는 公州의 百濟文化의 全盛期인, 武寧王(25代, A.D. 501~523)때 보다도 약 620年이 앞서는 年代이니 揷橋川流域의 眞番文化가 百濟로 이어져 갔음을 새삼 알게 된다.

後日, 牙山灣인 揷橋川流域에 上陸한 佛敎文化가 揷橋川에서 公州까지, 車東고개(車嶺山脈)를 넘으면 약 40km, 靑陽 定山의 소리길로 지나면 不過 50km인 通路를 거쳐 內陸地方(公州)과 新羅쪽으로 傳播되었음과 같은 經路다.

百濟의 熊津遷都는 22代 文周王(A.D. 475) 時代이니 揷橋川流域의 眞番文化보다 약 600年 後世의 일이건만, 今日의 學界에서는 〈百濟文化〉하면 公州, 扶餘를 말할 뿐, 그 發祥地인 揷橋川流域, 즉 內浦地方에 燦爛하게 꽃피었던 文化는 거들떠 보지도 않는다.

4. 眞番郡의 北方說과 南方說

眞番郡의 方位에 대한 爭點의 大略을 살펴보면 北方說과 南方說이 있다.

本來의 朝鮮國(箕氏 및 衛氏)이 있던 곳, 大同江流域을 中心으로 그 北方에 位置한다고 主張하는 學說이 "北方說"이고, 그 南方에 位置한다고 論함을 "南方說"이라 한다.

"在北方說" 중에는,

中國 遼東地方에서도 더 먼 東北方 寧古塔地方에 推定하는 說이 있는가 하면,

"南方說" 中에는,

全羅道 榮山江口에까지 位置시키는 學說이 있으니, 그 間隔이 7千里가 넘을 程度로 그야말로 各人各論으로서 어느 한 사람 같은 結論에 到達한 것이 없다.

이토록 심한 學者間의 見解差異는 어찌하여 일어나는 것일까?

于先 2,100年前이라는 옛날에 있었던 事實인데다가 具體的인 史料래야 創置 26年 만에 廢郡이 된 眞番郡治에 關한 『茂陵書-漢武帝의 陵記』의 "眞番郡治 雪縣 去長安 7千 6百 四十里 十五縣,"이란 19字가 남아있을 뿐이다.

여러 論說 중

가) 北方說을 主張한 學者 或은 典籍을 적어보면,

1) 『東國文獻備考』

2) 『三國遺事』를 轉用한 『東國通鑑』, 『東國史略』, 『東國輿地勝覽』

3) 鄭克俊의 『歷年通考』

4) 星湖 李瀷의 『三韓正統論(1681~1763)』

5) 茶山 丁若鏞의 『我邦疆域考』

6) 李世龜의 『東國三韓四郡古今疆域說(1646~1700)』

7) 藥泉 南九萬의 『東史辨』

8) 順菴 安鼎福의 『東史綱目(1712~1791)』

9) 泠齋 柳得恭의 『四郡志』

10) 丹齋 申采浩의 『上古史』

日本學者로는 나가미찌오(那珂通世), 히라도리(白鳥庫吉)博士 등과 中國學者로는 徐廣과 應劭 등 여러분이 있다.

이상 여러 典籍과 여러 碩學들이 보여준, 北方說의 結論을 살펴보면,

a) 그 推定하는 位置가 各人各論에 그쳤으며,

b) 특히 아무도 그 治邑 雪縣의 當處를 指摘하지 못하였음을 알 수 있다.

나) 南方說을 主張한 代表的인 學者로는,

1) 久庵 韓百謙(1552~1615)의 『東國地理志』

2) 淸末의 地理學者 楊守敬의 『晦明軒稿』

3) 이마니시(今西龍)博士의 『眞番郡 考』

4) 이와기찌(稻葉岩吉)博士의 『漢四郡問題의 考察』, 『眞番郡의 位置』

5) 李丙燾博士의 『眞番郡考』, 『三韓問題의 新考察』, 『韓國古代史研究』 등을 들을 수 있다.

이 외에도 日本學者로는,

6) 스에마스(末松保和)博士의 『眞番郡治考』

7) 이게우찌(池內宏)博士의 『眞番郡의 位置에 關해서』 등 研究가 있는데 위 여러분의 論旨는 「4章 提學說에 대한 檢討」에서 略論키로 한다.

以上 살펴본 바와 같이 眞番郡問題는 趁卽 問題거리 課題임이 分明하다. 그러함에도 現今의 史學界가 이에 대한 接近을 敬遠하고 있는 듯한 感을 느끼게 됨은 웬일인가?

李丙燾博士의 說이 完璧한 것이어서 인가?

또는 이 分野를 研究하여 보아도 새 進展을 期待할 可望이 없어서 인가?

어쨌든 漢武帝가 眞番을 占據한 期間은 26年間에 不過하지만, 朝鮮 · 蓋國(辰國)과 더불어 우리 上古史의 起源問題이자 東洋史에 屬하는 問題인 것이다.

이에 南方說에 關한 初期論文들을 살펴보기로 한다.

1) 宣祖때의 久庵 韓百謙은 "漢四郡은 北方에 있었다."는 說과 "湖西(忠淸道)와, 湖南(全羅道)이 合쳐서 馬韓이 되고, 嶺南(慶尙道)이 갈라져서 辰韓과 卞韓이 되었다."는 說을 定立한 분인데, '眞番은 朝鮮과 臨屯과 辰國 사이의 땅에 있었다.'는 推論, 즉 南方說을 폈다.

바꾸어 解釋하면, 「眞番의 北쪽에 朝鮮이 있었고, 그 東쪽이 臨屯이고, 辰國은 眞番의 南쪽에 位置한다.」는 見解인데, 李丙燾博士는 眞番郡을 「黃海道 慈悲嶺以南 漢江以北」에 位置한다고 主張하면서, 久庵 韓百謙의 論理는 옳았지만, 그 位置 指摘에는 失敗하였다고 批判하고 있다.

2) 淸國末期의 著名한 地理學者 楊守敬은 그의 文集 『晦明軒稿』中에서 「眞番의 雪縣은 어디인지 알 수 없지만」, 眞番은 「北至浿河 南限 熊川(錦江)」이라 하고, 『一統志』에서 「帶水는 熊津江이라」 하였으니, 「合(今)資縣」은 熊津江 左右岸에 있었다고 推論하였다.

3) 이와기찌(稻葉岩吉)博士는 楊守敬의 說을 敷衍하며 〈眞番의 舊國은 忠淸道인 錦江流域의 沃土地帶〉라면서, 北方說을 提起한 히라도리(白鳥庫吉)博士의 主張에 甚한 反論을 벌이기도 하였다.

4) 이마니시(今西龍)博士는, "眞番郡은 忠淸道와 全羅北道에 創置되었던 것으로 推定하며, 이 나라를 韓民族의 나라라고 생각한다. 그 땅은 半島中에서도 肥沃하고, 海産物도 많았다.

黃海에 面하여 齊 · 燕과의 交通도 어렵지 않았다. 생각건대, 霅縣은 錦江流域에 있었던 것 같다" 하였다.

以上 楊守敬, 이와기찌(稻葉岩吉), 이마니시(今西龍)博士의 共通點은 "忠淸道 錦江流域說"인 것이다.

5) 史學界의 泰斗 李丙燾 博士는 上記 〈忠淸道 錦江(熊川)流域 說〉과 韓百謙의 說을 否認하면서, 獨自的인 南方說, 즉 〈黃海道 慈悲嶺以南 漢江以北 說〉을 폈다.

5. 藩國은 眞番郡中의 南部 8縣地方

眞番과 目支國의 位置에 관하여 上記와 같은 異端的인 假定을 提起함에 있어 큰 隘路가 되는 것은, 定說을 이루고 있는 李丙燾博士의 「眞番郡과 目支國의 位置에 關한 學說」과 "南方說" 自體를 根本的으로 否定하는, 申采浩先生의 主張과 이를 承繼한 安東濬 · 林承國 兩氏는 『韓國古代史管見, p.113』에서 "戊陵書는 僞書"라고 主張 하였다.

『戊陵書』에 의하면 "眞番郡은 15縣이었고, 그 治所는 霅縣에 있었으며, 그 霅縣은 前漢의 首都 長安(現在의 西安)으로부터 7,640里 距離"라 하였다.

李丙燾博士는 그 15縣 중의 "北部 7縣地方"을 後日(약 300年後)의 帶方郡 7縣地方으로 보고, 이를 「慈悲嶺以南의 黃海道 南部地方」이라고 考證한

바 있다.

그러면서도 南部 8縣의 位置는 史料에 縣名이 전하지 않음을 들어 이를 指摘하지 못하였는데, 唯一하게 縣名이 알려져 있는 治所(郡縣)인 『雪縣』의 位置 또한 推定을 못하였지만, 이러할 境遇에도 問題點은 그 南部 8縣 또한 必然的으로 그분이 考證한 北部 7 縣과 隣接된 漢江以北地方이 아니었겠느냐고 推想하게 될 可能性에 있다.

그러므로 本 論考에서는 上記한 『반챙이土城-藩城』과 『宮마루部落인 목시(moksi)土城-目支城』의 遺跡 提示와 함께 定說을 이루고 있는 斗溪 李丙燾先生의 論據와 이 反對立場인 主題의 見解와 其他 聯關論據도 이를 檢討하고, 아울러 日本學界의 硏究도 可能한 살펴보고자 한다.

이 論述이 目標하는 바는 위 假定으로 提示한 『藩國』과 "目支國"의 位置를 考證한 다음, 그 바탕위에서 "辰國"과 『辰韓』과의 聯關性도 考察함에 있다.

6. 眞番郡은 帶方郡의 南쪽

우리는 『茂陵書』에 의하여 漢 眞番郡의 屬縣이 〈15縣〉이었음을 알 수 있다.

B.C. 108年 漢 眞番郡과 같은 해(年)에 設置된 樂浪郡은 A.D. 313年까지 421年間 持續되었음에 反하여, 眞番郡은 26年後인 B.C. 82年에 廢郡이 되고 말았다.

이때 그 南部 8縣은 旧眞番國 原住民의 自治國으로 되 돌아 갔는데, 이를 中國史家는 "藩國-番國"이라 적고 있다.

나머지 北部 7縣은 樂浪郡에 併合되어 南部都尉가 다스리다가, 약 300年後인(A.D. 205) 魏의 公孫康 때 〈帶方郡〉으로 分立하였다. 이 中國人의 帶方郡 또한 A.D. 313年까지 存續되다가, 같은 年代에 樂浪郡은 高句麗에 帶

方郡은 百濟에 吸收 當하고 말았다.

다시 말하여 樂浪郡과 帶方郡이 消滅된 것은 眞番郡이 創置된 때로부터는 420年後이고, 原住韓族이『藩國』으로 되돌아 간 때로부터는 395年이 된다.

이 약 400年 사이에 三韓이 形成되고 辰國이란 稱號는 사라지고, 馬韓 54個國이 굳어졌다.

그런다음 北方에서는 高句麗가 擴張되고, 馬韓은 目支國 中心에서 百濟로 變遷한다.

漢나라는 强大한 國力과 屬邦을 感化시킬 수 있는 文化와 發達된 鐵器武器를 갖고 있었음에도, 惟獨 眞番郡에서는 創郡 30年을 넘기지 못하고 "왜 徹收 하였느냐?"하는 疑問을 남기게 된다.

이에서 重要한 事實을 感得할 수가 있다.

a) 그 하나는 原住韓族의 强한 抵抗이 있었을 것이고,

b) 또 하나는 中國移民의 分布가 稀薄하여 直轄領을 維持할 수가 없었으리라는 점이다.

이는 中國으로부터 흘러들어오는 移民이 途中인 大同江流域의 沃土地帶(樂浪郡)와, 漢江流域의 沃土地帶 등, 살기 좋은 곳에 먼저 定着을 하니, 樂浪에서 더 멀리 떨어진 南部 8縣地方(忠淸道의 揷橋川流域), 즉 旧眞番國領域에서는 後續植民이 不振하였음을 뜻하는 것이다.

이로써도 漢郡以前의 眞番國은 帶方郡 位置보다도 먼 南쪽에 位置하고 있었음을 斟酌할 수 있다.

그런데 李丙燾博士는 眞番郡의 全疆域을 樂浪郡과 隣接한 部位로부터 漢江以北의 땅에 限定하면서, 後日의 帶方郡과 一致시키며『眞番郡考』의 結論部分에서는, [眞番의 北境은 물론 帶方郡의 그것과 一致되고 있었던 것으로 생각되는 것이지만, 그 南境은 帶方郡 그것보다는 조금앞에까지 미쳤던 것으로 생각된다. 즉 그『茂陵書』에 眞番郡의 屬縣이 15縣이나 있었다고 전하며, 또 眞番郡治인 霅縣은 實題 眞番郡을 併合한 다음의 樂浪郡縣 中에도 들어있지 않고, 그런가 하면 樂浪郡으로부터 分離되어 나온 帶方郡縣 中에

도 들어있지 않은 것으로 미루어 보면, 眞番郡의 領域은 겨우 7縣 만을 包含한 300年後의 帶方郡보다는 다소 큰 것으로 보지 않으면 안된다.

推測이긴 하지만 그 南境은 지금의 漢江附近에까지 미쳤던 것이 아닐까? 그러고 보면, '眞番郡의 領域은 北으로는 慈悲嶺以南, 黃海道의 大部分과 南으로는 漢江以北인 京畿道의 一部分이 包含되는 것'으로 여겨진다.

眞番郡治인 "霅縣의 位置는 물론 明確치는 않지만 아마도 禮成江以南-漢江以北의 땅이었을 것"으로 『茂陵書』의 所謂(이른바), 「眞番郡治霅縣去長安 7千6百4十里 十五縣」의 里數는 記述한대로 6千 云云의 誤가 아닐까? -中略- 요컨대, "眞番郡治는 韓民族과의 交界의 땅에 두어졌고, 樂浪郡治와 臨屯郡治로부터 떨어진 南方에 있었는데, 그 開置後 30年을 넘기지 못한 期間에, 霅縣 등 南半分은 廢止되어 接壤地인 辰國에 들어가고, 其 北半分만이 樂浪에 併合되어서, 其의 南部都尉가 管轄하는 바 되고, 그 後로는 帶方郡의 領域이 된 것일 것이다." 하였다.]

이는 辰國은 韓族으로 眞番國은 朝鮮族으로 前提함으로서의 推論이라고 생각된다.

이마니시(今西龍)博士는 〈眞番國은 韓民族의 나라〉라 前提한다.

그러나 李丙燾博士는 眞番國의 構成部族을 明示한 바는 없지만, 霅縣의 位置를 〈禮成江 以南 漢江以北의 땅〉이라 推想하면서, 이곳이 〈韓民族과의 交界가 되는 땅〉이라 하였음을 미루어 朝鮮族系統으로 보고 있는 것이다.

同時에 〈眞番郡의 最南境은 漢江流域地方〉이고, 이곳을 "霅縣"으로 보고 있다.

또 李博士는 이 論考에서

〈眞番郡治 霅縣〉을 〈禮成江 以南 漢江以北의 땅〉으로 보면서, '霅縣 등 南半分은 廢止되어 接壤地인 辰國에 들어갔다.'는 主張이고, 霅縣이 '樂浪의 南部都尉의 管轄에도, 帶方郡의 疆域에도 들지 않은 것을 보면, 眞番郡의 南境은 帶方郡의 그것보다는 조금 앞에까지 미쳤던 것'이라 하였는데, 漢江까지가 眞番郡이었다는 것인지, 다소 큰 것이라 함은 霅縣以南, 즉 漢江以南에도 眞番郡中의 南部 8縣의 一部가 조금 있었다는 것인지 斷酌하기 어렵다.

李博士는 이 南部 8縣도 漢江以北에 있었다고 생각하고 있을 뿐더러, 朝鮮族으로 보고 있음이 分明하다. 즉 眞番郡 15縣은 漢江以北에 있었다는 것이다.

그러면서 '霅縣 등 南半分은 廢止되어 接壤地인 辰國에 들어갔다.'는 結論이다.

26年間 漢의 强占에서 벗어나자 辰國도 韓族이고, 眞番國도 韓族이라면, 中國史料에 〈藩國〉이라 記錄된 中間過程을 거쳐서, 그 후 馬韓 54個國의 形成과 더불어 「馬韓地方의 主體인 〈辰國〉」으로 들어갔다 함은 당연히 成立이 된다.

그러나 2,050年前(B.C. 82)인 廢郡 당시의 大勢로, 江北에 있던 朝鮮族인 眞番國이(李博士의 所論), 江南에 있는 異質的인 〈辰國-馬韓〉으로 들어갔다는 것인지, 或은 江北에서도 韓族인 辰國의 勢力이 커서, 廢郡이 되자 8個縣의 領域에 해당하는, 旧 眞番郡地域의 朝鮮族이 〈辰國-馬韓〉에 들어갔다는 것인지 알길이 없다.

筆者의 所見으로는 2千年前의 漢江以南은 韓族의 勢力圈이고, 그 중 歷史記錄에 나타나는 "'眞番國'의 主部는 揷橋川流域이었으며, 당시의 '辰國'은 忠南의 分水嶺인 車嶺山脈의 東쪽, 錦江流域인 忠淸道땅"이었다고 보는 바다.

韓族인 舊 眞番國이 26年間의 漢郡을 거쳐 自立하자 〈藩國〉이란 稱號를 받았고, 이 藩國을 繼承한 것이 〈目支國〉이라면, 이것이 馬韓에 들어갔다 함은 당연하다.

이로써 眞番國 〈藩國-目支國〉과 辰國은 다 같은 韓族이며, 忠南의 分水嶺인 車嶺山脈의 西와 東에 位置하고 있었을 뿐, 同一한 忠淸道땅에 있었으며, 李博士가 眞番郡의 位置를 가리기 위하여 追求하던 300年後의 帶方郡보다도 南쪽에 있었음을 斷酌할 수 있다.

7. 眞番國과 辰國과 帶方郡

眞番郡의 位置를 가리는데 있어, 먼저 帶方郡의 位置가 確定이 된다면 일은 簡單하다.

帶方郡은 眞番郡의 北半分에 해당하는 곳이니, 그 나머지 南半分인 眞番郡의 故地는 自動的으로 配定될 수 있기 때문이다.

그러나 여러 史家들이 옛 史料에 의하여 推論을 거듭하여 보았지만 그 南限은 알아내지 못하였다.

이제 筆者는 前述한 바 揷橋川辺의 遺跡과 遺物과 地名을 바탕으로 "眞番國"의 位置를 "安城川以南, 現 天安, 牙山, 禮山, 唐津, 瑞山, 洪城 등 忠南의 分水嶺인 車嶺山脈 以西地方이 內浦地方이고, 그 主部는 '揷橋川流域'이었다."고 推定을 한다.

帶方 7縣이 眞番國의 北方이자 樂浪의 南方에 있었다면, 대략 安城川과 漢江 사이가 原住韓族과 移住漢人의 交界였다고 볼 수 있을 것이다.

그러면 帶方郡의 疆域은 漢江以北, 樂浪의 南境까지로 推測할 수 있게 된다.

漢江以南으로부터 安城川까지는 歷史記錄에 남을 程度의 中心體(國家)는 없었지만 韓族의 領域이었고, 그 南으로는 車嶺山脈의 西北쪽인 "揷橋川流域"이 〈眞番國〉이고, 이 分水嶺의 東南쪽인 "錦江流域"이 〈辰國〉이라고 推想할 수 있게 된다.

眞番國時代의 辰國은,

1) 그토록 領土擴張을 좋아하던 漢武帝의 侵略軍도 "眞番旁辰國"에는 미치지 못하였음을 보면, 眞番國보다도 먼 곳이고, 그 中間에는 天然의 障碍物인 車嶺山脈이 가로막고 있었던 것임을 斟酌할 수 있다.

2) 漢軍이 侵入하였을 때, 眞番國은 牙山灣 沿岸國이었기에, 漢의 海軍에 의하여 侵攻을 당하였지만, 辰國은 分水嶺인 車嶺山脈 너머였기에, 水軍의 禍를 免할 수 있었을 것이다.

3) 右渠王에게 諫言을 하다 失敗한 朝鮮國의 大臣 歷谿卿이 "東之辰國" 할 때, 그를 따르던 2千戶 百姓과 더불어 간 곳이 車嶺山脈 너머라면, 生活圈이 다른 分水嶺 넘어 "朝鮮眞番과는 不相往來"하였다 함은 당연하다.

이것으로도 '辰國'은 眞番의 東南쪽 隣接地이긴 하지만 生活圈이 다른 分水嶺을 隔하여 位置하고 있었음을 斟酌할 수 있다.

4) 眞番國과 辰國은 分水嶺을 隔하였을 뿐, 다 같은 忠淸道땅에 位置하던 韓族의 나라였으니, 後日 馬韓 54個國이 形成되던 때 何等 摩擦은 없었을 것이다.

南으로 移動하는 部族 或은 難民이 京畿道西部 平坦한 地勢를 따라 安城川邊에 到達하였을 때, 東南으로 뻗어 내린 車嶺山脈이 앞을 가로 막는다.

이 때 山脈을 피하여 西向을 한 곳이 "眞番國"이다.

한편 天安三巨里에서 分水嶺의 가장 낮은 곳인 東(高速道路)方面으로 넘으면 鎭川, 淸州, 美湖川平野(錦江의 支流)이고, 南西(國道)方面으로 넘으면 全義, 公州쪽 錦江流域에 다다른다.

이 分水嶺을 넘은 南쪽 忠淸道를 "辰國"으로 보는 것이다.

이 時代 漢人들의 置縣은 벽돌을 쌓듯이 次例次例 地域을 區劃한 것이 아니고, 必要한 곳에 듬성듬성 設置한 것이 아닐까?

假想컨대, 眞番國의 南쪽 8縣은 海軍이 占領한 眞番國의 附屬 8國을 縣으로 삼은 것이고, 北쪽 7縣은 陸兵이 樂浪의 接境地帶로부터 이미 流入된 中國亂民의 移住地를 中心으로 置縣을 한 것이라면, 그 中間地帶에는 "空地"(中國人의 居住가 없는 地方)와 "荒地"(사람이 살지 않는 地方)도 많았을 것이다.

이 中間地帶(京畿道地方)의 "空地"와 "荒地"를 隔하고 보니, 眞番郡의 最南方인 忠南의 西北部에서의 後續植民도 不振하고, 原住韓人인 眞番郡人은 거센 反抗을 하고, 이리하여 郡縣을 維持할 수가 없어, 그 南部 8縣은 漢에 順從할 것을 條件으로 "番國(藩國)"을 中心으로 하는 原住韓人의 自治로 되돌려주고, 郡設置 30年을 넘기지 못하고 抛棄한 것이리라.

이리하여 漢人의 勢力圈에 가까운 北部 7縣만을 收拾하여 樂浪郡에 合併하고, 그 南部都尉가 統治하여 오다가, 廢郡後 約 300年이 經過하는 사이 中國人의 勢力이 차차 굳어지자, 再次 中國人의 帶方郡으로 分立한 것이리라.(A.D. 205)

그 後 强盛하여진 百濟가 이를 吸收하기에 이르렀다고 보는 바다.

8. 蕃國(眞番國)의 主部는 禮山郡 揷橋地方

이에 筆者는 기다려도 出現될 이 없는, 2千年前의 새 文獻史料 代身 牙山灣 · 揷橋川 · 無限川流域에 位置하는 30餘土城 中 특히 3곳의 平地土城, 즉

1) 揷橋邑 水村里. "반챙이-藩(番)챙이"마을을 둘러싼 廣大한 土城.

2) 揷橋邑 城里. 前에는 老人들이 흔히 〈宮牟婁, 宮마루〉라고 부르던 〈안목시 쪽〉"목시(moksi, 目支)土城".

3) 위 2)와 같은 목시(moksi, 目支)部落의 〈西내(川)〉方向 河川邊 中間地點에 있던 土城.

이들 遺墟와 地名과 傳說 등을 提示하면서 이를,

1)은 眞番의 後身인 『藩國』의 都城

2)는 目支國의 『目支城』이라 前提하면서

3)은 漢武帝의 海軍이 머물던 『雲陽障』의 遺墟였다고 想像하여 본다.

禮山郡 揷橋邑 水村里, 이 部落의 旧 地名은 『반챙이』, 或은 『原반챙이』라 한다.

"-챙이"를 接尾辭로 보면 "番-藩(番)", 或은 "原番-原藩"이 된다.

"원반"이란 "原來의 番", "옛날의 番", "眞짜 番-眞番" 등으로 느낄 수 있는 地名인 것이다.

특히 留意될 일은 마을全域(골뜸과 長城뜸)을 에워싸는 廣大한 平地土城의 遺墟가 남아있다는 事實과 部落의 主部인 〈골뜸〉에서 西쪽 500m 내지 1km쯤 되는 곳에 位置하는 낮은 두 丘陵名이 "큰릉(大陵)뫼(미)"와 "작은

릉(小陵)뫼(미)"라는 事實이다.(이 土城의 자취는 1990年 正月頃 開墾으로 인하여 完全 毁損되었음은 안타까운 일이다.)

이는 이 地方이 "藩國"의 首都이자 漢 眞番郡의 治邑이던 무렵의 王陵의 자취가 아닐까 한다. 2基의 큰(大) 古墳과 開墾으로 인하여 平土가 된 두(二) 墳墓의 자취는 將來 考古學的으로 糾明이 되리라 期待한다.

이 部落은 東南方向으로 緩傾斜를 이룬다.

背後地方인 "五城이벌", 즉

① 新里의 테뫼土城.

② 2里의 안다락뫼(미)土城과 밖다락뫼(미)土城.

③ 반챙이土城.

④ 龍葛尾土城.

⑤ 싸래(레)기내土城이 包括하는 丘陵地帶가 金馬川(挿橋川의 上流)에 臨하는 곳에 넓은 平地土城을 이루는 데, 南東方面에 白虎峰인 "꽃산(花山)"이 北西쪽에 青龍날인 "長城"이 河川邊까지 뻗어 半月土城勢를 이룬다.

그 鉉을 이루는 곳을 金馬川이 스쳐 흐르는데, 이 金馬川 건너가 바로 洪城에서 禮山 · 唐津으로 이어지는 禮唐平野中의 "金馬들", 즉 "반챙이 앞들"인 것이다.

50~60年前까지도 "반챙이"에서 그 對岸인 洪城郡 金馬面 方面으로 건너가자면 "반챙이나루"에서 배로 건너야만 했다.

이 나루터 附近에 形成되었던 挿橋川의 蛇行湖를 "성기방죽"이라 하였는데, 그間에 심한 土沙의 堆積作用으로 河床이 높아지고, 重裝備時代가 되면서 現在는 河流를 바로잡고, 堤防을 쌓고, 安全畓이 되었다.

河川의 浸蝕으로 蛇行湖가 形成되기 以前이었다면, 城의 東쪽인 이 자리까지도 百姓들의 市街가 있어 마땅한 位置인 것이다.

옛날 이 地方에 큰 都邑이 있었는데, 大洪水로 廢都가 되었다는 傳說을 爲始하여, 여러 가지 傳說이 남아있다.

〈傳說-A〉

"金馬들"에 大都市가 있었다. 外地에서 온 商業(장사)하는 아낙네(婦人)가 이 都邑에 왔다가, 마을이 하도 커서 外部로 빠져 나가는 길을 잃고, 밤이 새도록 苦生하며 헤매었다.

〈傳說-B〉

金馬들(平野)은 큰 섬(島)이었다. 巨大한 참나무 숲으로 뒤덮여 있었는데 大洪水로 埋沒되었다.

이는 太古 以來 河流의 變遷을 말한다.

〈傳說-C〉

"반챙이 들(平野)" 속에 큰 富者가 살고 있었다. 워낙 大農이라서 그 家族들의 苦役은 이만 저만이 아니었다.

어느 날 老道士가 動鈴을 왔는데, 守錢奴인 主人은 施主代身 여물바가지에다 짚여물을 담아서 내밀었다. 그 집 子婦가 보다 못해, 媤父(시아버지) 몰래 쌀(米)을 듬뿍 퍼서 施主를 하면서 苦生이 좀 덜되게 하여 달라고 所請을 하였다.

老道士는 "이길로 나를 따라 오시오. 무슨 일이 있어도 뒤를 돌아보면 안 됩니다."하고 일렀다.

얼마도 안간 사이, 天地가 뒤집힐 듯 雷聲霹靂과 함께 暴雨가 쏟아진다. 그러나 上流로부터 집채 같은 물줄기가 닥쳐온다. 집 걱정이 된 그 女人은 老道士의 말을 잊고, 자기 집 쪽을 돌아보았다. 그 瞬間 그 女人은 그 자리에서 돌로 化하여 彌勒佛(부처님)이 되었다.

金馬川 斷涯 위 佛堂 속에 모셔져 있는 이 石佛은 女性이 化한 부처님(彌勒佛)이라서, 自古以來로 子息없는 婦人들의 祈願佛로 그 效驗이 대단하다고 한다.

이 佛堂 속의 石佛은 立石(menhir)을 改刻한 것으로 보이는 큰 立佛이다.

이 地方에는 이와 類似한 石佛이 여러 곳에 있다.

a) 洪北面 龍山里에는 石佛과 土城이 남아있고,

彌勒佛 : 洪城郡 洪北面 龍山里

b) 德山面 邑內里 天主教會 南側方向에 石佛이 있다.

彌勒佛 : 禮山郡 德山面 邑內里 天主教會 南쪽

c) 德山面 社洞里 德山溫泉 入口 附近에도 石佛이 있다.

彌勒佛 : 禮山郡 德山面 社洞里 德山溫泉 入口 附近

d) 德山面 上伽里에도 石佛이 있으며,

上伽里彌勒佛 : 禮山郡 德山面 上伽里

e) 古德面 石谷里의 石佛,

石谷里彌勒佛 : 禮山郡 古德面 石谷里

f) 德山面 邑內里에도 "돋土城"과 支石墓(現 德山面事務所 東方向 200m 河川內, 德山面 邑內里 天主敎會 南側 아래 河川 內)가 同伴되고 있음으로 미루어, 위 "반챙이 佛堂"의 石佛도 韓興洙氏의 學論대로 옛 立石(menhir)을 後世에 改刻한 것이 아닌가 생각되는 것이다.

돋土城 : 禮山郡 德山面 邑內里

"반챙이" 河川가에도 넓은 바위-支石墓가 있었는데, 堤防築造때 흙 속에 묻히고 말았다 한다.

또 "반챙이"마을 外廓인 "鶴峴(학재)"에 있던 支石墓 數基는 30餘年前에 새마을 事業의 一環으로 깨뜨려서 施設物로 利用하였다 한다. '안다락뫼(미)'의 牧隱 李穡 影幀閣옆 土城 辺에도 支石墓가 하나 있다.

日帝時代 金馬平野에서 採金船이 作業을 하던 때, 多數의 枕香이 나온 事實과, 洪北面 龍鳳山 아래의 溪谷에서는 未炭化의 土炭이 多量 埋葬되어 있음은, 大洪水로 인한 地變이 있었음을 立證하는 것이다.

〈傳說-D〉

옛날 德山地方의 巫俗으로 "王神단지"를 내버릴 때는 "반챙이 佛堂"에 가서 于先 致誠을 드린 다음, 「꽃가마(人形으로 만든 것)」에 태워서 洪州 〈동메기〉의 〈범패고개〉 佛堂 附近에다 버렸다.

以上으로 傳說 몇 가지를 적었거니와 "五城이벌," 그 五城中의 하나인 揷橋邑 新里의 "테뫼山의 土城" 아래에는 立石(menhir)이 있고, 相當히 큰 방죽이 있다. 이를 "퇴뫼방죽"이라 한다. 옛날 秀岩山에서 山祭를 올릴 때 돼지를 잡아 씻는 못(방죽, 池)이라 한다.

그러나 "반챙이土城" 附近의 방죽(池)山 아래에도 방죽(池)이 있고, 合德의 "城東里土城" 아래에는 合德방죽(池)이 있으니, 靑銅器 出土로 有名하여진 牙山郡 新昌面 南城里의 "兄弟방죽(못, 池)" 등은 狩獵과 農耕이 併行되던 무렵부터의 방죽(池)인 듯하다.

"반챙이土城" 周邊에는 衛星土城인 五城뿐 아니라 여기서 직접 바라다보이는 여러土城이 있으니,

a) 洪城 金馬의 "고무랭이 二重土城." 이는 廣開土王이 侵略했던 "古牟婁城"일 것이다.

b) 洪城 月山아래의 "海豊城"에서는 漢字 "四"字가 들어있는 銅鏡이 出土된 바 있다.

c) 挿橋 頭里 "꽃산(花山)의 土城"에서는 石鏃이 出土된 바 있다.

d) 挿橋 上城里의 "宮牟婁土城" 附近에는 立石(menhir)을 改刻한 石佛이 남아있다.

e) 挿橋 城里의 "목시(moksi, 目支)平地土城." 別途詳論하겠지만 立石(menhir)과 支石墓와 青銅器類가 出土된다.

f) 德山 邑內의 "돈土城"과 支石墓와 立石(menhir, 石佛)이 있고, 玉溪里에서 青銅器類가 出土되었다. [國寶級 八珠鈴과 青銅短劍]

g) 洪城 金馬 테뫼山의 "당골성", 이곳에서는 百濟 瓦片이 出土된다.

당골성(長城里土城) : 洪城郡 金馬面 長城里 당골

이 외에도

h) 挿橋 2里의 "안다락뫼," "밖다락뫼"의 土城과 支石墓.

i) 洪北 龍山里 "싸래기내土城."

j) 洪北 石宅里 "龍葛尾土城"이 남아있다.

k) 德山面 上伽里의 彌勒佛.

이러한 狀況으로 미루어 "반챙이-藩城"을 中心으로 衛星城을 거느리고 있었거나, 部族들의 聯立體制를 이루고 있었음을 斷酌할 수 있다.

9. "霅縣"의 必須的 與件

北方說과 南方說을 莫論하고 韓國은 물론, 唐以末의 中國學者와 現代의 日本學者들까지 限定된 史料와 典籍을 參較하며 正攻論法을 펴 왔지만 結果는 前述한 바와 같이 各人各論에 그쳤다.

더구나 "藩國"의 故土인 眞番國의 位置를 考証하는데 關鍵이 될, 治所 霅縣의 位置는 아무도 指摘한 사람이 없었다.

이렇듯 同一史料에 의한 論究이면서도, 그 論斷은 各自의 先見知識과 史觀에 따라 相異한 解釋을 내리고 있는 實情이다.

이로 미루어 이제는 그 어느 專門史家라 하더라도 새 史料, 또는 2千年前의 새로운 記錄이 發掘되지 않는 한 現在까지 알려진 文獻을 土臺로 또 다시 正面推論을 펴 본들 亦是 코끼리를 더듬는 盲人의 所見 程度만을 披瀝할 道理밖에 없을 성 싶다.

그러나 여러 論考들을 살펴보면, 비록 그 論斷은 同一結論에는 이르지 못하였지만 "眞番과 霅縣"이 갖추고 있을 必須與件들이 抽出된다.

1) 河川流域이 沃土地帶인가?

2) 外航船의 寄着이 可能한가?

3) 眞番國의 後身은 "藩國"인데, 이 地方이 그에 해당하는가?

4) 『茂陵書』의 "眞番郡治霅縣去長安 7,640里"를 充足시키는가?

5) 漢 眞番郡의 南部 8縣 中 唯一하게 그 縣名이 알려져 있는 郡邑所在地 "霅縣"의 位置는 考證 될 수 있는가?

6) 初期古典中에 나타나는 朝鮮 · 辰國 · 辰韓 등과의 聯關關係도 定立이 되는가?

7) 後漢의 許愼은 그의 著書 『說文』에 "樂浪藩國" 所産의 魚類種을 記載

하고 있는데, 이 地方에서 그 全部가 漁獲되는가?

8) 前期馬韓의 領導國은 "目支國"이었다. 이는 目支國이 先進『眞番-藩國』의 正統을 繼承받을 수 있었기 때문이라고 생각된다. 이 地方이 약 200 餘年後인 目支國에 해당하는가?

9) 漢武帝가 韓半島를 侵한 것은 B.C. 108年이었으니, 이 무렵의 韓半島의 文化段階는 靑銅器時代의 末期, 銅·鐵文化의 交替期에 해당한다.

大同江流域에서는 靑銅器類가 出土되어 古朝鮮(箕氏·衛氏)時代 遺跡임을 뒷받침하는데, 眞番-藩國地方에서도 別個의 靑銅器文化圈이 存在하였음이 考證되는가? 등이다.

그러나 이러한 必須的與件들을 部分的으로 感知한들, 果然 나라 안 어느 地方, 어느 位置에 그 主部나, 治所의 當處를 配定할 수 있을 것이냐?

이리하여 古今의 여러 論考가 各人各論에 그친 것이리라.

李丙燾博士는 眞番郡의 領域을 "北 慈悲嶺以南 黃海道의 大部分과 漢江以北 京畿道의 一部分"이라 하고, "眞番郡治인 〈霅縣〉의 位置는 물론 明確치는 않지만 아마도 禮成江以南 漢江以北의 땅이었을 것"이라 推定하였다.

이 學說이 오늘날 國定教科書의 定說인 것이다.

李博士의 學說도 眞番郡을 朝鮮國-大同江流域의 南方에 位置시키는 學說이니 〈南方說〉임에 틀림이 없다.

李博士는 그의 〈黃海道 慈悲嶺以南-漢江以北說〉인

① 久庵 韓百謙의 說은 물론이고,

② 淸國學者 楊守敬의 〈帶水-熊津江-錦江流域說〉,

③ 이와기찌(稻葉岩吉)博士의 〈忠淸道 錦江流域 沃土說〉

④ 이마니시(今西龍)博士의 〈忠淸道 及 全羅北道說〉을 한결같이 否定하였다.

筆者가 主張하는 "眞番國의 主部"도 忠淸道의 西北部(內浦)地方, 즉 忠南의 分水嶺인 車嶺山脈의 以西, 插橋川流域이니, 그 主部 當處가 "錦江流域"이냐 "插橋川流域"이냐 하는 當處에 대한 見解가 다를 뿐, "忠淸道說"의 範

疇임에 틀림이 없다.

그러므로 筆者의 見解도 李博士의 見解와 相衝되는 것임이 分明한 以上 筆者의 見解를 確証 지으려면,

a) 于先 李博士의 『眞番郡 考』를 主對象으로 檢討하지 않을 수 없다.

b) 筆者가 "眞番國 挿橋川流域說"을 펴는 것은, 上記 南方說學者들처럼 史料를 推論한 結果 南方說로 演繹된 것이 아니고, 忠南人, 禮山人의 感(느낌)으로 推想한 것이니, 上記한바 古今의 여러 硏究에서 浮刻된 眞番國이 갖추고 있을 必須的 與件들과 附合되는가를 逆으로 살펴보고자 한다.

逆도 眞에 이를 수 있으려니 말이다.

c) 同時에 挿橋川流域을 中心으로 이곳에 남아있는 遺跡, 遺物, 地名 등이 이를 뒷받침 하는 가도 檢討하여 볼 것이다.

d) 또 語音的인 考察도 가져 봄으로서 霅縣의 基因을 찾아보고자 한다.

第1篇 內浦地方의 古代史

3章 目支國 考

1. 目支國의 問題提起

目支國은 馬韓 54國 中의 한 나라(國)다.

한편 辰國의 存在는 眞番國 · 臨屯國과 맞먹는 衛氏朝鮮時代의 나라(國)이니 약 2100年前 무렵이 된다.

『史記』에 의하면 辰國은 眞番國의 곁에 位置하던 나라였고, 辰國에서 中國으로 통하는 길목은 衛氏朝鮮이 이를 가로막을 수 있는 位置였다.

그런데도 우리 上古史에서는 아직껏 辰國과 眞番郡의 位置問題가 定立되었다고는 볼 수 없는 形便이다. 이 辰國을 擧論한 論述만큼이나 그 推定한 位置 또한 多樣하니 말이다.

[眞番-藩國]과 辰國의 存在가 歷史記錄에서 사라지는 A.D. 120年頃으로부터 약 100餘年 사이에, 三韓은 78國으로 分立形成 되었다고 보여 지는데, 그 三韓史인 『魏志』東夷傳의 記錄 中에 〈目支國의 辰王〉이라는 句節이 있다.

目支國의 統治者를 말함 이라면 應當 〈目支國의 目支王〉이라 하였음이

마땅하거늘, 何必이면〈目支國의 辰王〉이라 記述되어 있는 것이다.

이래서 〈目支國의 辰王〉에 關한 여러 見解가 登場하게 된 것 같다.

近年에 이에 關한 學說에서 만 보더라도,

a) 李丙燾博士는 「記述의 錯誤」: 『目支國의 位置와 그 地理, p.244』

b) 미시나(三品彰英)博士는 「전혀 不可能한 事態」: 『史實と考證. 魏志 · 東夷傳の 辰國と 辰王, 1의 p.81』

c) 千寬宇先生은 「折衷될 수 없는 것」: 『史學硏究 26號 p.40.』 등으로 엇갈려 있다.

筆者로서는 이러한 難題에 뛰어들 처지는 아니다. 다만 上記에서 眞番國과 目支國의 位置問題를 論하면서 〈眞番國-藩國의 主部는 內浦地方의 揷橋川流域이고, 目支國은 이를 繼承한 것〉이라는 見解를 披瀝한 立場인데, 通史에서는 "目支國의 位置는 天安 · 稷山地方이고, 이는 辰國을 繼承한 것(李丙燾說)"이라 하였고, 다른 분들도 或云 仁川地方, 或云 全北地方, 錦江中流地方 등에 이를 推定하고 있는 터임으로, 目支國과 眞番을 連繫시켜 論한 立場에서 不得已 딛고 넘어야 할 項目이 되었음으로 이에 살펴보고자 한다.

2. 목시(moksi)土城-目支國

石器時代의 "목시(moksi)土城"에서 馬韓의 "目支國"으로

1) 揷橋邑 城里의 "목시土城(moksi土城, 目支城)"

禮山郡 揷橋邑 城里의 舊 地名이 "宮마루 · 宮牟婁" 또는 "목시(moksi)-目支"인지라, 禮山人인 筆者로서는 이 목시土城(moksi土城)이 "馬韓의 目支城이 아니었겠느냐?"하는 推想을 하게 된다.

이러한 推想을 할 수 있음은 그 地名 뿐만이 아니고, 마을 안에 立石(menhir)과 支石墓(dolmen)가 現存함은 물론, 青銅器類가 頻繁히 出土되는

地方이고, 日帝初 行政區域이 統合되어 揷橋面事務所가 한낱 草原이던 現揷橋驛前으로 移轉하던 때까지, 德山縣 場村面事務所의 所在地였고, 장(市場)이 서던 마을이었으니, 新石器時代 後期부터 現代로 이어지는 遺跡과 遺物을 간직하고 있는 特異한 地方이기 때문이다.

揷橋邑 城里-목시(moksi)土城 地方은,

a) 西쪽으로는 金馬 · 揷橋平野속을 沙邑川(揷橋川의 古名)이 흐르고, 東쪽으로는 吾可面 丘陵 너머로 無限川이 흐르니, 平野 속 이면서도 그 河流와 地形으로 인하여 天塹을 이루는 곳이다.

b) 前述한 바 揷橋邑 水村里인 "반챙이土城-藩城"의 10里 下流에 位置하는, 平野 속 潮汐(tide)이 드나드는 깊은 河川邊이다.

沙邑川邊의 "城里" 近處를 "서내"라고 하는데, 여러 河川, 즉

㉠ 鷹峰面 八峰山에서 흘러오는 "城里川"

㉡ 伽倻山에서 始作되는 "德山川"

㉢ 古德에서 흘러드는 "大川-한내"

㉣ 鳳山에서 내려오는 "孝橋川" 등이 洪城 烏棲山에서 發源하는 本流와 合流되어, 水量이 豊富하고, 水深이 깊어지는 곳이다.

c) 外航船의 寄着便宜가 좋은 곳이었음은, 德山 伽倻山에 있는 興宣大院君의 親山을 掘冢한 "오페르트 事件" 때, 120名 兵力을 실은 60Ton짜리 蒸氣船인 "그레타호"가 接岸한 禮山郡 古德面 九万里의 對岸이며, 日帝初期까지 漁港(中船의 基地)이던 "島里"-唐津郡 合德邑과 禮山郡 古德面 接境의 2km 上流이고, 百濟 初期佛敎 또한 中國大陸에서 이곳 牙山灣 · 揷橋川을 통하여 직접 들어왔음도 禮山郡 鳳山面 花田里의 "四面石佛", 瑞山市 雲山面 講堂골의 "微笑 짓는 三尊佛" 등으로 미루어 알 수 있다.

2) 目支地方에 平地土城址가 2곳

ⓐ 그 하나는 "안 목시, 城里"쪽이고,

안 목시(moksi, 城里)는 揷橋邑 城里의 主部마을-立石(menhir) 祠堂인

普慈庵이 있는 마을을 옛 老人들은 흔히 "宮 마루"라고 불렀지만, 現在는 그저 "목시(moksi)"라고 부른다.

"목시(moksi)-目支"의 東쪽, 城里川 건너 部落을 "거룻들(吾可面 汾川里)"이라고 부르는데, 옛날에는 이 내(河川)가 폭은 좁았지만 깊어서, 거룻배(渡船)로 건넜기 때문에 "거룻들"이라고 한다.

이 城里川邊인 "안목시"에 목시(moksi, 目支)土城의 遺墟가 位置한다.

地面(바닥)幅 약 15m, 高 약 2m, 길이 약 40~50m쯤 되는 土堤(흙언덕)가 남아 있어, 안 목시部落에서는 每年 正初에 1回씩 「路線祭」라는 部落祭를 이 土堤 위에서 風物(農樂)을 갖추고 部落의 安寧과 豊年을 비는 巫堂굿을 이어 왔건만, 약 30餘年前 城里川에 護岸堤防이 築造되던 때 盛土用으로 搬出되어 土城壁의 자취는 사라지고, 部落祭를 지내던 遺風도 中斷되었다.

한편 立石(menhir)을 普慈庵에 모셔놓은 "宮마루"쪽 部落民은 "路線祭"라는 別途의 部落祭를 이어오고 있었는데, 部落에 基督敎會가 들어서면서 이 또한 中斷되고 말았다.

옛 遺風으로 인하여 城里部落의 農樂솜씨는 오늘날까지도 禮山郡內에서는 으뜸으로 傳承되고 있다.

ⓑ 또 한 곳은 城里와 "下浦里-浦內"와의 中間地點이다.

城里와 下浦里와의 中間地帶는 40餘年前까지 겨울철이 되면 기러기(雁)는 물론, 鶴(円頂鶴과 재두루미), 고니(白鳥), 황오리(黃鴨) 등이 날아오는 곳이었다. 筆者도 1950年代 後 무렵, 獵銃을 들고 白鳥에 接近하느라 높이 2m 以上되는 土堤(흙 언덕)를 隱蔽物로 利用한 적이 있었는데, 당시는 "異常한 土堤(흙 언덕)" 程度로 느낀 일이 있었다. 왜냐하면 河岸의 洪水被害를 벗어나는 位置이니 堤防 痕迹도 아니고, 貯水池(방죽) 자리도 아니고, 沙邑川流가 흙을 몰아다 부친 것도 아닌, 그 生成過程을 理解 할 수 없었던 이들 遺墟, 40~70m 假量 되는 5~6個의 短切된 土堤周圍(흙 언덕 둘레)가 남아있었다.

이 遺墟 또한 약 30餘年前 揷橋川과 城里川 護岸堤防이 築造되던 때, 盛土用으로 搬出되고, 그 後 耕地整理工事가 겹쳐 現在는 痕迹도 없다.

위 두가지 事實은 이 工事 推進에 직접 關與가 있었던 揷橋邑 下浦里 出身 土建業者 金善泰氏가 밝혀 준 것으로서 사라져 버린 遺墟이지만 記錄 되어야 할 일이다.

筆者는 立石(menhir)과 支石墓가 남아 있는 "안 목시(moksi, 目支)"쪽의 ⓐ土城址가 "原住民 本來의 目支城"이고, ⓑ地帶-潮汐(tide)이 드나드는 "서내"쪽 土城遺跡은 漢의 水軍이 머물던 "雪陽障"遺墟가 아니었을까? 推測하는 바다.

이곳 下浦里쪽에 "宮沓"이라는 地帶도 있으니 말이다.

3) 史學界에서는 지금까지 內浦地方에서 石器類와 靑銅器類가 出土되는 事實에 別로 關心이 없었다. 또한 이곳 "목시(moksi)土城"이 "目支城"일 수 있음에 留意한 일도 없었고, "목시(moksi)"를 "目支"라고 轉記한 例도 없었다.

"目支"의 古代 漢音 發音은 [moksi]였다.

그러니 馬韓의 "目支國"을 "목시(moksi)"의 轉記로 보는 것이 妥當한 것이다.

4) 이 部落의 中央部에는 큰 "立石(menhir)"이 普慈庵이라는 祠堂 속에 모셔져 있다. 마을 周邊에는 4~5基의 支石墓가 있었는데, 연자방아 틀도 만들고 "바위논"에 있던 것은 깨쳐 버리고, 現在 露出된 것은 1基 뿐이다.

또 "大古塚(큰 무덤)"이 3~4基 있었는데, 開墾으로 없어져 버렸다. 그 中의 하나는 "이 墳墓(무덤)를 건드리면 災殃을 당한다"는 傳說 때문에 30餘年前까지 논(沓) 속에 封墳만 保全되어 오더니, 이 또한 平土가 되었지만, 아직도 그 位置를 記憶하는 이가 있으니 表識라도 남겨둠이 바람직하다.

5) "목시(moksi)-目支部落", 揷橋邑 城里의 隣接部落은 두루머리의 떼

말部落으로, 挿橋邑 頭里이다. "떼말" 즉 "胡村"인 것이다.

挿橋川-沙邑川邊의 低地帶이긴 하지만, 洪水被害地를 벗어나는 安全部位인데, "호(胡)", 즉 中國人의 居留地 였다고 推測한다면 그 時期를,

a) 漢眞番郡의 治所인 雪縣(B.C. 108~82)-雪邑→沙邑

b) 그보다 약 300年後인 馬韓 "目支國의 辰王時代"-曹魏時代의 居留地.

c) 唐의 子來縣時代(A.D. 660)의 占領地 등을 假想할 수가 있는데,

c)의 境遇 唐이 新羅와 聯合으로 百濟를 侵略한 時代(A.D. 660~663)라면, 唐은 金馬川(挿橋川의 上流)流域에 支潯州(洪城地方)를 두면서 그 屬縣으로,

㉠ 禮山地方에는 馬津縣을 두었다.

禮山地方은 百濟의 孤山縣인데 "孤山"이란 現 禮山邑 山城里의 "無限山城"을 말한다.

牙山灣 · 無限川의 潮汐(tide)이 "孤山"까지 올라온다. 그러니 無限山城附近-現 禮山邑 舟橋里 附近이 軍船의 船着場이 된다.

이 地方의 現在地名 中 禮山中學校 附近의 〈마상굴〉. 鐵橋附近의 〈베룩부리〉. 無限山城의 對岸은 〈원벌〉. 舟橋里를 〈배나다리〉 등으로 미루어 唐軍이 〈馬津〉이라 改名한 緣由를 斟酌 할 수 있을 것이다.

㉡ 古德地方의 百濟 때 地名은 〈今勿縣〉이다. 伽倻山을 〈검은(거문)山〉. 古德 · 合德쪽 들(平野)을 〈검은(거문)들〉이라 함은 모두 이를 말함이다.

唐은 이를 〈已汶縣〉이라 改名하였고, 後日 新羅는 〈今武縣〉이라 다시 고쳤다.

唐의 已汶縣이란 이 地方의 本來의 地名 "거문"을 漢字音으로 表記한 것이다.

㉢ 唐 子來縣은 어디인가?

〈子來〉는 漢時代의 古音이 "julæ"이다, 즉 "주래=子來"인 것이다.

唐 子來縣의 位置가 德山 附近이냐?, 唐津地方이냐? 하는 兩說이 있는데, 金正浩, 安鼎福 등 여러 碩學들은 唐津說을 택하고, 筆者는 德山地方說을 擇하고 있다.

牙山灣 · 沙邑川(揷橋川의 古名)의 潮汐(tide)은 〈서내〉地帶까지 올라온다. 즉 이 附近이 外航船의 船着地가 된다.

"서내"의 西岸은 "주래(julæ, 子來)部落"으로서, 現 揷橋邑 上城里인데, 이는 옛 德山縣의 大鳥旨面 城山里에 해당한다. 이곳에는 土城遺跡과 切斷된 立石(menhir) 한 토막과, "軍모루 或은 宮모루-宮村"이라는 地名도 갖고 있다.

한편 그 東岸은 "목시部落-宮마루-目支部落"인 現 揷橋邑 城里와 "떼말-湖村"現 揷橋邑 頭里에 해당한다.

그러니 子來縣의 地名의 由來를 象徵하는 "주래部落"은 現 唐津郡 合德地方(合德邑 城東里 宮말)과 旧 德山縣 居等面 宮里(現 古德面 上宮里)와도 隣接한 地方이니, 合德에서는 沙邑川 따라 그 上流 南쪽 8km 地點이고, 德山面에서는 德山川따라 東으로 4km 下流 되는 合流地點인 德山縣 管內이니, 위 兩論은 結局 同一한 結果가 되는 것이다.

이 見解에 대한 論據로서, 揷橋驛의 東南쪽, "꽃산(花山)"아래에 있는 "社稷골"이라는 地名을 살펴보고자 한다.

揷橋地方에는 新羅 · 高麗 · 李朝時代를 통하여 郡縣이 設置되었던 事實이 없다.

그러니 "社稷골"이라는 地名은 있을 수 없는 일이다. 그러함에도 揷橋地方에서 가장 높은 山인 "꽃산토성(花山土城)"의 西쪽에 社稷壇이 있었던 것이라면, 이는 唐 子來縣과의 聯關 以外에는 想像할 수 없는 일이기 때문이다.

"떼말"과 "社稷골"과의 相距는 약 3km쯤 된다.

6) 여기 딛고 넘어야할 問題가 있다.

旧(옛) 德山邑誌에 나타나는 "沙邑川"에 關하여서다. 古地名에 있어 [沙-

새-新]으로 보는 예가 많다. 그러나 "沙邑川-揷橋川"의 境遇는 '沙邑'을 '雪邑'으로 볼 수 있다.

이는 本 論述의 核心이다.

그러나 沙를 新으로 본다면 〈沙邑〉이란, 곧 〈新邑〉이 된다. "목시(moksi)-目支"或은 "주래[子來]가 '新邑'"이라면 '舊邑'은 어디인가?

前章에서 考察한 바, 應當 "목시(moksi)-目支"에서 5km 上流인 金馬川(沙邑川의 上流)辺의 "반챙이土城 [馬韓의 目支國보다 약 300年 앞서는]-藩城"을 들지 아니할 수 없다.

이 見解가 妥當한 것이라면, 漢軍이 26年間 머문 眞番郡의 治所 "雪縣"의 읍(邑) 또한 "반챙이土城" 地方이었을 것이다.

이에 관하여는「3章 4. 辰國의 辰王과 目支國의 辰王」을 究明하면서 再論키로 한다.

7) 揷橋邑 城里-목시(moksi, 目支)土城 部落의 3km쯤 背後地方인 "龍山-烏石山" 一帶(行政區域으로는 禮山郡 新岩面 龍宮里)에는 20餘基의 支石墓를 爲始하여, 石器類와 青銅器類는 물론, 高麗磁器類에 이르기까지, 旧(옛) 遺物이 無盡藏 出土되는 地方이기도 하다.

"호리꾼" 事情에 밝은 金某氏에 의하면 廣闊한 丘陵地帶이면서도 人家가 극히 稀少하던 이 地方에서는 安心하고, 盜掘을 할 수가 있었던 때문에, 日帝時代부터 外地로 搬出된 遺物들은 大型貨物車 一臺 分은 넘으리라 한다. 게다가 日帝時代에도 金銅器가 出土된 일이 있어, 이에 刺戟받아 盜掘이 盛行된 일이 있었다 한다.

現在도 揷橋川湖의 完成에 따른 水路開設과 大規模 開墾工事에 動員되는 重機作業으로 青銅器時代 遺物들이 破壞된 狀態로 자주 出土되지만 申告되는 일은 全無하다. 이렇듯 揷橋地方 一圓은 적어도 2千年 以前부터 이어 내려온 여러 與件들을 갖추고 있을 뿐 아니라, 무엇보다도 "城里"는 그 地名自體가 "宮마루"이자 "목시(moksi)"이고, "목시(moksi)"는 "目支"로 轉寫

할 수 있음이 分明한 것이다.

이로써 禮山郡 揷橋邑 城里地方을 新石器時代에서 靑銅器時代로 이어지고, 眞番(藩國)의 "목시(moksi, 目支)城", 漢 眞番郡 時代에는 그 治所 "雪縣"의 外港인 "雪陽障"時代를 거쳐, 그 後 2百餘年 사이에 馬韓의 "目支國"으로 이어진 地方으로 보아 마땅할 것으로 생각한다.

3. 目支國은 眞番의 正統
狹義의 辰國은 目支國의 故地인가?
-李丙燾 學說에 대한 檢討-

「2章 2. 眞番의 藩國」에서 [藩國-眞番國]의 古都는 現 禮山郡 揷橋邑 水村里인 "반챙이土城地方-藩城"이라고 推定한 바 있다.

藩城(番城)과 目支城은 揷橋川의 同一河川이면서 上流는 金馬川, 下流의 古號는 沙邑川, 上 · 下流 약 5km 相距에 位置한다.

이러할 境遇 B.C. 108年 以前부터 存在하던 金馬川쪽 『藩國(番國)』과 그 약 200年 以後에 下流인 沙邑川쪽에서 都邑한 馬韓의 "目支國"은 先 · 後하여 同一 河川의 同一地域(現在의 揷橋邑 管內)을 領有하고 있었다는 結果가 된다.

즉 馬韓의 "目支國"은 眞番諸國 中의 代表的 나라인 藩國(番國)의 疆域을 A.D. 121年 以後에 繼襲한 것이라고 推定되는 것이다.

이로써 石器時代 以來의 "목시(moksi)城"이 目支國으로 發展하였음을 알 수 있다.

우리 國史에서 通說을 이루고 있는 "目支國은 辰國의 正統을 繼承한 나라이고, 그 故都는 現 天原郡 稷山地方"이라는 李丙燾博士의 學說은 發表된지 이미 오래이므로, 이제와서는 아무도 異見을 提起하는 이 없다. [千寬宇 『韓國古代史의 爭點에서』]

이에 反하여 筆者는 上記에서,

馬韓의 目支國은 [藩國-眞番]의 外港이던 "목시(moksi)城"을 繼承한 것이고, 現 禮山郡 挿橋邑 城里 · 〈宮마루〉部落의 〈목시(moksi)城-目支城〉이 이에 해당하며, 藩國의 都城이자, 漢 眞番郡의 治所이던 雪縣의 邑城은 目支城의 10里 上流인 〈반챙이土城-番城(藩城)〉, 現 挿橋邑 水村里와 그 金馬川 對岸인 〈金馬平野〉가 이에 해당한다고 推定하였다.

이 심한 見解差異를 糾明하기 위하여는 于先 通說의 推論過程을 살펴보지 아니할 수 없다.

李丙燾博士는 『三韓問題의 新考察』에서,

[河南-漢江以南] 第 1의 古國을 든다면 저 [辰國-馬韓의 故國]에 右할 자 없으니 稷山地方은 古之辰國의 政治的 中心地[馬韓 前期의 首都]로 推定함이 가장 適當한 곳이라고 하지 아니하면 아니 된다. 辰國의 都城이 稷山地方의 어느 地點에 당할까 함에 있어서도 考察할 必要가 있는데, 거기에 관하여는 더욱 可據할 文獻도 없고, 또 그럴듯한 遺跡도 發見하지 못하여 분명히 어디라고 當處를 指定하기 어려우나, 물론 聖居山에서 世傳 所謂 "慰禮城"의 遺址가 있고, 稷山舊邑에는 "蛇山城"의 遺跡이 있으나, 다 이들은 三國時代 或은 羅末, 麗初의 所築에 係한 듯 할 뿐더러, 이들은 確實히 亂時所用의 山城이요, 平時常居의 都城이 아니므로 지금 考慮하는 問題의 對像은 되지 못한다. 그러나 稷山邑에서 直北 약 8~9里 되는 곳에 〈都下里〉라는 里名과, 都下里에서 西北方向 약 6里 되는 곳, 安城川의 合流處에 〈安宮里〉란 里名과, 그 외 同川流域인 振威郡 芙蓉面의 〈平宮里〉, 〈新宮里〉 등의 里名이 있는 것은 크게 注意할 必要가 있다.

이들 洞里에서 그럴듯한 遺跡과 遺物은 發見하지 못하였지만, 그 里名은 必然 尋常치 않은 久遠한 由來와 歷史를 가지고 있는 듯 하니, 속히 말하면, 稷山舊邑의 北쪽 安城川 流域은, 이 地域을 國都로 삼던 어느 時代, 辰國時代 乃至 그 正統인 馬韓時代의 宮闕都市가 있던 곳이 아닌가. 그리하여 그러한 「都」字와 「宮」字가 붙은 里名이 傳來되어 오는 것이 아닌가?

"朝鮮總督府 中樞院囑託 오모도(大原利武)氏도 일찍이 그 地名에 注意를 拂하여 同地域을 馬韓時代의 都邑 所在地로 推定한 일이 있는데, 이 점에 있어서는 나의 意見과 전혀 一致하며, 오직 나는 馬韓時代뿐만 아니라 그 以前 辰國時代로 부터의 目支國의 中心處로 보고 있다.

이와 같이 稷山 등 地를 古之辰國 및 그 後身인 馬韓前期의 國都所在地로 認定함이 거의 疑心이 없다." 하였다.

狹義의 〈辰國〉은 分明 眞番과 隣接한 나라였다.

그런즉 漢 眞番郡의 位置를 漢江以北에 推定하는 것이 李博士의 認識이고 보면, 辰國을 漢江 곧바로 南方에 配定함은 當然한 推論이며, 漢江以南에서 그 中心地-國都되는 곳을 追求하다 보니 「宮」字가 붙은 地名이 頻發하는 地方, 稷山地方에 이를 推定하게 됨도 있을 수 있는 일일 것이다.

한편 李博士는 目支國의 位置를 稷山地方에 推定하면서, 目支國보다도 近 2~300年前에 存在한 辰國의 位置 또한 이곳이라 主張하였다.

만일, 同一 位置에 200~300年前인 辰國과 200~300年後인 目支國이 存在하였던 것이라면, 目支國이 辰國의 正統을 繼承한 것으로 認識될 수 있음은 當然하다.

그러나 〈馬韓 · 目支國〉의 位置를 具體的으로 解明하지 아니한 채 "오직 나는 馬韓時代뿐 아니라 그 以前인 辰國時代로부터의 都闕所在地로 보고 싶다."하였을 뿐, 辰國도 이곳일 수 있는 具體的인 論據 또한 明示함이 없다.

그러면 李博士가 辰國이 또한 이곳이라 推定하면서, 그 바탕으로 삼은 〈馬韓時代 目支國〉의 位置 推定 論據는 어떠한가? 그분 스스로 "辰國의 都城이, …… (中略) …… 어느 地點에 당할가 함에는 …… (中略) ……, 可據할 文獻도 없고, 遺蹟도 發見됨이 없다."라고 前提하면서도 오직 安城川流域인 稷山地方에 "都下里 · 安宮里 · 平宮里 · 新宮里 · 熊橋[고무다리-熊(곰)]" 등 地名이 傳來되어 옴을 들어, "이들 洞里에서 아직 그럴듯한 遺跡과 遺物은 發見하지 못하였지만, 尋常하지 않은 久遠한 由來와 歷史를 가지고 있는 듯하니", 그것이 "옛날에 有名하였든 〈目支國과 辰國〉의 都邑所在地"라 하였다.

이들 洞里名으로 미루어 『史記』의 『眞番旁衆國』 中의 하나, 또는 『漢書』의 馬韓 54國 中의 하나, 或은 一部學者가 論及한 初期百濟와 聯關이 있다고 생각할 수 있을 것이지만 具體的인 論證없이 그 나라가 "辰國과 目支國"이었다고 斷論하였음은 이 또한 抽象的인 推定이라고 보지 아니할 수 없다.

그런데 李博士는 이러한 推定을 하면서 오모도(大原利武)氏의 論文中에도 自己의 見解와 一致하는 點이 있음을 擧論하였는데, 그렇다면 오모도(大原利武)氏의 論述에서는 稷山地方이 古之辰國과 馬韓의 目支國의 故都됨을 確定한 바 있었던가?

오모도(大原利武)氏의 論旨를 살펴보면 그는 馬韓의 位置를 論하면서, "百濟가 馬韓을 滅하던 때, 馬韓의 近方에 있던 城, '圓山 · 錦峴 二城과 牛谷城'名과 恰似한 地名은 安城川의 支流인 振威川의 河畔에 '宮'名이 붙은 地名이 많은 것은 同地方이 馬韓의 疆域이었음을 證明하고 있는 것 같이 생각된다."하였을 뿐이다.

오모도(大原利武)氏의 論文에서 擧論된 馬韓은 『三國史記』 中 百濟始祖 溫祚王 26年(A.D. 8年) 頃의 일이고, 本 論考에서 擧論되는 [目支國의 辰王이 三韓을 領導한 時代]는 曹魏가 燕-公孫氏를 制壓하고(A.D. 238), 燕 代身 韓半島를 支配하던 時代이니, 目支國이 馬韓 54國 中의 하나이던 A.D. 121年頃 以後부터[A.D. 121年頃에 著述된 許愼의 "說文"에서는 아직도 『藩國』이 記錄된다] 樂浪郡과 帶方郡이 高句麗와 百濟에 滅亡 당하는 A.D. 313年 間(사이)의 일이다.

그러니 時代도, 情況도, 다르거니와 稷山地方에 傳承되어 오는 具體性도 갖추지 못한 4~5個 部落名만으로 이곳이 〈辰國과 目支國의 古都〉라고 論斷하기에는 未洽한 것으로 생각된다.

特히 이 問題에서 留意될 일은 李丙燾博士가 아직도 "韓"이란 稱號가 史料에 보이기 以前時代인 "辰國"과 그 약 300年後인 〈馬韓의 目支國〉과의 關係를 論하면서 觀念的으로 "狹義의 辰國"과 〈目支國〉을 直結시키게 된

經緯에 관해서다.

推測컨대, 李博士가 觀念的인 目支國의 位置上에 또 다시 겹쳐서 抽象的으로 辰國의 位置를 直結시키게 된 것은 『魏志 · 漢書 · 後漢書』 등에서의 “目支國의 辰王”이라는 句節에서 그 關聯性을 推想하게 된 것이 아니었을까 느껴진다.

萬若 그런 점도 있었던 것이라면, 이는 金聖昊氏의 「目支國의 辰王은 辰韓의 辰王」에서 由來한다는 見解와도 恰似하다 하겠다.

〈辰國 · 辰王 · 辰韓〉 등으로 인하여 〈辰國을 다스린 辰王〉 或은 〈辰王이 다스린 辰國〉 또는 〈辰韓의 辰王〉 등을 推想할 수 있는 일이지만, 古代 中國史家들이 韓半島 南部地方을 「辰國」或은 「眞番旁辰國」이라 敍述한 文化段階에서는 南韓全域, 或은 三韓 中의 어느 全域을 統合한 廣域國家와 이를 統治한 權力的 「辰王」이란 있을 수 없는 일일 뿐 아니라, 「미시나(三品彰英)氏 古文獻에서도 〈辰國의 辰王〉을 말한 具體的인 記述은 찾아볼 수가 없다.(金貞培 教授)」

그러나 唯獨 目支國의 境遇에서만 三韓 78國 中 다같은 長帥이면서 古代中國史家에 의하여 〈臣智〉 或은 〈邑君〉으로 敍述되지 않고, 辰王이란 稱號로 記述된 “目支國의 辰王”이기에 李丙燾博士는 目支國을 300年間 이어온 辰國의 正統으로 推想하게 된 것일는지 모른다.

그러나 前述한 대로 『史記』를 爲始한 어느 古文獻에서도 “辰王이 統治한 辰國”을 말한 敍述을 찾아볼 수 없다. 다시 말하면 〈古之辰國〉時代에는 統治者로서의 “辰王”은 實存하지 않는다.

그러니 後日 目支國과 三韓을 다스린 王의 稱號가 〈辰王〉이었다 할지라도 目支國이 옛 “狹義의 辰國”과 直結된다고 볼 수는 없다.

〈辰王〉이란 稱號는 『魏志』와 『後漢書』에 記錄된 目支國에서 비로서 나타나는 것으로 「古之辰國」의 統治者와는 關聯이 없는 別個의 韓族의 象徵的代表者에 대한 觀念的인 呼稱. 예컨대, “韓”이란 稱號가 恒用하기 以前인 時代의 中國史家들이 南韓地方의 原住韓族을 “辰族”으로 認識한 時代, 現在

와 같은 槪念의 國家가 形成되기 以前인 時代에 "辰族-韓族社會의 象徵的 代表者, 예컨대, 司祭者에 대한 觀念的, 漢字的 呼稱"이었다고 본다.

그러므로 筆者는 李丙燾博士의 學說이나, 金聖昊氏의 認識과는 見解를 달리함으로 「本 3章 4. 辰國의 辰王과 目支國의 辰王」에서 再論키로 한다.

目支國의 位置問題를 主題로 한 論文으로는 李丙燾博士 外에도 이를 現 仁川地方으로 推定한 千寬宇先生이 있다.

4. 辰國의 辰王과 目支國의 辰王

1) 辰國과 辰王

辰國은 이를 廣 · 狹義의 두 立場에서 考察할 수 있을 것이다.

(1) 廣義로는,

옛 史料에서 韓半島 南部의 本 住民을 "韓族"이라 呼稱하기 以前인 時代, 中國史家들이 이곳 原住韓族을 "辰族"이라 認識한 立場에서의 "辰國"은 "辰族이 사는 地方"을 말한 廣範圍한 觀念的인 稱號이었다고 보지 아니할 수 없다. 왜냐하면 馬韓 54個 部族國들이 構成되기 약 300年前인 文化段階에서 [辰國-南韓全體]를 統治한 政治的 實體는 實存할 수 없는 일이기 때문이다.

"辰王" 또한 그렇다.

辰國이 實存할 수 없는 觀念的인 것 일진대, 辰王이라는 呼稱이 이 時代에도 있었던 것이라면 이는 今日과 같은 槪念의 "統治者로서의 王"이 아니고, "[辰族-韓族]의 象徵的 代表者", 여러 部族들이 聯合的으로, 擧族的으로 擧行하는 大行事 등에서 祭禮 등 大儀禮를 主宰 또는 司祭하는 辰族의 代表者에 대한 傳統的 尊稱인 "임금님", 그러한 性格의 말을 漢語로 表現하자니 [辰族-韓族]의 代表者라는 뜻으로 "辰王"이 된 것이리라.

다시 말하면 廣義의 境遇

"辰國"을 統治한 "辰王"이나, 辰王이 統治한 "辰國"은 實存할 이가 없다.

즉 辰國은 "辰族이 사는 地方"을 말한 觀念的인 稱號이지, 그 實體는 存在할 수 없기 때문이다.

〈廣義의 辰國으로는〉

『魏志』:「辰韓者古之辰國」

『後漢書』:「韓有三種, 一曰馬韓, 二曰辰韓, 三曰弁辰, 馬韓在西有五十四國, 其北與樂浪南與倭接, 辰韓在東有十二國, 其北與濊接, 弁辰在辰韓之南亦有十二國, 其南亦與倭接, 凡七十八國, 伯濟是其一國焉, 大者萬餘戶, 小者數千戶, 各在山海間, 地合方四千餘里, 東西以海爲限, 皆古之辰國也.(한유삼종, 일일마한, 이일진한, 삼일변진, 마한재서유오십사국, 기북여낙랑남여왜접, 진한재동유십이국, 기북여예접, 변진재진한지남역유십이국, 기남적여왜접, 범칠십팔국, 백제시기일국언, 대자만여호, 소자수천호, 각재산해간, 지합방사천여리, 동서이해위한, 개고지진국야)」

(2) 狹義로는

韓半島 中部以南의 本 住民이 全部 同一한 [辰族-韓族]이었다 할지라도, 宋槧本史記의 撰者나, 『魏略』의 著者 魚豢의 認識으로는 그 중에서도 大部族, 或은 代表的 集團으로 認識되는 部族群이 있었을 것인즉, 그 指定部族의 根據地를 "辰國"이라 記錄하였을 것이다.

〈狹義의 辰國으로는〉

[史記-宋槧本]朝鮮傳 : 진번방진국(중국)욕상서견천자우옹알불통(眞番傍辰國(衆國)欲上書見天子又擁閼不通)

『漢書』: 진번방진국욕상서견천자우옹알불통(眞番傍辰國欲上書見天子又擁閼不通)

『魏略』: 조선상역계경이간우거불용동지진국(朝鮮相歷谿卿以諫右渠不用東之辰國)

2) 辰國의 位置

[辰國-狹義]의 位置를 가림에 衛氏朝鮮과 眞番을 基準으로 이를 推定할 수가 있으리라고 생각은 된다. 朝鮮과 辰國과 眞番은 隣接한 나라였기 때문이다. 그러나 그 三角的 基準이 될 眞番의 位置가 現在와 같이 不確定的인 段階에서는 옛 史料에서 辰國의 必須與件들을 가려내서 이에 해당하는 場所를 물색해 낼 道理밖에 없다. 이러할 境遇 衛氏朝鮮時代 · 眞番國時代의 辰國은,

(1) 그토록 領土擴張을 좋아하던 漢武帝의 侵略軍도 "眞番旁辰國"에는 미치지 못하였음을 보면, 眞番보다도 먼 곳이고, 그 中間에는 天然의 障礙物인 車嶺山脈 등이 가로막고 있었던 것임을 斟酌할 수 있다.

(2) 漢軍이 侵入하던 때, 眞番國은 牙山灣 沿岸國이었기에 樂浪에서 遠隔한 位置에 있으면서도 그 海軍에 의하여 侵攻을 당하였지만, 辰國은 分水嶺인 車嶺山脈 너머였기에 水軍의 禍를 免할 수 있었을 것이다.

(3) 右渠王의 無謀함을 諫하다가 失敗한 朝鮮國의 大臣 歷谿卿(역계경)이 「東之辰國」할 때, 그를 따르던 2千戶 百姓과 더불어 간 곳이 車嶺山脈 너머라면, 生活圈이 다른 分水嶺 너머니, "朝鮮 · 眞番과 不相往來 하였다."함은 當然한 記錄이다.

忠南의 分水嶺인 車嶺山脈. 이 5~600m 級의 嶺이 內陸쪽의 錦江流域과 海岸쪽 內浦地方에 미치는 人文地理的 · 歷史地理的 影響은 「2章 7. 眞番郡과 辰國과 帶方郡」에서 살핀 바와 같다.

이것으로도 "狹義의 辰國"은 眞番의 東南쪽으로서 서로 隣接地이긴 하지만, 分水嶺-車嶺山脈이 이를 隔하고 있어 必然的으로 生活圈이 다를 수 밖에 없었음을 斟酌할 수 있다.

(4) 眞番國과 辰國은 分水嶺을 隔하였을 뿐, 다같이 忠淸道 以南에 位置하던 原住韓族의 集團이었으니, 後日 馬韓 54個國이 形成되던 때 何等 摩擦은 없었을 것이다.

(5) 南쪽으로 移動하는 部族, 或은 難民이 漢江의 西南部 平坦한 地勢를 따라 安城川邊에 到達하였을 때, 東南向으로 뻗어내린 車嶺山脈이 앞을 가로 막는다.

여기서 山脈을 피하여 西進을 한 곳이 忠南의 西部海岸地方인 內浦地方이고, 이것이 『眞番國』이다.

한편 天安三巨里에서 分水嶺의 가장 낮은 곳의 東(高速道路)쪽으로 넘으면 鎭川 · 淸州 · 美湖川平野인 錦江의 支流이고, 南西(國道)쪽으로 車嶺山脈을 넘으면 全義 · 公州쪽 錦江流域에 다다른다.

三韓도 形成되기 以前인 時代. 이 錦江流域인 大田 · 扶餘 · 益山 · 金馬地方에 形成된 靑銅器文化圈의 主人公들이 "狹義의 辰國"이라고 筆者는 보는 것이다. 그러나 上古代의 中國史家들은 全羅 · 慶尙道까지도 [辰族-韓族]의 居住地라 하여 "廣義의 辰國"이라 通稱한 것으로 본다.

3) 目支國의 登場

살피건대, 眞番의 部族群들은 結束된 힘으로 漢 郡縣을 26年만에 몰아 내는데 成功하자, 그 結果로 部族間의 聯立體制는 더욱 强化되었을 것이고, 藩國은 如前히 그 中心體였다.

漢의 眞番占領(B.C. 108年)에 그 太守가 머물던 治所가 眞番國의 都城인 반챙이城(現 禮山郡 揷橋邑 水村里 반챙이部落의 平地土城)이었다면,

a) 漢眞番郡의 統治體制는 霅縣(藩城)을 中心으로 隣接 8縣-眞番諸國을 統治하는 體制였을 것이니, 漢軍 罷郡 後에도 그들이 確立한 進步된 體制는 再建된 番國(藩國)으로 踏襲되어 如前하였을 것이다.

b) 原來 金馬 · 益山圈과는 別個의 優秀한 靑銅器文化를 保有하던 이 內浦地方에 漢의 先進文明까지 接着되니, 〈藩國〉이 南韓 第一의 文化 中心地로 化하게 되었음은 必然的 歸趨라 하겠다.

c) 여기에 漢이 占領한 26年間에 構築한 交通網, 즉 船便에 의한 中國

大陸 또는 樂浪과 交流하는 方法 또한 繼承되니, 藩國은 [沙邑川-揷橋川의 古名]의 歷史地理的 特殊性으로 인한 中國大陸과의 "一衣帶水"的 位置 덕분에 韓半島內의 어느 地方보다도 有利한 中國文化의 攝取窓口 이었음으로, 200年間 以上(B.C. 82~A.D. 121年) 先進文明國으로서 分水嶺인 車嶺山脈 너머인 錦江流域의 辰國뿐 아니라, 南韓全域에까지 影響을 미치는 領導國 役割을 維持할 수가 있었을 것이다.

이는 後日 內浦地方에 上陸한 百濟佛敎가 新羅쪽으로 傳播되었음과, 日帝때 仁川港과 群山港이 朝鮮 第 2位와 第 3位의 港口였음으로도 推測되는 일이다. 하물며 帆船時代인 境遇 大陸文化의 中心部인 揚子江流域과 交流함에 있어 牙山灣이 더욱 有利한 與件을 갖추고 있음은 自明하다. 現在까지도 牙山灣 入口地方에 〈漢津浦〉와 〈唐津浦〉가 남아있는 터다.

한편 後漢의 獻帝때 燕의 公孫康은 "遼東王"을 稱하면서(A.D. 204) 高句麗를 侵略하고는, 樂浪郡까지도 차지하였다.

南쪽으로 膨脹하기 始作한 公孫氏의 鉅燕은 旧(구) 眞番郡의 北部 7縣에 해당하는 南部都尉의 管轄地域까지도 占領하고, 그곳에 大方郡 7縣을 分置하였다. (A.D. 205年)

이 무렵『三國志』의 主人公들은 아직도 覇權을 다투는데,

吳王 孫權(A.D. 222~252年, 景初 2年)은 皇帝가 되면서(黃初元年, A.D. 229年) 船便으로 公孫氏 · 燕에 使臣을 보내어 魏를 挾攻할 것을 2次例나 圖謀하였지만 公孫氏는 응하지 아니하고, 오히려 吳王의 使臣을 죽이고, 隣接한 魏에 阿附를 하였다. 그러나 魏는 邊境의 公孫氏가 强盛하여짐을 두려워한 나머지 帝는 A.D. 234年 司馬로 하여금 이를 攻擊하였지만 失敗하였다. 魏는 또다시(A.D. 238年) 司馬懿로 하여금 이를 攻略하니, 遼東과 韓半島에 있던 [公孫氏-燕]의 領土는 全部 魏의 支配下에 들어갔다.

魏는 이 侵攻때 樂浪 · 帶方兩郡은 海軍으로서 背後에서 收拾하였다.

東夷傳 : 景初中, 大興師族, 誅淵 又潛軍浮海 收樂浪 · 帶方之郡

: 景初中 越海征二郡

藩國에서는 이 무렵(A.D. 121年에서 約 100年間) 傳說이 전하는 바(「本2章 8. 藩國(眞番國)의 主部는 禮山郡 挿橋地方」) 大洪水가 있어, 그 터전인 "金馬平野"(洪城에서 挿橋로 이어지는 平野)가 被害를 입자, 그 正統이 〈藩城〉의 약 5km 下流이자, 近 200年間 中國文物의 攝取窓口이던 〈目支城-moksi土城〉쪽으로 繼承되니, 이때부터 "馬韓의 目支國"은 藩國 代身 歷史舞臺에 두드러지게 浮刻되는 것이다.

設或, 洪水가 아니었다 하더라도 약 2百餘年 사이에 上流쪽 番城(藩城)의 主權이 船港 便宜가 좋아 中國文物을 吸收하여 온 5km 下流의 目支城[moksi土城]-船着場 · 雪陽障 쪽으로 그 主體가 移動하게 됨은 必然的이다.

이리하여 『說問, A.D. 121年』에 記錄을 남기고 있는 "藩國"은 『魏志 A.D. 280頃』에 歷史 舞臺에서 사라지고, 代身 三韓諸國이 나타난다.

4) 目支國의 辰王과 그 權威

曹魏時代가 되면서 突然 『魏志』東夷傳의 記錄은 馬韓의 目支國을 統治한 "臣智"가 "辰王"이고, 이 辰王이 現實인 「辰韓 12國」까지도 統治하였다 하고,

『魏志』 東夷傳 : 辰王治目支國, …(中略)… [其-辰韓] 12國 屬辰王 辰王常用馬韓人作之 世世相繼 辰王不得自立爲王 …(中略)….

더구나 『後漢書』에서 三韓全體의 領導者로 浮刻된다.

『後漢書』 : 馬韓最大 共立其種爲辰王 都目支國 盡至三韓之地 其諸國王先皆是馬韓種人焉

… [馬韓 54國 形成보다도 約 200餘年前인 "辰國", 그 實存일 수 없는 觀念的인 "辰國"의 象徵的인 "辰王"] … 그러한 辰王이 아닌 實存의 辰王이 약 200年後, 現實의 目支國에 實存하고 있음을 『魏志』와 『後漢書』는 記錄하고 있는 것이다.

藩國産魚類 6種이 登載된『說文』時期[A.D. 121年 許愼이 著述]부터, "藩國"稱號가 사라지고 "馬韓 目支國"이 登場하는『魏志(A.D. 280年頃)』까지의 약 160年間에 馬韓 54 國과 辰韓 · 弁韓 各 12國, 韓半島 南部가 총 78國으로 分裂 構成되는 時期에, 물론 許多한 群少 部族들은 이 代表的인 78國에 隷屬된다. 惟獨, "目支國의 〈長帥〉인 〈臣智〉"만이 現實의 〈辰王〉, 즉 [韓族-辰族] 全體의 領導者로 浮刻되는 것이다.

어이하여 目支國의 臣智만이 "辰王"의 權威를 차지할 수 있었을까?

"辰國" 存在를 처음 記述한 것은『漢書, A.D. 60~80年 班固의 著述』에서다.

이보다 앞서는『史記, B.C. 108~93年間의 著述』에서는「眞番旁衆國」으로 記載되어 있다.

그러나 宋나라때 板刻된『史記』에서는「眞番旁辰國」, 즉 衆國中의 하나가 "辰國"이었음을 말하고,

「魏略, A.D. 280~289年 魚豢著述」에서는「東之辰國-朝鮮(衛氏)」의 東쪽인 辰國으로 갔다고 그 方位까지 말하였으니, 中國史家들이 後(뒷) 年代가 될수록 辰國에 관한 實相을 자세히 把握하게 된 것임을 알 수 있다.

그러던 것이『[魏志, A.D. 280年頃]』는 目支國의 "臣智"를 "辰王"이라 記述하면서,「辰韓 12國까지도 統治하였다」하고,

『後漢書』에서는「目支國의 臣智인 "辰王"이 三韓全域의 領導者」라고 記述하였다.

얼핏 생각에 字義대로 라면, 辰國은 辰王이 다스린 나라. 辰王은 辰國을 다스린 王. 이렇게 推論을 할 수 있을는지 모르지만, 약 2,100年前 "韓族"이라는 稱號가 아직 發生하기 以前인 時代.

中國史家들이 原住韓族을 "辰族"이라 認識하던 時代.

三韓 78國도 構成되기 약 2~300年前인 文化段階에서 今日과 같은 槪念의 "나라-國", 즉 南韓全域-全三韓을 統合統治한「辰國」이란 것은 存在할 수 없는 일인즉, [미시나(三品彰英) 氏의 主張].

『史記』나 『漢書』에 記錄된 辰國은 實存의 "나라-國"일수도 없고, 다만 辰族이 사는 地方을 말한 觀念的인 稱號이었다고 생각할 수밖에 없다.

그런즉 前述한대로 "觀念的인 辰國"을 統治한 "實存의 辰王"은 存在할 이가 없다.

假使 史記時代에도 "辰王"이라는 稱號가 있었다고 한다면 이는 [辰族-韓族]의 象徵的인 代表者, 즉 擧族的 行事 등을 主宰, 或은 司祭하는 代表者에 대한 象徵的인 傳統的 尊稱-"임금님"-의 漢字的 表現이었다고 봄이 마땅하다.

設或 "狹義의 辰國"의 統治者에 대한 稱號였다고 보고자 한다면 이 辰國은 B.C. 2世紀~A.D. 2世紀의 나라이고 〈辰王〉이 登場하는 目支國은 A.D. 200年 무렵의 三韓 78國 중의 한낱 部族國에 不過한 것이니, 『魏志』와 『後漢書』에서 惟獨 目支國의 臣智만을 〈辰王〉이라 稱하며, 辰韓 12國, 或은 三韓 78國을 領導하였다고 記述하였음은 理解할 수 없는 일이 된다.

그런즉 "辰國의 辰王"은 實在의 統治者가 아니고, 어디까지나 [辰族-韓族]의 象徵的 代表者에 대한 尊稱이라고 볼 수 밖에 없다.

그런데 공교롭게도 古文獻에서는 「辰國의 辰王」이라는 記錄을 볼 수가 없다. 그러니 "辰國時代의 辰王"은 考慮할 필요가 없는 것이다.

한편 中國의 正史에서는 "馬韓의 目支國"이 그 統治者라는 "辰王"과 더불어 突然 두드러지게 登場하는 것이다.

그러나 『魏志』의 辰韓 12國, 或은 『後漢書』의 三韓 78國을 領導하였다는 "目支國의 辰王"은 어디에서 由來하는 것인가?

또한 三韓 78國의 각 長帥中 「目支國의 臣智만이 世世相繼」[辰族-韓族] 全體의 象徵的 代表者에 대한 尊稱이던 〈辰王〉으로 呼稱된 까닭은 무엇이며, 그러한 權力은 어디에서 由來한 것일까?

이 理解하기 어려운 記錄을 解決할 길은 오직 이 難題를 提起한 『魏志』에서 찾아볼 수 밖에 없다.

魏는 A.D. 238年 遼東의 公孫氏 · 燕을 攻滅시킴으로서, 韓半島의 樂浪 ·

帶方兩郡까지도 掌握하게 되었는데, 『魏志』가 著述된 것은 A.D. 280年頃이니 이 무렵의 時代相 중에는 看過할 수 없는 重要問題가 바로 魏의 對 韓半島 統治策과의 聯關性이었을 것이기 때문이다.

燕이 統治하던 中國에 가까운 別途의 海軍이 占領한 漢武帝 以來의 中國 統治領域인 樂浪郡과 帶方郡은 이를 如前히 直轄하려니와 먼 邊境의 골치아픈 三韓地域의 群小諸國은 魏의 安全을 圖謀하여 이를 分裂 시킨 채, 間接的으로 支配하려는 以夷制夷政策이었으므로 現地에서 有力國을 選任할 必要가 있었을 것이다.

이 때,

(a) 韓半島의 中南部에서 漢郡 以前부터 先進文明國이던 眞番國, 漢의 直轄 26年間 그 文化와 政治制度를 收容한 治邑이던 藩國, 그 後身이면서 如前히 中國文化의 吸收 門戶이던 目支國.

(b) 船便에 의한 交通便宜 또한 가장 有利한 牙山灣 · 揷橋川 流域.

(c) 漢武帝 以來 직접 緣故關係가 맺어진 眞番의 目支國은 이 地域의 最先進國이다.

그러니 그 位置와 그 文化와 傳統을 繼承하고 있는 〈目支國의 臣智〉는 이미 三韓諸國의 求心的 役割을 擔當하고 있었으니, 魏가 그 代理役을 選任함에 있어 目支國을 指目하게 되었음은 必然的이다.

이리하여 目支國의 臣智에게 各別한 벼슬-官號와 特別한 權益을 提授하고는 그로 하여금 三韓諸國에 대한 統制와 朝貢을 管掌하는 權限 등을 一括代行處理토록 한 것으로 推測된다.

이것이 『魏志』와 『後漢書』의 東夷 · 韓傳에 記述된 "目支國의 辰王"인 것이다.

『魏志』의 東夷傳에 의하면 目支國의 臣智는 그 號를 「우호신운유지보안사축지분신리아불예구사진지렴(優呼臣雲遣支報安邪踧支濆臣離兒不例拘邪秦支廉)」이라 하였고, 그에 속하는 官으로는 「率善邑君 · 歸義侯 · 中郎將 · 都尉 · 伯長」 등이 있었다.

目支國의 臣智 "辰王"이 使用한 여러나라 이름이 곁드려진 이들 官號가 實質的으로 어떠한 權限을 갖는 것인지는 알 길이 없다.

또한 위 官制로 미루어 옛 漢 眞番郡의 治所이던 이곳 目支國에는 漢郡置以來의 行政體制가 남아 있었을는지 모른다.

또는 目支國 辰王率下의 諸 臣智들은 魏의 懷柔策에 따른 上記 官號를 받고 있었는지도 모른다.

或은 위 官稱을 가진 官吏들이 있어 魏를 위한 業務를 遂行하고 있었는지도 모른다.

千寬宇氏는 東夷傳의 三韓 78國名의 記載順序는 地域別 集團으로 되어 있어, 이는 朝貢記錄을 活用한 것으로 보았다.

目支國의 臣智가 韓半島에 대한 絶對支配權을 掌握한 魏의 委囑으로, 三韓諸國에 대하여 內政까지는 關與하지 아니하였다 할지라도 外交面에서는 三韓全域을 代表하고 統御할 수 있게 되니, 諸國으로부터는 [辰族-韓族]의 象徵的 代表者에 대한 傳統的 尊稱이던『임금님』이라 呼稱되었을 것이다.

魏 亦是 이를 善用할 必要가 切實하였을 것이니 積極 그 權威를 庇護하였을 것임은 外夷統治策略의 一還으로 당연한 것인즉, 或時 短期間이지만 魏의 "封王"이 있었던 것인지도 모를 일이다. 그렇지 아니 하였다 할지라도 目支國의 臣智는 三韓 78個國의 長帥中 魏의 特別한 委囑을 받은 唯一한 存在일 뿐 아니라, 三韓諸國의 求心體였으니, [辰族-韓族] 중의 第 1人者 임이 分明하다.

이를 中國史家들이 漢字語彙로 記述하면서 그 民族名인 "辰"이라 적고 보면, 그 概念과 認識 또한 변하게 마련이다.

『魏志』와『後漢書』의 東夷傳에서「目支國의 臣智」를「目支國의 邑君」이라 記述되고 보면 後世에 와서 理解하기 어려운 "辰王"이 되고만 것은 아닐까.

目支國의 前身은『眞番의 藩國』이다.

春秋戰國時代이던 燕 時代에, 이미 中國의 交易對象이던 眞番諸國은 그 歷史地理的 位置와 그 先進文化와 中國大陸에 널리 알려진 經濟的 與件 때

문에 漢武帝의 海軍의 侵略을 받아, 眞番郡은 創置되었다.

그러나 眞番諸國의 原住韓族은 이를 26年만에 물리쳤다. (B.C. 82年)

A.D. 121年에 著述된 『說文』에서 許愼은 眞番郡 당시 그 治所로 占領當했다가 26年後 韓族의 自主國으로 되돌아간 나라를 "藩國"이라고 記述하고 있다.

筆者는 이 "藩國"의 主部를 現 禮山郡 揷橋邑 반챙이 平地土城部落인 水村里와 이와 隣接한 "안다락미와 밖다락미" 두 平地土城部落(揷橋邑 2里)이라고 推定하였다.

"藩國"은 이 受難으로 오히려 中國大陸의 先進文化와 進步된 漢의 行政體制와 航海術 등을 收容할 수가 있었다.

그러므로 "藩國"을 繼承한 "目支國"은 이 德分에 三韓諸國의 領導國으로 發展되어 가고 있었다.

다시 말하면 韓諸國은 3世紀 中葉에 접어들면서 韓族에 의한 統一國家로 發展될 機運에 놓여 있었다.

이러한 時期에 華北의 魏가 遼東의 公孫氏 燕을 攻滅하니(A.D. 238年), 韓半島의 政治情勢는 크게 바뀌고 말았다.

다행히 目支國은 燕을 代身하여 韓半島를 支配하게 된 魏에 拔擢되어, 必然的으로 三韓諸國을 代表하는 나라가 되니, 韓諸國은 「目支國의 辰王」을 中心으로 統一國家로 發展되는가 하였지만, 魏의 分割支配政策은 이를 容納하지 아니 하였다.

더욱이 帶方郡이 새 行政體制를 施行하려 하자 帶方郡域 以南인 漢江流域의 韓邦奚國 등 數十國이 團合되어 "奇離營"을 攻擊한 大叛亂이 있어 鎭壓次 出動한 帶方太守 弓遵은 戰死를 하였고, 이들 韓諸國 또한 樂浪太守에 의하여 討滅 당하고 말았다. (A.D. 246年)

그 以後로는 더 더욱 韓諸國의 團合을 强力 制壓하였으므로, 三韓諸國의 發展은 큰 制約을 받아 如前히 三韓 78國으로 分割된 채 「目支國의 辰王」의 管掌下에 머물 수 밖에 없었다.

이러한 情況속에서 魏는 高句麗와 百濟에 의하여 敗退하니(A.D. 313年), 從來 三韓諸國의 求心體 役割을 擔當하던 內浦地方의 "目支國의 辰王" 또한 이 後來族에게 밀려나고, 馬韓諸國은 이 夫餘族에 의하여 百濟로 統合되고 混住狀態이던 弁 · 辰諸國은 新羅를 形成하였다.

이리하여 3世紀 末 · 4世紀 初 무렵, 中南部地方에서 이루어 질 수 있었던 韓族에 의한 統一國家 成立은 挫折되고 말았다.

이에 衛氏朝鮮의 主部를 大同江流域에, 眞番-藩國과 이를 繼襲한 目支國의 位置를 揷橋川流域-內浦地方에 推定하고, 狹義의 辰國의 位置는 이를 錦江流域地方에 推定하고는, 이로써 眞番傍辰國을 爲始한 諸 古文獻의 記錄을 살필 때 辰國의 必須與件들과 어긋남이 없음은 [辰國-狹義]과 眞番의 地理上의 位置에서 오는 必然的인 結果인즉, 『魏志』와 『後漢書』의 「目支國의 辰王」에 관한 記述을 「錯誤-李丙燾博士」, 「전혀 不可能한 事態-미시나(三品彰英)博士」或은 「折衷될 수 없는 것-千寬宇氏」 등 見解는 이로써 解明이 되는 것이며, [眞番-藩國]의 位置가 上記 推定과 같이 內浦地方-揷橋川流域일 境遇, 『茂陵書』의 「眞番郡治 霅縣 去長安 7千6百4十里 15縣」이라는 記述을 「訛記」或은 「誤記[李丙燾博士와 미찌오(那珂通世)博士]」라 한 다던가 『茂陵書』를 「僞書」라고 申采浩 · 任承國先生이 말할 事由도 없다.

그러니 이로써 "眞番의 藩國"과 이를 繼承한 "目支國"의 位置는 "內浦地方의 揷橋川流域"이었다는 傍證이 된다 할 수 있는 것이다.

4章 諸學說에 대한 檢討

1. 歸結없는 眞番 硏究

上記에서 內浦地方의 實存資料를 바탕으로 〈眞番과 藩國〉, 그리고 〈馬韓 目支國〉의 位置問題를 考察하여 보았는데, 通說과는 크게 다르다.

이는 先學들이 千餘年間의 推論過程이 모두 局限된 文獻을 위주로 한 考證 臨에 反하여 筆者의 考察은 지금까지 學界의 關心밖에 있었던 두 곳의 平地土城과 이 地方에서 出土되는 靑銅器遺物과 地名, 즉 揷橋邑 水村里의 〈반챙이土城〉을 〈藩城〉으로, 揷橋邑 城里(宮마루部落)의 〈목시(moksi)土城〉을 〈目支城〉이라 前提하면서 이곳이 "眞番의 主部인 藩國"과 이를 繼承한 "馬韓의 目支國"에 해당하는가를 逆으로 推究하여 본 結果다.

내가 아는 바로는 이제까지의 眞番問題 硏究에 있어 實存의 遺物, 遺跡, 地名 등을 擧論한 예는 없었던 것 같다.

다만 千寬宇先生은 目支國問題를 論하면서, 高大 金貞培敎授도 全北 益山地方의 靑銅器類 出土狀況을 援容하여 [準王系의 辰國說]과 [馬韓目支國益山地方說]을 편 바 있지만, 아무도 揷橋川流域 出土의 靑銅器 遺物類와

支石墓와 立石, 土城 등을 授容하여 眞番問題를 다룬 일은 없었다.

過去 數百年間 內外 碩學들이 開陣한 眞番의 位置 推定은 어느하나 同一한 結論에 到達한 것이 없었는데, 筆者의 成果 또한 그것들과 比較하면 가히 異端的이라 할 만큼 差異가 있다.

本 論考도 大別하면 [在南方說]에 속하고, 小分하면 [內浦地方說-揷橋川流域說]이니, 지금까지 發表된 主要 南方說의 論旨와의 異同点을 簡略히 살펴보기로 한다

2. 錦江(熊川－熊津江)流域說

1) 淸末의 地理學者 楊守敬은 그의 文集『晦明軒稿』中의 「汪士鐸漢志釋地駁議」에서 「眞番의 雪縣은 알 수 없다」하였다.

이것이 「眞番在南方說」의 端初(실마리)가 된다.

2) 이와기찌(稻葉岩吉)博士는 楊守敬의 熊川流域說을 敷衍하면서 "錦江流域 沃土說"을 폈다.

3) 이마니시(今西龍)博士는 眞番의 疆域을 楊先生이나 이와기찌(稻葉)博士 보다도 더 南쪽으로 擴大 認識하고, "忠淸南 · 北道와 全羅北道說"을 펴면서 '眞番은 韓族의 나라이고, 雪縣은 錦江流域에 있었던 것 같다'하였다.

4) 李丙燾博士는 이들 〈錦江流域說〉에 대하여,

a) 眞番郡이 位置하던 [帶水-熊川]은 漢里로 450里가 못되는 짧은 江이어야 하니, 700里가 넘는 [錦江-熊津江]일 수 없고,

b) 〈茂陵書〉의 「去長安 7,640里」의 "7 字"는 "6 字"의 誤記, 즉 6,640里가 옳다고 主張하고는,

c) 眞番郡 15縣의 北部 7縣地方을 「黃海道 慈悲嶺 以南地方」에 考証하면서 「錦江流域說」을 否定하고는,

d) 獨自的인 南方說, 즉 「北界는 黃海道 慈悲嶺 以南의 黃海道 大部分

과 南界는 漢江以北의 京畿道 一部地方」이라는 說을 推定하였다.

李博士의 이 論文 發表가 있은 後로 우리 史學界에서는,

a) 千寬宇先生이 『韓國古代史의 爭點』에서,

b) 李基東教授가 『韓國史論』에서 論하였듯이 眞番 問題에 대한 格別한 學論이 없었다.

c) 沸流百濟를 다룬 金聖昊氏의 獨特한 論文에서도 眞番의 位置는 李丙燾博士의 學說인 載寧江流域으로 認定하였다.

그러나 日本學界에서는 여러 研究發表가 있었는데,

5) 미시나(三品彰英)博士는 『史實과 考証』에서 注目할 見解를 提示하였다. 이에 關하여는 「2章 3. 禮山郡과 洪城郡은 眞番國의 故地」에서 言及하였거니와 「6章 結語」에서 再論 하겠다.

6) 스에마스(末松保和)博士는 『茂陵書』中 問題의 句節인 "7,640里"를 徹底하게 取扱하면서, 眞番郡의 治所 〈霅縣〉을 「榮山江 河口地方」에 推定하였다. 이 見解에 대하여는 本章「7. 去長安 7640里」에서 言及하겠다.

7) 이게우찌(池內宏)博士는 眞番郡의 位置를 〈忠清南道와 全羅北道地方〉이라고 推定하면서, 그 中心地를 百濟復興軍이 活躍한 任存城地方, 즉 禮山 · 洪城 · 青陽地方에 注目하였다.

이러하듯 唐 以來의 眞番의 位置에 대한 異見은 아직도 繼續되고 있는 것이므로 이들을 다시 살펴보기로 한다.

3. 茂陵書는 僞書인가?

南方說과는 對照的으로 申采浩先生의 『茂陵書』의 僞書說을 앞세워 南方說 自體를 否定하는 主張이 있다.

民族史觀學者인 安東濬 · 林承國氏는 『韓國古代史管見, p.113』에서 『茂陵

書』의 著者라고 전하는 司馬相如는 漢四郡이 設置되기 10年前(B.C. 118年)에 死亡한 者이다. 相如가 그의 死後 10年만에 設置될 豫定인 漢四郡의 疆域 位置를 미리 말했다면 그는 豫言者일 것이요, 『茂陵書』는 默示錄이 되어야 할 것이다.

「丹齋先生의 말씀처럼 妖怪談이랄 수 밖에 없다.」「 ……(中略)…… "茂陵書에 의하면"하고 ……(中略)……, 이 注書를 金科玉條로 들고 나서는 現歷史書들이 많다.」면서, 『茂陵書』를 「幽靈書」라고 斷言하고, 이로써 "眞番郡在南方說"을 否定하는 論據로 하고 있다.

이 主張은 『茂陵書』의 著者가 司馬相如일 境遇에만 成立될 수 있는 것이다. 『茂陵書』는 西晋時代(A.D. 300年頃)에 이미 望秩된 것으로 알려져 왔다.

그러나 다행히도 "臣讚"이 『漢書』에 註를 쓰면서, 『漢祿秩令』과 『茂陵書』를 引用하였고, 淸의 洪頤煊은 史記 · 漢書 · 水經注 · 通典 등의 註에서 〈茂陵書의 逸文 18條〉를 採集하여 이를 〈經典集體〉에 收錄하였는데, 그 『茂陵書』 중의 漢四郡 關係 逸文인 "臨屯郡治 東暆縣 去長安 六千 一百 三十八里 15縣. 眞番郡治 霅縣 去長安 七千 六百 四十里 15縣"의 40字는 古今 · 內外를 莫論하고, 漢四郡을 研究한 學者라면 누구나 擧論한 句節이다.

〈茂陵〉이란 漢武帝의 陵號이므로 古今의 여러 學者들은 『茂陵書』 중의 眞番과 臨屯郡에 관한 이 40字를 武帝의 陵記의 한 句節로 대하여 왔고, 眞番과 臨屯에 관한 史料가 워낙 稀少한지라 所重히 여겨오는 史料다.

B.C. 108年에서 107年 사이. 漢武帝(B.C. 147~87年)의 侵略으로 漢四郡은 設置되었다.

그 중 樂浪郡과 그 後의 帶方郡은 A.D. 313年 高句麗와 百濟에 敗退 當할 때까지 420餘年間 中國勢의 植民地로 存續하였음에 反하여, 眞番郡은 原住韓族의 거센 抵抗에 견디지 못하고 26年만에 撤軍하였는데, 그 眞番郡 15縣中 北部 7縣은 樂浪郡의 南部都尉의 管轄로 옮겨졌다가(B.C. 83年) 약 300年後 燕의 公孫康 때(A.D. 205年) 帶方郡으로 分立되었으므로 그 縣名이나마 알려져 있지만, 原住韓族의 自主國-藩國으로 돌아간 남부 8縣地方은 縣

名조차 알 길이 없는데 오직 그 郡治 所在地가 『雪縣』이었음을 알게 됨도 이 "40字(臨屯郡治 東暆縣 去長安 六千 一百 三十八里 十五縣, 眞番郡治 雪縣 去長安 七千 六百 四十里 十五縣)" 德分이다.

本章은 위에서 雪縣의 位置가 揷橋川流域地方(內浦地方)일 수 있음을 檢討하였으므로 그 成果를 "前漢의 首都 長安으로부터 眞番郡의 治所이던 雪縣까지의 距離가 7,640里"였다는 茂陵書의 記錄과 對比하여 보려는 것이다.

그러므로 『茂陵書』가 申采浩先生 등의 主張대로 僞書라고 한다면, 여기 披瀝하려는 論旨도 〈在南方說〉의 範疇이므로, 必然的으로 是正되어야 하거나, 아예 論及할 必要도 없다는 것인즉, 筆者로서는 그 眞僞 與否를 나름대로 딛고 넘어가야 할 立場이다. 그러나 이러한 判斷의 必要는 于先 茂陵書의 著者가 司馬相如였다는 確定이 있어야 할 것이다. 그런데 安東濬氏 등은 前記한바 "司馬相如가 記述했다는 『茂陵書』, 或은 『茂陵書』의 著者라고 전하는 司馬相如 등으로 表現되어 있을 뿐이다". 이토록 不確定的인 對象이므로 새삼 考察을 할 必要를 느끼지는 않는다. 그러나 結論的으로 "茂陵書는 幽靈書라 斷言하였고", 이로써 〈在南方說〉을 否定하는 決定的인 論據로 내세우고 있는 것이다.

古今의 여러 研究中에는 "臣讚"에 대한 論及은 많았다. 그러나 源泉的으로 「그 著者는 陵記가 아니다」라고 主張된 일은 없었다. 惟獨 申采浩先生만이 「그 著者가 司馬相如니 茂陵書는 僞書」라는 主張이다.

〈茂陵〉은 本始 漢武帝의 壽陵이었다.

壽陵이라 함은 古代의 帝王들이 東洋에서 뿐 아니라, 이집트의 피라밋의 例로도, 死後 저승에서의 永生들을 準備하느라, 生前에 스스로의 陵墓를 造營하여 둠을 말한다.

漢武帝는 17歲에 卽位하자, 다음해에 벌써 그의 어머니의 故鄕인 黃土물 悠悠히 흐르는 "渭水"의 北岸, 首都 [長安-現 西岸]의 西北쪽 40km에 位置하는 地方에다 壽陵을 擇하고, 〈鄕〉을 〈縣〉으로 昇格시키면서 〈茂陵縣〉이라 하고, 國庫를 기울여 새 壽陵을 造營하기 始作하였고, 54年間 在位한 그는

壽陵 造營을 企圖한지 52年後 自身이 命名한 그 〈茂陵〉에 묻힌 것이다.

茂陵을 中心으로 "園邑"이 造成되었는데, 이 陵 護衛를 兼한 企劃都市에는 天下의 富豪들과 特殊層의 人士들을 數百戶 政策的으로 移住시켰다.

이것이 前漢의 末年 茂陵縣은 61,877戶, 人口 277,277名의 大都市로 發展되었다.

司馬相如가 茂陵地方에서 살았다 함은 史料의 記錄이니 事實이다.

그러나 册 題目이 『茂陵書』라 하여 茂陵地方에서 生活한 적이 있는 司馬相如의 製作이라고 推定할 수 있는 것일까?

申采浩先生의 뜻대로라면 司馬相如는 茂陵地方을 象徵하는 人物이므로 茂陵人으로서, 或은 陵記의 著者로서 皇帝보다도 31年前에 死亡한 司馬相如를 내세워 이로써 〈眞番 在南方說〉을 否定하는 錯覺을 한 것 같다.

代代로 史官職을 繼承하여 온 家門出身인 司馬遷(B.C. 140~86年)은 38歲에 太史令이 된 後 亡父의 遺志를 받들어 약 16年에 걸려 〈史記 130卷〉의 大著述을 남긴 中國史家의 鼻祖인데, 6歲때 亦是 太史公이던 父親인 司馬談이 茂陵의 護衛都市인 "園邑"으로 移徙를 하였으므로 13年間을 茂陵에서 生活한 적이 있다.

太史令이던 그는 49歲때 漢帝國을 위하여 自進하여 匈奴征伐에 出征한 李陵將軍이 敗戰을 겪게 되면서, 억울한 立場에 몰리게 됨을 보고 의로운 進言을 하려다 [皇帝-武帝]의 誤解를 사, 宮形을 받아 不具의 몸이 되었지만, 곧 皇帝의 노여움이 풀려, 宦官으로서 〈中書謁者令〉이 되어 內宮에서 皇帝를 輔弼하는 最高級 官吏로 있었다.

武帝가 死亡하였을 때(B.C. 87年) 史官이자 〈中書令〉이던 司馬遷은 59歲였고 皇帝보다 10년 후에 死亡한 것으로 알려져 있다. 과연 漢武帝의 陵記인 『茂陵書』를 누가 썼을까?

『茂陵書』의 著者가 누구이던, 古今의 大多數 學者들은 이 眞番郡에 관한 19字 引用文을 陵記의 한 句節로 認識하고 있는 것이다.

그러니 『茂陵書』란 茂陵地方에서 살은 적이 있는 司馬相如로 緣由한 册

題目이 아니고, 分明 〈茂陵〉과 그 當事者인 〈漢武帝〉에 관한 記錄일진대, 司馬相如의 死亡年代(B.C. 118年)와 『茂陵書』와는 聯關이 있을 수 없다.

이에 筆者는 [眞番郡의 治邑 霅縣의 存在와 前漢의 首都 長安으로부터 霅縣까지의 距離는 7,640里에 달한다]는 『茂陵書』의 19字도 引用하면서 이 考察을 繼續하려 한다.

4. 忠淸南道의 沃土地帶는 두 곳
-이와기찌(稻葉岩吉)博士의 [忠淸道 沃土說]에 대하여-

楊守敬先生의 〈錦江流域說〉을 敷衍한 이와기찌(稻葉岩吉)博士는 "忠淸道가 이 [舊國-眞番國]의 主部"라고 比定하였다.

그는 여러 論據를 들어 北方說의 不合理함을 指摘하는 한편 忠淸道를 指示하는 所以(理由)를 "朝鮮半島에 있어서의 沃土는 平安道의 大同江流域, 京畿道인 漢江流域과 忠淸道인 錦江流域 및 全羅道인 洛東江流域을 들 수 있는데, [前二者-大同江 · 漢江]는 衛氏朝鮮에 割取 당하고, 最後의 流域 〈洛東江〉은 三韓에 占據 당하였음이 明白한 以上 眞番은 自動的으로 이것이 錦江流域에 比定되는 것이며, 三國 魏時代에 展開한 馬韓은 틀림없이 眞番國의 故地를 領有한 것이리라. 〈馬韓〉 그것을 가리켜 前漢의 初期부터 忠淸道에 依據하고 있었다는 觀測은 確證이 없다."하였다.

古代文明이 江河를 접하고 沃土地帶에서 發展하였음은 必然的이다. 果然 그렇다면 忠淸南道의 沃土地帶는 錦江流域뿐이며, 忠淸道의 河川은 錦江뿐인가?

前述한 바 車嶺山脈은 忠南을 兩分한다. 車嶺山脈의 東南쪽으로 흐르는 [錦江-熊津江-熊川]은 忠南地方 沃土의 2分之 1을 차지할 뿐 나머지 折半은 分水嶺의 西北쪽인 內浦地方, 즉 牙山灣과 揷橋川 周邊에 位置한다.

이와기찌(稻葉岩吉)博士는 車嶺山脈이 미치는 歷史地理的 影響에 대한

認識이 不足하였던 것 같다. 게다가 「全羅道인 洛東江」이라고 하리만큼 論法 또한 無理하였다.

이리하여 清末의 地理學者 楊守敬先生이 熊川-錦江流域에서 霅縣과 合資縣 등을 찾으려 努力하였듯이, 그 亦是 忠淸南道의 折半만을 차지할 뿐인 錦江流域에다 [眞番國]을 比定한 것이다.

楊守敬의 發想을 敷衍시킨 그가 論理的으로 〈眞番 在北方說〉을 排除하고, 忠淸道의 沃土地帶라는 좁은 範圍까지 몰고 오면서도 揷橋川流域에 留意하지 못하였음은 아쉬운 일이다.

5. 霅縣은 깊고 짧은 河川邊

-楊守敬의 〈熊津江說〉과 李丙燾博士의 反論에 대하여-

楊守敬과 그 學說을 敷衍한 이와기찌(稻葉岩吉)·이마니시(今西龍)博士 등은 眞番國을 〈忠淸道 錦江流域〉에 推定하였다.

이에 대하여 李丙燾博士는 "『漢書地理志』의 記述法으로 미루어, 霅縣이 位置하던 〈帶水〉는 漢里 450里가 못되는 짧은 江이어야 한다. 그런데 錦江은 700里가 넘는 長江이니, 霅縣을 이 長江(錦江)邊에 位置시킬 수 없다고 主張함으로서 〈錦江流域說〉을 否認하고, 獨自的인 南方說인 〈黃海道 慈悲嶺 以南·漢江以北說〉을 펴면서 載寧江이야 말로 200里가 못되는 짧은 江이자, 이에 해당한다."고 하였다.

李博士의 이 〈짧은 江邊〉이어야 한다는 主張은 그가 〈眞番 在 錦江流域說〉을 否定하는 몇가지 論據 중 특히 强調한 점이었다.

楊守敬은 『一統志』에서 "帶水는 熊津江"이라 하였다."하여, 錦江流域에 眞番郡과 霅縣을 推定하였다.

그러나 〈帶水〉라는 地名만큼 流動的이고, 相對的이고, 애매한 固有名詞는 드문 것이 아닐까?

"一依帶水"라는 氣分的인 말 때문이다.

韓國史에 나타나는 〈帶水〉는 固有河川名이라고 볼 수 없으리 만큼 時代에 따라 多樣하다.

漢과 樂浪과의 關係에서 大同江을 〈帶水〉라고 할 수 있었을 것이다.

帶方郡時代에는 漢江을 〈帶水〉라 할 수 있었을 것이고, 唐의 前期에는 牙山灣, 그리고 百濟都邑이 扶餘이던 무렵에는 錦江=熊津江=熊川을 〈帶水〉라고도 할 수 있었을 것이다.

"熊川" 또한 그렇다.

〈고마족(熊族)-韓族〉과 緣故가 깊은 南韓地方에는 到處에 〈熊川〉이 있다.

그렇지만 忠南에서는 〈熊川〉하면 누구나 〈公州의 곰나루-고마나루〉에 얽힌 傳說 때문에 〈熊津江=錦江〉을 생각하게 된다.

그런데 李丙燾博士와 大原利武氏는 安城川邊에 있는 "고무다리"라는 地名을 〈熊橋〉로 보고, 〈곰개-熊川〉이라 하고, 이 〈熊川〉이 辰國과 辰韓을 境界하던 河川이라고 推定한 바있다.

한편 李丙燾博士는 [錦江, 熊川]을 論하면서 洪城의 金馬川(揷橋川) 또한 "곰개 · 熊川"이라 하였다. 地方老人들이 이곳을 〈곰개〉라고 부른다는 것이다.

地名으로서 〈곰개〉=熊川 → 金馬川이라는 變遷은 당연한 것이다.

그렇다면 揷橋川流域의 地名으로서 "熊"이란 地名의 基因이 된 場所는 어디인가?

(1) 于先 洪城邑 〈古毛里〉, 즉 〈고모랭이(古牟婁)土城〉을 들 수 있다. 즉 "고모 → 고ㅁ → 곰(熊)".

이곳은 옛 〈立石(menhir, 現在는 附近에 人家가 없음)〉 酒幕 附近으로서 〈오목내〉를 中心으로 洪城邑 九龍山의 〈고무랭이 二重土城-古牟婁城〉, 金馬面 長城里 萬頃山 〈唐골의 테뫼城〉 등이 隣接에 集中되어 있을 뿐 아니라, 〈반챙이城〉을 中心으로 하는 〈五城이벌〉과도 連結되는 곳이다.

(2) 揷橋川 周邊을 〈金馬〉 或은 〈金馬川〉이라고 指名하게 된 基因을 넓

게 가려보면,

(a) 禮山의 〈金烏山-金烏〉과 그 北麓이자 無限山城 附近인 〈거무실〉 이 마을에서 日帝때로부터 6 · 25때에 걸쳐 〈古代古墳-石棺墓〉 10餘基를 發掘한 일이 있었는데, 鐵劍과 土器 등이 出土되었다. 물론 期待하였던 靑瓷(高麗瓷器)가 아니었기에 호리꾼들은 이를 모두 버렸다.

勃然里(발연리)에도 큰 "말무덤"이 있다.

(b) 古德과 合德地方인 挿橋川邊 平野를 〈거문(검은)들〉

(c) 合德 玉琴里 〈거문(검은)들〉

(d) 唐津郡 順城面 鳳巢里의 〈거문(검은)들〉

(e) 德山 伽倻山을 〈거문(검은)산〉

(f) 古德地方의 古地名이 百濟때 今勿縣-〈今勿〉, 唐이 占領하였을 때 己汶縣-〈己汶〉, 新羅가 차지하자 今武縣-〈今武〉, 古德初等學校 뒷산이 今後山-〈今後〉, 이곳에 都邑한 것이 (馬韓의-〈監奚〉. 이것들은 모두 "곰-熊-金馬"와 音通한다.

(g) 現在 〈挿橋-忠義大橋〉의 北쪽인 下流를 〈挿橋川〉, 以南인 上流를 〈金馬川〉이라 하지만, 古山子 金正浩는 東國輿地圖에서 그 上流를 〈金馬川〉, 下流쪽을 〈沙邑川〉이라 하였고, 旧 德山邑誌에서는 이를 모두 〈沙邑川〉이라 하였다.

그러니 〈沙邑川〉 또한 金馬川=熊川임이 分明하다.

이에 筆者는 淸國末期의 地理學者 楊守敬이 〈帶水=熊川=熊津江=錦江〉으로 認識하고, 錦江邊에서 찾으려던 〈眞番郡과 그 治邑 霅縣〉을 다른 또 하나의 〈熊川〉, 즉 〈金馬川=熊川=沙邑川=挿橋川〉 流域에서 찾아보려는 것이 본장에서 意圖하는 바다.

筆者로서는 [霅 → 挿]의 變遷을 두가지 立場에서 살필 수 있다고 본다.

그 하나는 [霅 → 雷 → 臿 → 插 → 挿]으로 推測하는 境遇인데, 이에 關하여는 「5章 3. "挿" 字의 基因은 "霅"」에서 詳論하겠다.

또 하나는 [沙邑]을 沙-새-新, 즉 "新邑"으로 볼 수 있고, 眞番 · 藩國을

繼襲한 馬韓 · 目支國의 新 都城 〈moksi城-目支城〉을 〈沙邑〉으로 推測하는 境遇다. 이에 대해서는 「3章 2. moksi土城-目支國」에서 論하였다.

2,100年前(B.C 108年) 衛氏朝鮮의 [王儉城-平壤城]을 陷落시킨 漢의 陸 · 海軍.

그 7,000 水軍 中의 一部 兵力이 이미 中國大陸에 널리 알려져 있던 眞番諸國을 향하여 大同江口로부터 帆船으로 3~4日 距離에 不過한 牙山灣으로 들어와 內浦地方의 眞番諸國을 征服하였다고 볼 때, 그 治所의 位置는 于先 船航의 便宜가 좋은 깊은 河川 沿岸이어야 한다.

게다가 霅縣에 머물면서 眞番郡을 統治하던 漢의 官吏와 軍人이, 漢의 本國이나, 樂浪郡과 交通을 함에는 船便을 利用함이 가장 便利하였을 것 이므로, 眞番郡의 治所 霅縣은 外航의 便宜가 좋고, 水深이 깊은 沿岸이어야 한다. 이점 〈藩城〉의 外港이자 目支城의 船着場이 되는 現 揷橋邑 下浦里와 그 對岸인 古德面 九萬里의 景況을 「3章 2. moksi土城-目支國」에서 詳述한 바 있다.

이러한 觀點에서 楊守敬과 이와기찌(稻葉) · 이마니시(今西龍)博士는 〈帶水=熊川=熊津江=錦江沿岸〉에 霅縣을 指目하였지만, 그 누구도 當處(金馬川=熊川=沙邑川=揷橋川)는 끝내 指摘하지는 못하였다.

그러나 本 論考에서 眞番諸國 중의 代表國이자 그 後身인 "藩國"과 그 後 1~2百年 사이에, 이를 繼承한 "目支國"의 主部였다고 提示하는 揷橋川은 60km 남짓한 짧은 江이지만, 西海岸의 심한 干滿差關係도 있어 前述한 바 짧고, 깊고, 外航의 便宜도 좋고, 忠南 沃土地帶의 折半을 차지하며, 中國大陸의 中心部와도 最短距離에 位置하니, 一依帶水的으로 連繫될 뿐더러, 이 河川의 上 · 下流 沿岸地方은 石器時代 遺物과 靑銅器時代 遺物이 자주 出土되는 近距離에 30餘個所의 土城과 다수의 支石墓가 있는 곳이니, 楊守敬과 이와기찌(稻葉岩吉) · 이마니시(今西龍)博士 뿐 아니라, 李丙燾博士의 主張까지도 充足시켜 주는 河川이라 할 수 있을 것이다.

그러므로 이로써 熊川=金馬川=沙邑川=揷橋川의 流域인 內浦地方을 "眞

番의 藩國과 漢의 雪縣과 馬韓 · 目支國의 故地"라고 推定하는 論據로 提示하는 바다.

6. 藩國의 海産物
–이마니시(今西龍)博士의 廣域 錦江流域說에 대하여–

漢眞番郡이 創置 30年을 넘기지 못하고 撤收하던 때, 原住韓族의 自治國으로 되돌아간 南部 8縣을 中國의 古代文獻인 『說文』에서 "藩國"이라 하였다.

『說文』에서 "鱸魚也出樂浪藩國(노어야출낙랑번국)"이라한 "藩國"이 이것인데, 淸의 段玉裁는 注曰 "樂浪藩國眞番番音藩"이라 하였다.

藩國은 許愼의 『說文』에서 擧論한 100種의 魚類 中 鱸魚(노어)-농어, 鯜魚(접어)-가재미 · 廣魚 · 洪魚, 鯆魚(숙어)-麻魚(삼치), 鰯-青魚, 鯊(사)-상어 · 모래무지, 鱳魚(역(력)어)-범치 등 6種의 名産地라 하였다.

眞番諸國의 中心體인 藩國의 位置가 筆者의 抽象대로 忠南의 西北部地方-牙山灣의 上流인 插橋川流域이라면 眞番郡 15縣 中의 南部 8縣의 領域에 해당하는 旧 眞番國이니, 그 海岸線은 牙山灣에서 唐津 · 瑞山 · 泰安을 거쳐 淺水灣인 洪城 · 保寧에 이른다.

그러니 이곳이 上記 6種 魚類의 名産地이어야만 한다.

『東國輿地勝覽』에 의하여 所出의 名産魚物을 살펴보면 다음과 같다.

內浦地方의 産出 名産魚物 圖表

郡縣名	어류(魚類)					
	농어(鱸)	가재미(鯜)	삼치(鯆, 숙)	청어(鰯)	모래무지(鯊)	범치(鱳)
唐津縣	○	○				
瑞山郡	○		○	○	○	
泰安郡	○		○	○	○	

郡縣名	어류(魚類)					
	농어(鱸)	가재미(鰈)	삼치(鯀, 숙)	청어(�)	모래무지(鯊)	범치(鱳)
洪州牧	○	○	○	○	○	
結城縣	○		○	○	○	
保寧縣	○	○	○	○	○	

이중 鱳魚(역(력)어-범치)의 産出記錄이 없음은 "범치"의 지느러미에 손이 다면, 淡水魚인 "쏘가리" 마냥 살이 찢겨져서 出血이 심하므로 漁夫들은 "財數없는 고기"라 하여 그물에서 떼는 즉시 바다에 버리기 때문에 옛날에 韓國에서는 먹을 機會가 없었다. 近年에서야 瑞山 · 大川 · 洪城市場 등에서 흔히 볼 수 있다.

이로써도 揷橋川流域이 藩國의 故地와 符合됨을 알 수 있다.

이마니시(今西龍)博士는 藩國이 上記 6種 魚類의 名産地이어야 함에 깊은 關心을 갖고 論及하면서도, 具體的으로 이를 論證하지 못한 것은 眞番國의 主部를 淸의 楊守敬이나, 이와기찌(稻葉岩吉)博士와 마찬가지로 忠南의 分水嶺인 車嶺山脈 東쪽의 內陸地方(錦江流域)에 推定하였기 때문이다.

忠淸南道도 넓다. 이마니시(今西龍)博士가 眞番의 疆域을 楊守敬先生이나, 이와기찌(稻葉岩吉)博士 보다도 더 넓게 南方인 全北地方에까지 擴大推定한 것은 形勢論的으로는 타당한 推測이었다고 생각된다.

그는 "眞番國은 韓族의 나라"라는 見解였고, 게다가 錦江의 歷史地理的性格은《南限熊川》일 수 없기 때문이다.

熊津江은 燕岐郡 大平里에서 公州땅으로 流入되면서 不出世인 天下絶景《蒼壁》에 이른다.

이곳의 對岸들이 孫寶基博士의 "石壯里" 發掘遺跡이다.

百濟古都 公山城의 北쪽 絶壁을 스친 다음, 그 下流 2km도 못되는 燕尾山에 부딪치면서 南쪽 方向으로 90度 角으로 急旋回를 한다.

"公州 · 고마나루(곰나루)-熊津"이 바로 이곳이다.

여기서 멀지않은 公州의 西쪽 對岸, 靑陽 · 扶餘에 이르면 그 左右岸, 東

西岸은 部族이나, "國家"의 境界일 수 없는 地勢를 이룬다.

더구나 白馬江을 지나 江景으로부터 群山에 이르는 南 · 北岸은 異質的일 수 없는 地理的 與件이고, 後日의 百濟文化圈의 中心部 또한 金馬 · 益山까지 넓혀져 있을 뿐 아니라, 古代遺物 또한 特殊한 樣相을 보인다.

게다가 船航의 便宜與否, 6種의 魚類가 出産되는 沿岸의 推定에까지 有意하다 보면, 必然的으로 眞番을 錦江下流와 全北地方의 海岸에까지 擴大 · 推定하기에 이른 것이리라.

이렇게 되고 보면 大勢的으로 全北地方에 까지 擴張된 이마니시(今西龍) 博士의 位置推定의 不合理性이 露呈된다.

더구나 三人學者는 모두 具體的으로 郡治 霅縣의 當處를 錦江流域에서 考證하지 못한 弱點을 지녔다.

이리하여 李丙燾博士는 韓久庵을 包含한 楊守敬, 今西龍(이마니시), 稻葉岩吉(이와기지)學者가 北方說을 擊破한 論理의 바탕 위에 서서 獨自的으로 《慈悲嶺以南 漢江以北》 地方에서 眞番을 追求하기에 이르른 것이 아닌가 한다. 李博士도 이 6種의 魚類를 論及하였다.

7. 去長安 7,640里

"臨屯郡治 東暆縣 去長安 六千一百三十八里 十五縣, 眞番郡治 霅縣 去長安 七千六百四十里 十五縣."

『茂陵書』의 逸文인 이 簡斷한 40字의 記錄 中「前漢의 首都 長安으로부터, 眞番郡의 治所 霅縣까지의 距離는 7,640里」라고 한 "眞番에 관한 19字" 만큼 史學者間의 見解가 엇갈린 句節도 드물 것이다.

이 距離 問題를 다룬 見解 가운데 特徵있는 몇 가지를 살펴보면,

1) 眞番 在北方說로는

a) 金崙은 "臨屯을 江陵地方으로 보고, 眞番은 이보다도 1,500餘里가

먼 곳이기 때문에 우리나라 안에 있을 수 없으므로 滿洲의 寧古塔 近處(哈爾濱地方)가 아닐까?" 하였다.

b) 南九萬은 "雪縣은 東暆縣에 비하면 더 멀기가 1,500餘里다. 東暆는 今日의 江陵이니, 이로 미루어 볼 때 眞番은 遼東에서도 東北쪽으로 먼 곳에 있었던 것 같다. 우리나라 안에 있었던 것이 아니다."하였다.

c) 申采浩先生과 그 主張을 繼承한 安東濬氏 등은 아예 "茂陵書는 僞書"라 하였다. 이에 관하여는「4章 3. 戊陵書는 僞書인가?」에서 詳述한 바 있다.

d) 日本의 나까미찌오(那珂通世)博士는 眞番郡을 鴨綠江의 上流 滿洲 땅인 佟佳江流域에 位置시키면서 "7,640里는 너무 멀다.「7」字는「5」字의 誤記 일 것이다."하면서 原典보다 2,000里를 줄여, 5,640里로서 自己 論述의 合理化를 企圖하였다.

e) 日本에 있어서의 北方說學者의 代表格인 히라도리(白鳥庫吉)博士도 〈長安과 雪縣間의 距離問題〉에 있어서는 나미찌오(那珂通世)博士의 見解를 따르고 있다.

그러나 이마니시(今西龍)博士에 의하면, 나까미찌오(那珂通世)博士의 北方說은 韓國의『東國文獻備考』를 根據한 것이라 한다.

2) 〈南方說〉의 主流는 錦江-熊津江流域說로서,

a) 淸末의 地理學者 楊守敬先生이『晦明軒稿』의「汪士鐸漢志釋地駁議」中에서 이를 처음 主張하였다.

b) 이와기찌(稻葉岩吉)博士의 〈眞番郡의 位置(歷史地理 第24卷 第6號 大正 3年 12月)〉에서 楊先生의 說을 敷衍하며, 眞番郡의 位置를 "忠淸道 錦江流域의 沃土地帶"라 하면서, 나까미찌오(那珂通世)博士의 說에 대하여는『後漢書』郡國志에서 朝鮮(平壤)까지를「去洛陽 5千里」라 하였으니, 長安을 基點으로 한다면 5,950里는 될 것이다. 나까미찌오(那珂通世)博士가 眞番을 鴨綠江流域에 比定하자니 이러한 杞憂가 생기는 것이지 萬若 더 南쪽에 둔다면 何等 심히 멀다고 疑心할 것이 없을 것이다. "吾人은 漢代에 있어 半島

로 통하는 道程의 情細를 아는 바 없다. 그러나 『茂陵書』에 따르면, 眞番은 臨屯보다도, 朝鮮보다도, 훨씬 南쪽에 있었음을 알 수 있다."하였다.

c) 이마니시(今西龍)博士는 『眞番郡 考(史林 第1卷 第1號 大正 5年 1月)』에서 "茂陵書는 -(中略)- 가장 貴重히 할 것으로서, 臨屯郡이 東暆에 治하였음도 이 斷片에 의하여 비로서 알 수 있게 된 것이며, 따라서 臨屯의 位置를 確定 지을 수 있는 것이다.

이 册에 의하면 臨屯郡治 東暆縣은 長安에서부터 6,138里 距離이고, 眞番郡治인 霅縣은 7,640里 距離이다."

眞番郡 治所는 臨屯郡 治所보다 멀기가 實로 1,500里다. 東暆는 今日의 咸鏡道 安邊 附近보다 北쪽일 수는 없다.

長安으로부터 二郡(眞番郡과 臨屯郡)餘의 通路는 遼東을 經由한 것인즉, 霅縣은 安邊 附近보다도 遼東에 가까운 冬佳江流域에 位置시킬 수는 없는 일이다.

그러므로 霅縣은 平壤에서 安邊에 이르는 것 보다도 더 먼 平壤의 南쪽에 있었던 것이다. 하였다.

d) 그러나 李丙燾博士는 같은 南方說 이면서도, 『茂陵書』의 記事와 같은 斷簡한 것이 전하는 里數에 拘泥되어서는 안된다.《"眞番郡治霅縣去長安 7,640里 15縣" 云云의 里數는 前言한 바와 같이 實은 생각해 볼 距離로서 그대로 信用을 했다가는 上述의 根本材料의 記事 모든 것을 否定하지 않으면 안되는 꼴이 되니, 이 里數는 轉寫의 誤거나, 무엇인가 잘못이 있는 것이라 봄이 옳다.

先進學者中에는 「7千」을 5千의 誤寫가 아니겠느냐? 라는 說을 편 사람도 있었지만, 余는 「7千」은 6千의 訛가 아닐까 생각한다.

그러한 斷簡零墨에는 잘못이 있기 쉽다. 요컨대 이러한 不安心한 零細한 숫자를 唯一한 根據로 삼아서는 안된다.

『茂陵書』의 所謂 「眞番郡治 霅縣 去長安 七千六百四十里 十五縣」의 里數는 旣述한 바와 같이 6千 云云의 誤記가 아닐까?》 하였다.

그분은 이러한 觀念的인 論理를 展開함으로써 「去長安 7,640里」를 重要論據로 삼거나, 或은 이를 是認함으로서 《眞番은 忠淸道의 錦江流域說》을 편 楊守敬 · 이와기찌(稻葉岩吉) · 이마니시(今西龍) 세분 學者의 主張을 極口 否定함과 同視에, 長安과 霅縣間의 距離를 1,000里 訂字短縮 시킴으로서 《黃海道 慈悲嶺 以南 - 漢江以北說》을 推定하였다.

e) 이게우찌(池內宏)博士는 『史學雜誌(第57篇. 第205號 昭和 23年 3月)』에서, 眞番郡의 疆域을 「忠淸南道와 全羅北道地方」이라고 推定하면서, 治所 霅縣의 位置는 이마니시(今西龍)博士의 見解와 마찬가지로 「아마도 錦江流域에 있었던 것 일거라고 想像한다.」하였다. 그러나 그 考據는 提示함이 없다.

또 그는 臣讚이 『茂陵書』에서 引用한 "去長安 7,640里"가 眞番의 位置를 가리는데 支援이 됨을 말하면서도 이를 推求하지는 아니하였다.

이 學說은 이마니시(今西龍)教授의 主張과 恰似하지만, 忠淸道 中에서 忠淸北道 地方을 除外 縮小하는 見解인데, 特記될 일은 그 主部로 後日 鬼室福信 등 百濟復興軍이 活躍한 地方을 注目한 점이다.

百濟敗亡 當時 그 復興軍의 抗戰地는 넓게는 忠南地方과 全北地方이다. 그러나 最終抗戰地는 [任存城-鳳首山]을 中心으로 하는 地方이었으니 現禮山 · 洪城 · 靑陽地方이 이에 해당한다.

그러므로 이 地域을 眞番의 主部라고 推定한다면 이게우찌(池內)博士의 見解와 筆者의 推定은 一部分은 合致한다.

그러나 眞番의 疆域을 忠淸南道와 全羅北道의 全域으로 認識하는 이게우찌(池內宏)博士의 見解와 忠淸南道 중의 약 2分의 1 面積에 해당하는 內浦地方에 眞番郡의 南部 8縣만을 配置하는 筆者의 見解사이에는 큰 差異가 있다.

그러므로 筆者는 이게우찌(池內宏)博士와 이마니시(今西龍)博士가 眞番의 領域이라고 推定하는 忠南과 全北地方 중 車嶺山脈의 東南쪽인 錦江流域의 忠南內陸地方과 錦江의 下流, 그 南과 北, 그 左右岸 이면서도, 行政區

域을 달리할 뿐인 全北地方을 "眞番旁辰國"인 辰國으로 指目하는 바다.

f) 스에마스(末松保和)博士는 『古代學(第1卷 第3號 昭和27年 7月 29年 5月 訂正)』에서의 榮山江流域說은, 眞番郡在南方說의 大部分이 忠淸道를 그 中心으로 認識하는 見解임에 反하여, 스에마스(末松保和)博士는 韓半島의 最西南端을 眞番郡治의 候補地로 내세운다.

그는 "萬若 眞番郡의 郡治가 榮山江 下流地方에 있었다고 한다면, 郡의 領域은 그 곳으로부터 北方과 東方으로 擴張되어 北은 樂浪郡의 南境과 접하고, 東은 脊梁山脈에 가로막히는 範圍였을 것이다. 그리고는 그 사이에 15縣이 配置되고 脊梁山脈의 너머쪽이 所謂 眞番旁辰國이 된다."는 獨特한 南方說을 폈다.

그러면서 眞番에 관한 史料로는 『茂陵書』의 〈逸文 19字〉가 가장 所重한 것이라는 認識이었기 때문에 그 "去長安 7,640里"를 徹底하게 推究하였다.

동시에 古今의 諸學說 中 이 逸文을 引用한 모든 硏究成果도 批判하였다.

그는 「지금까지의 在南方說은 比較的 文獻考證의 結果이긴 하지만, 아직도 大勢論과 形勢論이 混在되어 있으므로 이를 排除하여야만 治所 雪縣의 位置를 正確하게 推定할 수 있다.」는 方法論이다.

漢代의 1里는 周尺 300步이고, 李朝時代의 1里는 中國明代의 1里와 같은 周尺 360步 이니, 李朝때의 1里는 漢里보다 2割이 길다.

스에마스(末松保和)博士는 이를 基準으로 여러 文獻에서 가려낸 地域間의 里程을 漢里로 換算하는 手苦를 거듭하고, 이로써 對象地域間을 比定하고 있지만, 前漢里와 後漢里 間에도 距離差가 있다하니, 「前漢里 497m, 後漢里 414.72m」, 그 분 스스로 "그것이 어느 때의 測定에 의한 것인가 가 問題"라고 한 것처럼 이에 의한 距離도 大體의 基準은 될지언정 正確한 比定의 基準이 된다고 하기는 어려울 것이다.

이보다도 더 큰 問題가 있다.

長安-現 西安으로부터 7,640里라는 『茂陵書』의 里程이 2,000年前, 어느 路順을 經由한 距離냐 함은, 그 누구도 確言할 수 없는 難題를 안고 있는 것이다.

여하튼 스에마스(末松保和)博士는 李丙燾博士가 實學者 以來의 〈臨屯郡治 江陵地方說〉을 버리고, 새로이 推論한 〈咸南 德原郡地方說〉을 基準으로 이 〈德原-元山地方〉으로부터 1,500里가 더 먼 位置인 慶州地方이 眞番郡治의 候補地가 될 수도 있다 한다. 그러나 그보다는 西海岸쪽의 樂浪으로부터 1,500里가 더 먼 곳인 榮山江河口地方이 더 有利한 候補地라고 提示하였다. 또 그는 나가미찌오(那珂通世)博士와 李丙燾博士가 茂陵書의 「7,640里」를 2,000里, 或은 1,000里 減縮訂正하려는 態度를 못마땅하여, "50步, 100步"라고 評을 할이 만큼 〈『茂陵書』의 19字〉를 絶對記錄으로 認定하고 있는 것이다.

以上 『茂陵書』의 「7,640里」라는 記錄에 대한 先學 여러분의 學說을 살피면서 알게 되는 것은, 長安에서 霅縣에 이르는 路順이 어디를 經由한 것인지 記錄上으로 알 길이 없다는 事實이다.

그러나 [藩國-眞番國]의 位置가 筆者의 所見대로 忠南의 西北部인 [內浦地方-主部가 揷橋川流域]이었다면,

① 그 都城은 現 禮山郡 揷橋邑 水村里인 〈반챙이土城-藩城〉部落이고, 이 都城은 〈안다락미〉와 〈밖다락미〉의 두 平地土城을 衛城으로 거느리고 있었다. 또 여기에는 〈陵미(뫼)〉라는 큰 墳墓 3~4基도 남아있다.

② 그러니 漢眞番郡의 治所 霅縣의 邑城은 眞番諸國의 代表的 都城인 이 〈반챙이城〉을 26年間 强占 使用한 것이고,

③ 그 外港은 藩城의 北方 약 15里(6km), 즉 揷橋川의 下流인 現 揷橋邑 城里, 즉 〈moksi部落의 平地土城-目支城〉이었고,

④ 이 〈藩國의 目支城〉이 그 後 A.D. 2~3世紀 사이에 馬韓의 目支國의 首都-새읍-〈沙邑〉으로 繼承 發展된 것이라면,

北方說을 主張하는 나까미찌오(那珂通世)博士와 히라도리(白鳥庫吉)博士가 推定하는 位置, 즉 鴨綠江의 上流 · 佟佳江邊인 滿洲땅으로 부터 이곳

揷橋川邊까지는 약 2千百餘 漢里 距離이고,

南方說中의 李丙燾博士가 推定하는 載寧江邊으로부터, 揷橋川邊까지는 약 8百 漢里는 되는 것이니, 미찌오(那珂通世)博士의 見解처럼 茂陵書 中의 『7千』은 「5千」의 誤寫라 하며, 古文獻의 記錄을 〈2千里〉 줄이려 한다던가, 李丙燾博士의 見解와 같이 「7字」는 「6字」의 「轉記의 訛」라 하며, 稀貴한 古文獻의 記錄을 千里 短縮하기 위하여 訂字를 할 必要 또한 없을 것이라고 말할 수 있을 뿐이다.

이에 筆者로서 〈去長安 7,640里〉의 路程이 어느 地點을 經由한 것인지 알 수 없다는 事實에 힘입어, 自由로운 推想이 容納된다면 李丙燾博士와, 스에마스(末松保和)博士의 硏究成果를 授容하며, 考節을 다음과 같이 結論지으려 한다.

李丙燾博士는 臨屯郡治 東暆縣을 考証하면서 實學者 以來의 傳說的인 位置, 〈江陵地方說〉을 排擊하고, 咸南 德原郡地方(元山地方)에 이를 論証하였다.

이에 대하여 스에마스(末松保和)博士는 李丙燾博士가 臨屯을 咸南 元山地方에 推定한 것은 『茂陵書』의 「去長安 6,138里」라는 距離 記錄과 大體로 符合되는 것이니, 李博士의 이 새 考證은 타당한 것이라고 同調하는 同視에, 臨屯에 관한 『茂陵書』의 〈6,138里〉를 基本史料로 택한 實證的 硏究는 硏究法上의 進步라고 讚揚하였다.

한편 이와기찌(稻葉)博士는 일찍이 遼東~樂浪路順을 渭原에서 鴨綠江을 渡江, 平壤으로 향하는 것으로 推測한 論文이 있었다.

이는 "明刀錢"이 出土되는 地點의 連結을 漢代의 交通路로 보는 推測과 渡江의 位置로서 義州 附近의 넓은 河口地帶를 피하는 見解였다. 一理가 있다고 생각된다.

筆者도 遼東에서 眞番으로 통하는 路順을 [冬佳江-渾江] 流域인 第 2 玄菟郡의 治邑인 "興京老城"을 거쳐, 冬佳江이 鴨綠江과 合流되는 地點에서 楚山으로 渡江, 渭原과 江界 땅을 거쳐, 安州와 樂浪을 지나는 것으로 推測

한다.

筆者가 楚山을 渡江地點으로 택하는 理由는 이 地方 交通路에 밝은 李文鉉翁의 說明에 따른 것이다. 李翁은 李朝 末 楚山郡守를 歷任한 분으로 本宅은 서울 明倫洞이며, 6 · 25當時 70餘歲였으며, 禮山郡 德山地方에 와서 避難生活을 하였다.

"鴨綠江은 楚山 下流 10里쯤 되는 곳에서 滿洲에서 흘러오는 큰 江(佟佳江, 渾江)과 合流한다. 이 合流點에서부터 下流는 水量이 많고, 깊어서 건널 수가 없다.

그래서 自古以來로, 渡江位置로는 楚山地方을 택하는 것이 順路다.

楚山의 水深은 洪水때를 除外하고는 젖가슴을 넘지 않으며, 潺潺함으로 옷을 벗어 머리에 이고, 알몸으로 건너면 危險이 없다. 그래서 中國人이나 韓國人을 莫論하고 넘나들며 서로 商業(장사)를 한다. 江에 낚시를 담그면 [鯉魚-잉어]와 쏘가리가 잘 잡힌다."는 것이다.

또한 40字 한 句節로 된 『茂陵書』의 臨屯과 眞番에 관한 逸文은, 臨屯路線과 眞番路線은 韓半島에 들어와서도 同一路線을 가다가 어느 地點에선가 갈라지는 것으로 느껴지기 때문이다. 또 스에마스(末松保和)博士도 臨屯郡治로 통해서 考證하였음에서다.

이 분들이 基準으로 삼은 里程을 授容하면, 鴨綠江 中流域에서 平壤으로 통하는 路線은

a) 滿浦에서 江界를 거쳐 平壤 약 900里,

b) 渭原에서는 약 700里,

c) 楚山에서는 약 760里,

d) 碧潼에서는 약 550里 등이 있는데, 이 중에서,

c) 路順, 즉 楚山에서의 약 760里을 擇하면 "玄菟의 興京老城에서 冬佳江을 끼고 내려와, 楚山에서 江을 건너고, 渭原을 지나, 江界 附近에서 咸鏡道로 가는 臨屯路와 갈라서서"《魚川道 ; 滿浦-江界-寧邊》를 따라 樂浪(平壤)에 到達하는 것으로 推測하면,

a) 玄菟 - 楚山　　450韓里 ……………………………… 540漢里
b) 楚山 - 平壤　　760韓里 ……………………………… 910漢里
c) 平壤 - 서울　　600韓里 ……………………………… 720漢里
d) 서울 - 揷橋　　350韓里 ……………………………… 420漢里
計: 韓里로 2,160里, 漢里로는 2,590里가 된다.

여기에 長安에서 玄菟郡治까지의 4,950里와 玄菟에서 揷橋까지의 漢里 2,590里를 追加하면 "7,540里"에 달한다.

筆者도 스에마스(末松保和)博士가 基準으로 한 里程과 그 硏究를 受用하였다. 그런데도 遼東-樂浪 間의 距離에 큰 差異가 있음은 스에마스(末松)博士의 路順은 遼東에서 義州로, 義州에서 平壤 사이는《大東道 ; 中和-順安-安州-定州-郭山-鐵山-龍川-義州》를 擇하였기 때문이다.

眞番郡治 霅縣의 位置를 가림에 있어 臣瓚이『漢書』에 註를 쓰면서 引用한『茂陵書』의 19字-"眞番郡治霅縣 去長安 七千六百四十里 十五縣"은 古今의 硏究家 누구나가 關心한 典據였다. 그 때문에 自身들이 推定한 位置를 이 距離記錄과 對照하면서「寧古塔地方說」, 或은「古文獻의 誤記」라고 말하기까지 되는 것이다.

筆者가 위에서 集計한 長安과 揷橋間의 距離 "7,540里"는 茂陵書의 "7,640里"와 대략 附合된다.

이로써 "揷橋川流域인 內浦地方을《眞番의 藩國》이자,《漢의 眞番郡의 霅縣》의 故地"라고 斷論하는 바다.

第1篇 內浦地方의 古代史

5章 挿橋地名 考 -言音的인 考察-

1. 挿橋

挿橋面은 1914年 日帝때 旧 禮山郡 · 大興郡 · 德山郡을 統合하여 새로이 禮山郡으로 改編하던 때 옛 德山郡 中의,

a) 大德山面 [1里 · 3里 · 水村里(반챙이地方) · 2里 · 沐浴里]

b) 大鳥旨面 [上乭里(상돌리) · 上里 · 下里 · 下乭里 · 驛中里 · 平里 · 城山里 · 上龍頭 · 가마소 · 下龍頭 · 蒼井里]

c) 場村面 [伽左洞 · 頭里 · 沐里(現 城里 · moksi-目支) · 石谷里 · 현대리 · 下村]

d) 居等面 [上里 · 宮里 · 下里 · 浦里]의 一部 등 4個面을 統合하여 新設된 面名인데 1973年 邑으로 昇格하였다.

옛 德山邑誌에 〈沙邑川〉이 보이고, 그 後의 禮山郡誌에 〈挿川橋〉가 보이니, 옛날 〈霅〉 或은 〈沙邑〉이란 地名이 있었거나, 냇물 이름이 〈삽내〉 · 〈挿川〉 或은 〈沙邑川〉 등으로 불렀음이 分明하다.

다시 말하여 〈挿橋川〉이라 함은, 〈삽다리-挿橋〉가 있어서 얻어진 川(내)

이름이 아니고, 原來 〈沙邑川-挿川-삽내〉라는 이름의 川(내)가 있었음을 알 수 있다.

挿橋邑 下浦里와 城里 附近의 挿橋川을 "서내"라고 함이 이것일 것이다.

그러니 이 〈霅〉을 가릴 수 있다면 곧 〈挿橋〉란 地名의 根源을 찾을 수 있게 될 것이다.

그러나 옛 記錄에서는 이를 發見할 수가 없다.

우리나라 地名中 〈霅〉字는 고사하고, 〈揷〉이란 音을 가진 地名은 참으로 稀少하다.

全國에서 面單位의 行政地名을 가진 곳은 禮山郡의 〈挿橋〉 하나가 있을 뿐이다.

우랄알타이어계에서 ㅅ, ㅈ, ㅊ은 共用되는 音이라기에 〈삽〉, 〈잡〉, 〈찹〉 音을 가진 地名은 없을까 하고, 찾아 보았지만 이런 音의 地名도 찾아볼 수가 없다.

이토록 稀少한 音의 挿이란 地名을 禮山의 〈삽다리〉는 어이하여 갖게된 것일까?

2. 挿橋川

挿橋川과 無限川은 忠南의 分水嶺인 車嶺山脈의 西쪽, 禮山 · 青陽 · 洪城에서 發源하여 牙山灣으로 流入되는 60km 남짓한 干滿의 差가 6~7m나 되는 짧은 江이다.

그러나 特色있는 西海의 潮汐은 挿橋川에서는 "삽다리(挿橋, 忠義大橋)" 附近인 〈배나다리〉까지, 그 支流인 城里川에서는 鷹峰面 〈선배〉附近까지, 無限川에서는 無限山城 아래까지 거슬러 올라온다.

江 길이가 짧은 지라, 至于今日에 地理學者나 史學者들의 關心을 끌지 못하고 있지만 洪城 · 青陽 · 禮山 · 唐津 · 牙山의 廣闊한 平野, 忠南道內 沃土

의 折半을 적셔주는 重要한 河川이건만, 近年들어 牙山灣 防潮堤와 揷橋川 防潮堤가 完成되고 서야 脚光을 받게 되었다.

이 河川은 牙山灣으로 흘러든다. 牙山灣의 於口에는 漢津浦와 唐津浦가 있어 中國大陸과의 옛 關係를 暗示한다.

牙山灣으로 流入되는 河川으로는 揷橋川과 無限川 뿐 아니라, 牙山郡을 흐르는 曲橋川과 平澤平野를 흐르는 安城川도 있음은 注目할 일이다.

古山子 金正浩先生은 『大東輿地圖』에서 揷橋川의 上流를 "金馬川", 그 下流를 "沙邑川"이라 記載하였고, 옛 德山邑誌에서는 그 全流를 「沙邑川」이라 記述하고 있다.

또한 그 後의 『禮山郡誌』에서는 「揷川橋」가 보이고, 現在는 揷橋川의 "揷橋-忠義大橋"로부터 上流部分을 "金馬川"이라고 한다. 洪城郡 金馬面과 禮山郡 揷橋邑의 境界를 흐르고 있기 때문이다.

이로 미루어 "揷橋川"이라 함은 橋梁(다리)이 있어서 얻어진 河川(내) 이름이 아니고, 原來 [삽내 · 서내 · 沙邑川 · 霅川 · 揷川] 등으로 불려지다가, 後日 이에 다리가 놓여짐으로서 [삽내다리 · 霅川橋 · 揷橋 · 揷橋川]이란 變遷이 있었다고 생각된다.

金馬川地方인 〈원반챙이地方〉에 太古的 큰 마을이 있었는데, 큰 洪水로 廢村이 되었다는 傳說이 있음은 「2章 8. 藩國(眞番國)의 主部는 禮山郡 揷橋地方」에서 言及하였거니와, 日帝때 〈원반챙이部落〉의 對岸 附近에서 砂金을 採取한 적이 있었다. 이때 現在의 河床보다 大略 4~5m 假量 깊이 位置에서 立木狀態인 아름드리 沈香木 數十 그루를 캐낸 일이 있었다.

그 根幹 位置가 옛 平地에 해당할 것이고, 당시의 河床은 이 보다 3~4m 깊었다고 假想할 때, 약 2100年前인 漢軍의 侵入 당시, 或은 약 1,400年前인 唐軍의 侵入 당시에는 이 地點까지 船航이 可能하였을 것임이 推測된다.

이 地方의 地質은 老衰期(老年期)에 속한다. 그러니 每年 2mm 程度의 土沙堆積이 進行되었다고만 假想 하더라도, 2,000年間이면 河床이 4m는 높아질 수 있다는 計算이 된다.

30~40年前까지도 揷橋川 附近에는 크고, 깊은 蛇行湖가 여러 곳 남아 있었다.

〈원반챙이 部落(揷橋邑 水村里)〉앞 金馬川(揷橋川)의 水深이 명 꼬리(明紬실타래) 하나가 풀려 들어간다는 傳說도 있다.

1984年 이 部落의 揚水場 集水池工事때 地下 약 10m 깊이의 깨끗한 黃土 속에서 큰 소나무 둥치가 出土되었음에도 土砂의 심한 堆積現狀이 繼續되고 있음을 알 수 있다.

또한 약 60年前까지도 이 部落에서 對岸인 〈金馬들〉로 건너가자면 "거룻배"를 타야 했다는 事實과 現今의 이곳 河川狀況을 對比할 때, 어린 世代들은 꿈같은 이야기라고 말할 것이다.

烏棲山의 北쪽 기슭에서 發源하여 洪城[洪州牧]과 揷橋[德山縣], 合德[唐津縣]을 지나 北流하는 것이 揷橋川이고, 無限川은 烏棲山의 南쪽 기슭에서 發源하여 大興[大興縣]과 禮山[禮山縣]을 지나 北流하다가 仙掌港(新昌縣) 直前에서 揷橋川과 合流하여 牙山灣으로 流入된다.

그러니 揷橋川과 無限川은 나란히 흐르면서, 東쪽 車嶺山脈과 西쪽 伽倻山脈사이, 南쪽 烏棲山에서 發源하여 北쪽 牙山灣(西海)에 이르는 길이 약 150리, 幅 60~70里에 달하는 禮唐平野(內浦平野)의 젖줄을 이룬다.

이 沃土地帶에 어찌 古代文化의 發展이 없었겠는가!

이것이 馬韓族에 의한 內浦文化였다.

약 2100年前, 이곳 金馬川(揷橋川의 上流)流域(洪城郡 長谷面-於羅方-乫方地方)을 中心으로 眞番國이 있었다.

高麗때의 麗陽地方이다.

B.C. 3~2C 頃인, 中國大陸의 戰國時代 〈燕〉과 〈眞番〉間에는 이미 交易이 있었다. 이는 물론 水運에 의한 것이었다.

箕氏朝鮮의 準王때, 中國의 戰禍를 피하여 衛滿이 平壤地方으로 亡命하여 왔다. (B.C. 195年)

準王은 衛滿을 中庸하였건만, 滿은 準王을 背反하고 中國 避難民들을 糾

合하여 쿠데타를 일으켰다.

이로써 箕氏朝鮮國은 滅亡하고, 衛氏朝鮮國이 成立됐다.

史學界의 一部에서는 準王이 馬韓地方으로 亡命의 影響을 큰 것으로 생각하지만, 筆者의 見解는 이와 다르다.

宮人의 一部만을 거느리고 船便으로 亡命한 場所가 馬韓의 海中地方이었다 할지라도 安樂한 亡命地를 얻었을 뿐, 그것으로서 끝이 났다 함은 中國史料가 밝히는 바와 같고, 馬韓 땅에 큰 政治的 影響을 끼쳤다고는 생각되지 않는다.

忠南의 內浦地方에는 이미 〈北方의 朝鮮文化〉에 對應하는 〈眞番의 文化-內浦文化〉가 發達되어 있었다고 생각되기 때문이다.

B.C. 2世紀 初에 이르러, 衛氏朝鮮의 國力이 强해지자, 滿의 孫子 右渠가 漢帝國과의 服屬協約을 어기고 不遜한 態度를 보이자, 漢 武帝는 이를 핑계삼아 水軍을 活用 5萬 兵力을 動員, 2年間에 걸친 攻擊 끝에 平壤城을 攻略하고는 直轄領 樂浪郡을 設置하였다.

이때 漢의 遠征軍은 水軍의 一部를 派遣, 牙山灣과 揷橋川을 통하여 內浦地方에 位置한 眞番國도 征服하여 B.C. 108年 直轄領인 眞番郡을 設置하고 다스리는 治所를 〈霅縣〉에 두었다.

이것이 所謂(이른바), 漢四郡中의 하나인 眞番郡이다.

"眞番郡治霅縣去長安 7,640里 15縣-『茂陵書』"

柳馨遠은 『東國輿地志』에서 現 揷橋川을 〈霅川〉이라 하였다.

眞番郡의 다스리는 곳(治所), 〈霅縣〉과 樂浪間의 連絡은 陸路를 利用할 수도 있지만, 便利한 水運이 主가 될 수 밖에 없었다.

26年後 眞番郡의 北部 7縣은 樂浪郡의 南部都尉의 直轄로 編入되고, 나머지 南部 8縣을 다스리던 治所, 〈霅縣의 霅陽障〉은 現 揷橋邑 城里 目支(목시, moksi)部落으로, 潮汐(tide)이 드나들던 揷橋川 가까운 場所에 있었나.

30餘年前까지 높은 土城址가 儼然히 남아 있었으나, 揷橋川 防水堤(방수뚝) 築造때 搬出 毁損되고 말았다.

樂浪郡이 漢과 魏의 直轄領으로서 400餘年間(B.C. 108~A.D. 313) 命脈이 維持되었음에 反하여, 韓半島 侵略의 基地이던 樂浪으로부터도 멀리 떨어진 前哨基地 眞番郡은 設置 26年 만인 B.C. 82년에 撤收하고 말았다.

그런다음, 그 地方에 再建된 韓族의 나라, 忠誠을 盟誓한 나라가 〈藩國〉이다.

A.D. 121年에 著述된 許愼의『說文解字』에 보이는 나라인 것이다.

李丙燾博士가 眞番郡의 位置를 考證하는 史料로 引用한 그 藩國인 것이다.(『韓國史, 古代篇, p.129, 乙酉文化社』)

現 揷橋邑 水村里 〈반챙이-원반챙이〉 部落으로서 "골뜸, 陵미(뫼)" 地名과 立石(menhir), 支石墓(dolmen), 土城 등이 남아있다.

이를『魏書』東夷傳의 月支國(目支國)이라고도 말할 수 있을 것이다.

그러나 A.D. 2~3世紀頃 큰(大) 洪水가 있어, 金馬川邊의 藩國, 〈月支國〉의 큰(大) 都邑이 壞滅(무너져)해 버리자(洪城地方의 傳說), 이 地方의 主導權이 〈반챙이〉의 15里쯤 下流인 〈目支國〉쪽으로 옮겨졌다고 본다.(水運의 容易함을 利用)

現 揷橋邑 城里의 目支部落으로서 옛(舊) 眞番郡의 雪陽障이 있던 마을이다.

巨大한 立石(menhir)과 支石墓 3基, 隣近部落에서는 靑銅器類가 出土된다.

두 個의 城이 있던 河川邊의 平地土城은 毁損되었다.

漢에 이어, 直轄領 樂浪郡을 繼承하게 된 魏는 三韓을 支配함에 있어, 馬韓諸國의 中心이던 目支國의 首長을 辰族(中國史料에서의 南韓族의 總稱)의 王, 〈辰王〉이라 稱하면서, 이에게 朝貢을 받아 들이는 일(收納), 外交의 全權 등, 統制權을 委囑, 代行토록 하였던 것으로 여겨진다.

이에서 〈目支國의 目支王〉이 아닌 〈目支國의 辰王〉이 三韓을 主도 하였다는 記錄이 나오게 된다.

B.C. 108年 眞番國이 漢武帝의 侵攻을 당한 것은 內浦地方이 中國大陸의

中樞部와 가장 近距離에 位置하는 데다가, 이미 中國에 널리 알려진 文化國이었고, 牙山灣과 揷橋川(霅내, 霅川)의 水運이 便利하였기 때문이다.

高句麗의 廣開土王이 휩쓸고 지나간(A.D. 396) 古牟婁城이 이곳 〈원반챙이城〉에서 上流쪽으로 4km 쯤 되는 곳에 있다.

〈오목내〉에 둘러싸인 멋진 〈고모랭이(古牟婁)二重土城〉이 그곳 이다.

〈古牟婁(고모랭이)城〉의 地勢가 이 地方을 侵攻한 唐兵으로 하여금 「支潯」이란 州名을 갖게 하였고, 〈고모랭이城(古牟婁城)의 "고모"라는 音이 [고무-고ㅁ-곰(熊)-金馬-古牟里]로 變遷한 것임을 「4章 5. 霅縣은 깊고 짧은 河川邊」에서 살핀 바 있다.

〈金馬〉와 〈곰-熊〉과를 聯關시키는 學說이 타당한 것이라면, 揷橋川의 上流인 金馬川도 〈熊川〉이라 할 수 있을 것이다.

果然 李丙燾博士는 洪城 金馬川의 俗名은 「熊川(곰개)」이고, 安城川 또한 〈熊川〉이라 하였다.

그렇다면 牙山灣의 上流인 安城川이 〈熊川〉이고, 같은 牙山灣의 또 하나의 上流인 揷橋川 또한 金馬川, 즉 〈熊川〉이라면, 公州의 熊津江, 全北 益山의 金馬가 모두 "熊川(곰개)"과 通音하니, 平澤平野 · 禮唐平野 · 錦江平野 · 全北平野가 모두 同一한 "熊族(고마족)", 즉 "韓族"의 分布地域 이었음을 말하는 것이다.

이 揷橋川 流域에는 新石器時代 以來의 수많은 遺跡, 즉 30餘 土城, 精巧한 青銅器類가 多數 出土되며, 百濟寺刹의 遺墟가 集中되어 있음도 「1章 2. 內浦地方 出土의 青銅器類」에서 言及하였다.

이것들 中 本章과 聯關하여 留意될 일은 〈원반챙이, 或은 반챙이〉 部落에는 넓은 平地土城과 立石(menhir)을 利用하여 만든 것으로 보이는 큰 石佛과 支石墓(dolmen)가 있다. 또 〈안다락미〉와 〈밖다락미〉 두 部落에는 平地土城과 支石墓 그리고 "陵미(뫼)"라는 큰 墳墓가 3~4基 남아있고, 〈龍葛尾土城〉 마을에는 立石(menhir)을 改刻한 것으로 보이는 큰 立佛이 있다.

또한 이 地方에서는 百濟以前 時代 것으로 보이는 土器破片들도 많이 보인다는 事實이다.

3. 〈揷〉字의 基因은 〈霅〉
-沙邑川은 〈서내-삽내〉에 대한 借音 表記다-

2年間(B.C. 108~107年)에 侵略戰爭 끝에 衛氏朝鮮國을 征服한 漢 武帝의 海軍은 大同江口로부터 帆船으로 不過 3~4日 距離인 牙山灣으로 進入, 潮汐따라 〈삽내〉를 溯航, 〈반챙이城〉을 爲始한 內浦地方의 群少 部落國들을 征服함으로서, 漢의 直轄郡縣인 眞番郡은 設置되었다.

古史料인 『茂陵書』에 의하면 「그 治所를 霅縣에 두었고, 前漢의 首都 長安으로부터 霅縣까지는 7,640里」라고 記錄되어 있다.

筆者는 위에서 侵入한 漢軍이 26年間 治所로 占據하였던 곳은 이 地方 韓部族諸國의 核心體이던 〈원반챙이城-現 揷橋邑 水村里〉을 中心으로, 이와 隣接한 3곳의 衛星部落, 즉 〈안다락미〉와 〈밖다락미〉인 두 平地土城部落(揷橋邑 2里)과 龍葛尾土城部落(洪北面 石宅里)이었다고 推定하였다.

그러므로 漢軍이 "眞番"이라고 命名한 郡名은 本來의 이 地方 韓族의 나라 이름인 〈원반챙이城〉의 "原番"이란 音을 漢字로 借音한 것이라고 推測을 하는 바다.

이는 漢의 眞番郡縣이 原住 眞番諸國의 抗拒에 견디지 못하고, 26年만에 撤郡한 다음, 이 곳 原住韓族이 再建한 나라이름을 後漢의 許愼은 『說文解字』에서 「藩國」이라 記錄하였고(A.D. 121年), 이에 註를 쓴 淸의 楊守敬은 『晦明軒稿』 중의 「汪士鐸漢志釋地駁議」에서 「眞番의 霅縣은 알수 없다.」 하였음에서도 確認이 되는 것이다.

漢軍은 眞番郡 15縣 中 郡治가 있는 地方의 行政區域을《霅縣》이라 命名하였다.

〈霅〉은 〈빗소리 · 삽〉 或은 〈빗소리 · 잡〉字다. 이 〈霅〉字는 漢字를 創造한

中國人으로서도 用例 드문 글자다.

그들은 왜 이 假想치도 못한 글자로 縣名을 삼았을까?

아마도 治所로 占領한 〈원반챙이城〉이 〈삽내(霅川)〉 河岸에 位置하고, 그 縣域 또한 主로 이 河川의 流域地方이었기에, 이 地方住民의 傳來의 河川名인 〈삽내〉의 "삽"이라는 音을 「霅」이라는 漢字로 借音하여 縣名을 삼은 것으로 보아 無妨할 것이다. 즉 郡名을 擇한 經緯와 같았다고 보여진다.

征服者가 남긴 〈霅〉이라는 글자는 漢字文化가 없었던 當時의 被征服者로서는 한낱 〈삽〉이란 音이었을 뿐이지만, 그들이 依據한 〈삽내(霅川)〉라는 傳來의 固有河川名에는 뜻이 있었다.

〈삽〉이란 붉은 色相을 말한다. 즉 洪水진 붉은 흙탕물이 汎濫하는 河川을 뜻한다.

〈삽〉이라는 音은 變音이 잘 안되는 音이다. 그러므로 古代의 이 내(川) 이름은 現在와 같은 〈삽〉이었을 것이다.

또한 古山子 金正浩先生의 『大東輿地圖』, 或은 옛 德山邑志에서 이 河川名을 「沙邑川」이라 記述하였음도 亦是 〈삽내-사읍내〉를 〈沙邑川〉이라 借音轉記한 것임이 分明하다.

그러나 〈揷橋-忠義大橋〉의 下流쪽 附近 地名을 〈서내〉라고 함은 〈삽내〉가 오랜 期間 變音된 것으로 보아야 할 것이다.

漢軍이 이 河川 傳來의 固有名稱인 〈삽〉이라는 音을 借字함에 있어 같은 音의 漢字가 許多한데, 왜 何必이면 이토록 稀貴한 글자인 〈삽-霅〉을 擇한 것일까? 아마도 그들이 侵入한 季節이 降雨가 甚하던 장마철이었던 모양이다.

揷橋川 沿岸의 雨期!!

水利施設이나 治水事業이 不完하던 5~60年前까지도 우리나라 農村에는 "물쌈(물싸움)", "보쌈(洑싸움)"이라는 不祥事가 자주 있었다. 이는 旱災가 繼續될 때 일어나는 農民들의 灌漑用水를 確保하려는 集團的인 물다툼이었는데, 惟獨 揷橋川流域에서는 他地方과는 反對로 비가 많이 내리면 水害의

責任을 묻는 沿岸部落間의 生命을 건 鬪爭이 일어나곤 하였다.

또한 禮山郡 新岩의 九陽橋 건너, 〈揷橋川 건너〉인 〈九陽島地帶〉는 禮山郡 領域이었고, 天主教가 이 地方에 上陸하던 무렵까지도, 이 〈九陽島〉에서 旧合德 間의 現 合德平野는 1,000m 以上의 江幅을 이루는 갈대밭 氾濫地帶였다.

그러므로 禮山 · 唐津의 옛 沿岸住民이라면, 붉은 黃土물 滔滔히 흐르는 洪水季節, 옛 祖上들이 이 河川을 〈삽내〉라 名하고, 或은 이곳을 侵略한 中國人이 〈霅縣〉이라 命名한 理由를 斟酌할 수 있으리라.

以上에서 同一河川인 〈揷橋川〉이 [삽내 · 霅川 · 沙邑川 · 揷川 · 揷橋川 · 金馬川] 등 多樣하게 表記되어 왔지만, 〈霅〉이란 音은 變音이 잘 안되는 音이기에 2,000餘年間이나 原音대로 存續되고 있음을 살펴보았다.

그러면 漢人이 남긴 [眞番郡의 治所 霅縣]이라는 漢字 地名은 2,000餘年 사이에 어떠한 變遷을 하였는가를 論究하여 보기로 한다.

〈霅〉은 〈비(雨)소리 · 삽〉字다.

비(雨)가 말(言)을 하니 〈빗소리 · 삽(霅)〉이란다.

이와 同一한 뜻의 글자로는 〈삽(霎)[가랑비소리 · 삽-가는비소리(細雨) · 삽-빗소리 · 삽]〉과 〈챱(臿)〉(큰 빗소리 · 챱)〉字가 있다.

절구(臼)를 공이(干)로 찧는 듯한 큰 소리가 나는 빗소리가 〈臿(챱)〉字인 것이다.

우랄알타이어 系에서 ㅅ, ㅈ, ㅊ은 混用되는 것이라 하니 〈삽(霅)-삽 · 잡〉과 〈챱-臿〉은 同一한 音이라 할 수 있을 것이다.

〈霅〉의 强한 表現이 〈臿〉인데, 챱(臿)字에서 雨冠을 떼서 簡略化하면 〈臿〉字이고, 이 音 또한 〈삽〉이다.

이와 비슷한 글자이자, 同一한 音인 글자가 〈插〉字이고, 이도 〈삽〉이라는 音으로서 〈揷〉字의 古字인 것이다.

과거 2천년 사이에, 霅 → 臿 → 臿 → 插 → 揷으로 變遷한 것이라고 推測함은 지나친 探索이며, 不合理한 推理일까?

이에 筆者는 〈삽-揷〉字의 基因은 眞番郡治所가 있던 〈霅縣-삽현〉의 〈霅〉에 緣由하고, 이 〈霅〉은 이 地方 傳來의 固有 河川名인 〈삽내〉의 〈삽〉에 緣由한다고 推定하는 바다.

眞番郡의 治所로 占據 당했던 〈霅縣(원반챙이城)〉은 隣近諸國의 抗拒와 中國人의 本據地이던 樂浪郡(現在의 平壤地方)으로부터 너무 遊離되어 있었다.

그 자리에 再建된 原住韓族의 나라가 "藩國"이고, 그 後 2~300年 사이에 이를 繼承한 것이 馬韓의 目支國이다.

漢軍의 占領期間은 짧았지만, 그들은 이곳 內浦地方에 漢字文化와 中國式 政治體制와 航海術 등 中國大陸의 先進文明의 痕迹를 남기고 떠나갔다.

藩國은 이 中國의 先進文化를 受用함으로서 唯一하게, 中國史料에 眞番地方을 代表하는 나라로서 記錄을 남겼고(A.D. 121年頃에 著述된 許愼의 『說文解字』), 藩國을 繼承한 目支國 또한 魏가 韓半島의 北域을 支配하던 무렵(A.D. 220~313年), 그 「目支國의 辰王」은 韓半島의 中西部와 南部地方(三韓全域)을 領導하는 勢力(『魏志』와 『後漢書』)으로까지 發展할 수 있었던 繼起가 되었다고 봄이 本 論考의 主旨다.

이러한 觀點에서 本 章에서는 "〈삽내(揷橋川)流域〉인 現 揷橋邑 一圓(旧. 德山縣地方) 이야말로 古代 內浦地方 群少諸國의 中心體이던 〈藩國〉의 故地이자, 이를 繼襲한 馬韓 目支國의 故地임을 語音的으로 究明하여 보았다.

6章 結語

內浦地方은 忠淸南道를 兩分하는 分水嶺인 車嶺山脈의 西北部地方으로서 黃海沿岸의 獨立된 平野地帶가 그 中心을 이룬다.

[藩國-番國]이 存在한 期間은 漢의 眞番撤軍(B.C. 82年) 以後로부터 後漢의 許愼이 『說文解字』을 著述한 年代(A.D. 121年) 以後에 이르는 약 200年 以上이 되는 것이니, 馬韓 54國의 形成은 漢의 眞番郡 무렵보다도 적어도 200~300年 以後, A.D. 100~200年 무렵일 것이다.

그러니 2000年前의 文化段階에서 分水嶺인 車嶺山脈의 兩側, 錦江流域과 內浦地方, 다시말하면 忠淸南道의 넓은 全域이 統合된 國家인 眞番國을 構成하고 있었다고는 생각되지 않는다.

揷橋川流域에도,

1) 大田 · 扶餘 · 益山地方 못지않은 別個의 靑銅器文化圈이 形成되어 있었으며,

2) 支石墓의 特性도 全羅地方과는 判異하고,

3) 言語 또한 全羅道 사투리와 內浦地方의 特異한 語調와의 差異는 周知의 일이다.

그러니 B.C. 200~A.D. 200年 무렵의 錦江流域圈과 內浦地方圈의 文化는 判異한 것 이므로, 이 두 圈域이 統合된 狀態였다고는 볼 수 없다.

이에 筆者는 錦江流域을 狹義의 辰國으로, 內浦地方(主로 揷橋川流域)을 眞番(藩國)에서 目支國으로 이어진 곳이라 推定하였다.

여기서 몇가지 關聯事를 要約하면,

ㄱ) 眞番郡의 北部 7縣地方은 郡縣 撤廢時(B.C. 82年) 樂浪郡의 南部都尉의 管轄로 編入된 7縣이 이에 해당한다.

李丙燾博士는 이를 黃海道 慈悲嶺以南地方에 考證한바 있다. 그러면서도 "南部 8縣"의 位置는 이를 考證하지 못하면서, 史料에 縣名이 전하지 않기 때문이라 하였지만, 그렇다면 唯一하게 縣名이 알려져 있는 治邑 "霅縣"의 所在地는 어디인가?

그러나 어느 史家도 그 當處를 指摘한 일이 없었다.

眞番郡 疆域의 折半인 "北部 7縣"의 位置가 載寧江流域이었다고 考證하면서(李丙燾說), 그 隣接地域에서 "南部 8縣"을 推定할 수 없음에서도 그 直轄領域의 一部는 遊離되어 있었음이 斟酌된다.

ㄴ) 그러고 보면 李博士가 推定한 "北部 7縣"과, 本稿에서 推定하는 "南部 8縣" 사이의 空間地帶, 現 京畿道의 大部分은 漢의 直接占據에서 벗어나 있었음이 抽象되는데, 或은 南部 8縣 中의 一部가 이곳에 까지 分布되어 있었는지도 모르지만, 적어도 治邑 "霅縣"의 位置는 沙邑川(揷橋川) 流域이었다. 이러한 結果의 招來는 南部 8縣地方을 占領한 主體가 漢의 海軍이었기 때문이며, 同一年代에 設置된 樂浪郡이 魏時代에 이르기까지 420餘年間 中國勢의 直轄領으로 維持되었음에 反하여, 眞番인 南部 8縣地方에서는 30年을 넘기지 못하고 撤收하지 아니할 수 없었음은 眞番族의 反抗도 있었으려니와, 樂浪에서 遠隔한 位置였기 때문이라고 생각된다.

ㄷ) 大體로 이 空間地(京畿道地方)와 忠北地方에는 이 時代의 遺物인 支石墓가 稀少할 뿐 더러 北方式과 南方式의 交界라는 점도 關心이 간다.

ㄹ) 이 空間地帶는 韓族의 原住領域이면서도 史料에 남긴 具體的 記錄은 적지만,

a) 「初期辰韓」의 流移民이 寄留하였고,

b) 1世紀初에는 「伐木史禍」를 남겼고,

c) 夫餘族(百濟) 또한 이곳에 移動定着하여 百濟로 發展되었다.

d) 魏가 公孫氏의 樂浪과 帶方郡을 占據한 以後로는 그에게 服屬되더니, A.D. 240年頃 中國勢의 壓迫에 抗拒한 韓族諸國은 崎離營을 攻擊하기에 이르렀다.

이를 鎭壓차 樂浪太守 劉茂와 帶方太守 弓遵이 出動하였는데, 이 戰鬪에서 弓遵은 戰死(A.D. 246年)를 하였지만, 韓族諸國은 樂浪太守에 의하여 도리어 敗하니, 이들 群小國들은 歷史上에 國名 조차 전하지 못한채 滅亡 당하는 事件도 發生하였다.

다같은 韓族의 地域이면서도 馬韓이라 指稱되는 54個 國名의 分布가 이 地方에서는 유난히 稀少함은, 崎離營의 叛亂事件으로 滅亡된 나라가 많아서 魏에 朝貢을 바치는 主體(나라)가 없어졌기 때문일 것이다.

ㅁ) 車嶺山脈의 聖主山과 烏棲山에서 發源하는 揷橋川. 그 6.2km의 下流가 洪城 古牟里의 "古牟婁(고모랭이)城"과 金馬面 長城里 唐골의 "테뫼城"이 面 · 里界를 이루는 곳을 "고모랭이"의 "오목내"라고 한다. 凹(오목할 요)字 形으로 "움푹 팽긴 냇물"로서, 河岸에 緩傾斜(완경사)의 모래밭이나, 풀밭도 없는 斷崖로서 물에 빠지면 기어나올 方途가 없는 흙으로 된 岸壁이니, 漢字로 표현하면 "潯(깊은 물 언덕 · 심)"字에 해당하는 河岸이다. 이곳이 "고모랭이", 즉 「熊」, 李丙燾 博士의 "熊川", 金正浩 先生의 "金馬川"의 語源을 이룬다.

羅 · 唐軍이 百濟를 攻滅한 다음(A.D. 660年), 唐은 그 五都督府의 하나로 "支潯州"를 두었는데, 그 "潯-깊은 물 언덕 · 심"字에 해당하는 地勢를 이곳 洪城에서 發見하게 된다.

2100年前(B.C. 108) 漢武帝의 水軍은 이 地方을 占領하고, 眞番郡을 設置하던 때 揷橋川 水系의 雨季 特徵을 담아 "雪-빗소리 · 삽』이란 稀貴한 글자로 縣名을 삼았거니와, 그 약 760年後 같은 航路를 통하여 같은 內浦地方을 侵略한 唐軍 또한 그 河川, 그 沿岸 "고모랭이城"附近의 河岸의 特徵으로 州名을 삼아 "支潯"이라 하였음은 興味로운 일이다.

內浦地方은 1100年前(A.D. 925年) 後百濟의 北方要塞地域으로서 甄萱과 高麗의 太祖가 領有權을 놓고 激戰을 벌인 곳도 內浦地方이며, A.D. 1236年 蒙古軍이 攻擊하여 온 것도 內浦地方의 牙山灣을 통해서이다.

朝鮮末 淸日戰爭 때, 淸軍이 上陸한 地點 또한 이곳 牙山灣의 揷橋川 河口였음은 歷史地理的 與件에 따라 類似한 歷史的 事態가 되풀이 誘發됨을 엿볼 수 있다.

ㅂ) 金正浩는 『東國輿地圖』에서 이 揷橋川의 上流를 "金馬川", 그 下流를 『沙邑川』이라 記錄하고 있고, 李丙燾博士는 이 金馬川을 "熊川"이라 하였다.

筆者는 이 "熊川"-金馬川邊인 반챙이地方(禮山郡 揷橋邑 水村里)이 眞番諸國의 代表的 都城-藩城인 同時에 漢眞番郡 당시의 治邑[霅縣]이라고 推定하였다.

그러면서 同一河川의 6km 下流인 沙邑川邊의 "宮모루"라고도 부르는 "목시(moksi)土城地方 現 揷橋邑 城里를 馬韓 · 目支國의 都城"이라 推定하였다.

즉 衛氏朝鮮과 同一時代인 眞番國과 그 2~300年後 形成된 馬韓의 目支國은 同一河川인 揷橋川 沿岸平野의 上 · 下流 地方에 先後하여 存續하였던 것으로 推定하였다.

다시 말하면 眞番諸國을 漢武帝의 海軍이 占據한 것이 漢眞番郡의 南部 8縣地方이고, 原住 韓族이 이를 26年만에 擊退하고, 다시 세운 나라를, 許愼(A.D. 121年)은 "藩國"이라 記錄하였고, 그 후 이를 100~200餘年 사이에 繼襲한 것이 "馬韓의 目支國"이라고 推定을 하였다.

ㅅ) 이리하여 A.D. 100~200年 사이에 韓半島의 南部가 三韓 70餘 小國 形態로 分立되어 있는 狀況에서, 魏는 遼東의 公孫氏를 滅하면서, 韓半島에 뻗어있던 公孫氏의 樂浪과 帶方 兩軍은 이를 海軍으로서 强占하고 如前히 中國勢의 直轄領으로 維持하니, 그 以南地方인 三韓 70餘國은 必然的으로 服屬當하는 處地에 이르렀다.

魏는 이들 群小國들을 制御함에 있어 各國의 將帥인 "臣智"에게 "邑君" 或은 "邑長"이란 官職을 주어 懷柔策을 씀과 同時에 그들의 政治形態, 相互間의 牽制關係 등은 存續시키면서 어느 한 代表國의 "臣智"에게 特別한 官職을 提授하고는, 그에게 特權을 委囑하여 70餘 諸國을 分割 支配함으로써 朝貢을 바치게 하는 등 順從을 維持한 것으로 보인다.

이 代表로 選任된 것이 "目支國의 臣智"였고, 그를 "辰王"이라 呼稱하였다.

魏가 그 代表國을 選擇함에 있어

a) 靑銅器文化 以來의 先進國이며,

b) 中國大陸과는 最短, 最安全 航路이고,

c) 漢眞番郡 以來의 因緣과 南韓諸國에 關係(미쳐온)한 政治的 力量等을 勘案할 때 目支國이 拔擢되었음은 당연한 일이다.

이리하여 辰族(韓이란 稱號가 發生하기 以前 廣義의 韓族)社會의 唯一한 代表者로서 『魏志』와 『後漢書』의 東夷 · 韓傳에 登場하는 "目支國의 辰王"이다.

韓民族의 發展과 統合의 機運을 分割支配政策으로서 制壓하던 魏가 高句麗와 百濟에 의하여 敗退하니, 揷橋川流域인 「目支國의 辰王」 또한 이 後來 夫餘族에 의하여 밀려날 수 밖에 없었던 것이다.

그렇기에 이 「目支國의 辰王」의 權威는 三國의 形成이 굳어지면서, 實質的으로는 夫餘族인 百濟의 膨脹과 더불어 弱化되다가 魏의 敗退와 同時에 消滅된 것으로 推測하였다.

ㅇ) 「4章 5. 雪縣은 깊고 좁은 河川邊과, 7. 去長安 7,640里」에서는 『茂陵

書』의 "雪縣去長安 7,640里"와 東夷傳의 迷宮的 記述인 "目支國의 辰王"은 「眞番郡의 雪縣」과 「目支國」의 地理的 位置가 本稿의 推定대로 同一河川의 上流쪽 "金馬川"과 下流인 "沙邑川", 즉 揷橋川流域(內浦地方)에 所在하였을 境遇에만 비로소 解明이 된다는 事實을 追究하였다.

바꾸어 말하면 "眞番과 目支國"의 位置는 이로써도 考證이 된다 하겠다.

ㅈ) 몇가지 推測을 더 하고자 한다.

아마추어인 處地라서 百濟史에 관하여 通說과 크게 다른 見解를 開陳할 바 못되지만, 본 고에서 "眞番과 目支國의 故地는 內浦地方"이고, "錦江流域地方은 辰國圈"이라고 推定을 한 立場이므로, 다음 世紀에 이곳 百濟領域에서 展開된 熊津으로의 遷都로 인한 影響 등을 살펴보려 한다.

a) 『南史』에 의하면 "其(新羅)는 나라가 작아서, 獨自的으로 使聘을 통할 수가 없다. 梁나라 普通 2年, 王姓金(法興王, A.D. 514~540年)이 처음으로 百濟에 隨行하여 方物을 奉獻 시켰다. ……(中略)…… 於焉 百濟의 通譯이 있어야 비로소 통한다."하였다.

이는 新羅가 百濟에 얹쳐서 처음으로 中國大陸의 中樞部인 梁에 使臣을 보낸 記錄인데, 당시의 百濟는 新羅보다 越等한 先進國이요, 海洋國이었음을 말한다.

對峙關係이던 高句麗가 陸路를 掌握하고, 北朝와 交流를 하고 있는 마당에, 百濟로서는 南朝와의 親交가 切實하였을 것이다. 이에는 漢郡 以來의 交通網, 즉 眞番과 目支國의 航海術이 그 바탕이 됐을 것이다.

또 皇龍寺 九層塔을 建立할 당시(眞興王, A.D. 540~576年), "宝帛을 百濟에 바치고 阿非知를 모셔야 했음에서도 百濟文物의 先進性을 엿볼 수 있다."

忠淸道地方을 支配하게 된 後來者인 百濟가 內浦文化와 그 航海術을 受用함으로서 急速한 文化發展을 이룩할 수 있었음은 당연하다.

b) 百濟는 高句麗나 新羅의 開國說話와는 달리 卒本夫餘로부터 移動한

것이고, 처음 定着한 곳이 (近肖古王 A.D. 371年) 漢江流域이었다. 熊津(公州)으로 遷都를 한 것은 文周王(A.D. 475年)이고, 扶餘로 再遷都한 것이 聖王(A.D. 538年)이며 羅·唐軍에 의하여 敗亡한 것이 A.D. 660年이라면 그 支配層은 夫餘族이지만 百姓은 馬韓人이다.

百濟史는 主로 後來 支配族(夫餘族)에 관한 記錄이므로 原住韓族(馬韓族)에 관한 것은 疏外되어 버렸다. 더구나 熊津遷都와 더불어 內浦地方의 存在 自體가 忘却되어 버렸다. 오늘날 까지도.

그러나 熊津遷都 以前의 漢江流域에 남긴 그 文化가 뛰어난 것이 아니건만, 熊津遷都 63年間에 남긴 燦爛한 痕迹은 그들이 遷都를 함으로서 受用하게 된 原住韓族인 錦江流域의 "辰國"과 海洋先進國인 內浦地方 "眞番·藩國과 이를 繼承한 目支國"의 先進文化의 바탕없이는 이루어질 수 없는 遺業들이다.

c) 한편 少數後來族인 百濟의 統治者가 그 領域인 內浦地方에 王權의 威勢를 직접 떨친 것은 義慈王 2年이니, 이는 百濟滅亡 不過 10餘年前 일이다. 이로 미루어 眞番의 傳統은 夫餘族의 治下에서도 持續되고 있었음을 推測할 수 있다.

d) 『南史』에 나타난 新羅와 百濟間의 航海術의 隔差로 미루어 日本과 韓半島의 初期交流의 大部分은 辰韓系(新羅系)이기 보다는 海洋進出(中國進出과 日本進出)에 先進하였던 眞番과 辰王의 馬韓系였을 것이다.

그러므로 百濟의 支配層(夫餘族)과 日本과의 交流는 그들이 內浦地方의 發達된 航海術을 利用할 수 있었던 熊津遷都 以後래야 可能하였을 것이다.

新羅佛敎는 百濟로부터 傳播된 것인데, 初期佛敎의 遺跡은 主로 內浦地方에 남아 있다. 泰安의 磨崖三尊佛, 瑞山郡 雲山面의 國寶인 "百濟의 微笑", 禮山郡 鳳山面의 4面 石佛, 禮山 香泉寺의 "3千佛" 등을 들 수 있는데, 內浦地方이 先進 海洋國이던 痕迹은 牙山灣(揷橋川의 河口)에 "漢津浦", "唐津浦", "貢稅里" 등과 安興港 등 옛 港口가 남아있다.

e) 百濟는 羅·唐에 의하여 敗亡되었건만 그 全疆域中 惟獨 內浦地方

에서만 任存城을 中心으로 4年間의 抗戰이 繼續되었다.

全百濟人 모두가 抗戰을 한 것이라면 그 中心이 百濟를 後援하던 日本에 보다 가까운 全羅地方일수도 있었다. 그런데 그렇지 안 하였음은 最後까지의 抗戰은 內陸地方人(夫餘族인 支配族)에 의한 것이 아니고, 內浦地方人(海洋人, 原住馬韓族)에 의하여 支撐되었음이 分明하다.

그 抗戰의 主將 黑齒常之 將軍도 內浦出身이었고, 道琛 또한 禮唐 湖畔에서 올려다 보이는 大興 · 任存城 아래 大蓮寺의 住持스님 이었다.

夫餘族 治下의 內浦人.

그 內浦人들이 統治者는 사라졌는데도 4年間이나 新羅와 大唐國을 相對로 熾熱한 抗戰을 繼續한 事由는 무엇일까?

于先은 內浦地方人 自體의 意識이 存續되고 있었기 때문이라고 생각은 된다.

그러나 한편, 日本勢가 먼 航海를 무릅쓰고, 이 抗戰을 支援한 理由는 무엇이며, 그 바탕은 무엇인가?

或是나 高句麗와 百濟가 魏를 몰아내던 때(A.D. 313年), 그 膨脹하는 百濟勢에 밀려, 內浦地方을 떠나지 아니할 수 없었던 目支國의 指導層(辰王)이 그 發達한 航海術을 利用, 日本으로 多數 移住한 바 있어 그들과의 紐帶가 持續되고 있었던 것은 아닐까?

더욱이 目支(moksi, 목시, 禮山郡 揷橋邑)地方은 熊津(公州)으로부터 40km 距離에 不過하니 熊津遷都 以後로는 더욱 그러할 可能性이 많다.

이 점은 將來의 硏究對象이 된다.

또한 復興軍이 4年間에 걸친 抗戰의 中心地 任存城(大興)은 羅 · 唐聯合軍이 머물던 熊津으로 부터는 32km 距離이고, 扶餘로부터도 不過 36km 距離에 지나지 않건만 그 唐軍은 13萬 大軍을 가지고도 軍事的으로는 이를 擊破하지 못하였음도 留意될 일이다.

여하튼 內浦地方民의 護國의 슬기는 2100年前(B.C. 86)에도 漢 武帝의

侵略을 26年만에 물리쳤음에서 엿볼 수 있다.

ㅊ) 辰韓問題는 眞番郡의 位置問題와는 直接關聯이 적은 것이니, 여기서는 다만「眞番郡의 北部 7縣」과 그「南部 8縣」사이의 空間地帶에 關해서만 생각하겠다.

漢江以南의 所謂(이른바)「空地」에 머물던 後來族인 "辰韓"이 王莽 地黃年間(A.D. 20~23年)에 그들의 移留地 附近에서 저질은「伐木史禍事件」때문에 廉斯鑡를 앞세운 樂浪人에게 酷毒한 賠償을 치른 다음, 漢人의 勢力圈 가까이 定着함에 不安을 느끼고, 再次의 報復을 두려워한 나머지, 그 移留地이던 漢江流域으로부터 그 上流地方을 거쳐 慶北 洛東江 上流地方으로 移動한 것으로 생각된다. 그러니 그 時期는 A.D. 23年 무렵이라고 推想된다.

筆者로서는 漢江以南의 空地에 머물던 것이 李丙燾博士가 主張하는 "京畿 辰韓"이고, 洛東江 上流에 定着한 다음 膨脹發展을 한 것이 韓百謙 以來의 "慶尙道 辰韓"이었다고 보고자 한다.

李丙燾博士는 "伐木史禍"의 發生地를 安城川(熊川)邊으로 보았고, 이러한 解釋을 傍証 삼아 "辰國과 目支國의 故地는 天安 · 稷山地方"이라는 推定을 하고 있지만,

筆者는 이를 漢江以南의 隣接地였다고 보고자 한다. 왜냐하면 이 무렵은 南部都尉의 管轄로 編入된 北部 7縣地方이 漢人의 勢力圈이 南限에 해당하기 때문이다.

到處에 原始林이 存在하였을 그 당시, 漢人 1,500명이 伐木을 위하여 그들의 勢力圈에서 멀리 떨어진 安城川邊까지 이르렀다고는 볼 수 없기 때문이다.

以上으로『眞番國과 目支國의 位置問題』를 中心으로 古代의 內浦地方을 살펴보았는데, 從來의 學說들과는 크게 다른 結論에 다다랐다.

이는 內浦地方에 남아있는 地名 · 遺物 · 遺跡 등으로서 于先,「眞番과 目支國」을 推究한 다음 그 可能性으로서 先學들의 硏究成果와 對比하여 본 結

果다.

筆者의 考察成果가 正鵠을 期한 것이 못 된다 할지라도, 또한 한 아마추어의 見解에 지나지 않는다 할지라도 一生을 이 地方에서 살아온 사람의 考察의 一部이니 이것이 觸媒가 되어 內浦地方의 古代文化와 其他의 모든 可能性에 대한 關心있기를 바라 마지않는다.

第2篇
廣開土王의 南侵과 未詳城의 位置比定

廣開土王碑文解譯과 未詳城의 位置 比定

NO	王健群判讀	NO	筆者判讀과 城郭位置比定	
1	寧八城			
2	臼模盧城			
3	各模盧城			
4	幹氐利城			
5	□□城			
6	閣弥城			
7	牟盧城			
8	弥沙城			
9	古舍蔦城			
10	阿旦城			
11	古利城			
12	□利城			
13	雜珎城			
14	奧利城			
15	句牟城			
16	古模耶羅城			
17	須鄒城			
18	□□城			
19	□而耶羅城	1	芬而耶羅城	洪城郡 結城面 琴谷里(부니티)
20	瑑城	2	瑑城	瑞山市 海美面 猪城里(돋土城)
21	於利城	3	於利城	瑞山市 海美面 雄梳城里(於利城)
22	農賣城		農賣城	
23	豆奴城	4	豆奴城	禮山郡 揷橋邑 頭里(두루머리土城)
24	沸城	5	緋城	保寧市 熊川面 水芙里(붉은뎅이土城. 萬盧國)
25	比利城	6	比利城	禮山郡 古德面 大川里(卑离城, 今候山周邊)
26	弥鄒城	7	彌鄒城	牙山市 仁州面 密頭里(金城)〈金聖昊〉
27	也利城		也利城	
28	大山韓城	8	大山韓城	瑞山市 地谷面 環城里(韓城, 大山部曲)
29	掃加城	9	掃加城	泰安郡 所遠面 所斤里(漢衣山城)〈金聖昊〉
30	敦拔城		敦拔城	
31	□□□城		□□□城	
32	婁賣城		婁賣城	
33	散那城	10	散那城	洪城郡 長谷面 佳松里(城中部落) · 洪東面
34	那旦城		那旦城	

NO	王健群判讀	NO	筆者判讀과 城郭位置比定	
35	細城	11	細城	天安市 木川面(細城山城)〈井上〉
36	牟婁城	12	牟婁城	禮山郡 古德面 四里(말머리土城, 宮(軍)牟婁)
37	于婁城		于婁城	
38	蘇灰城	13	蘇灰城	唐津郡 合德邑 素素里(퇴뫼山城. 素素部落. 灰台部落)
39	燕婁城		燕婁城	
40	析支利城		析支利城	
41	巖門岦城	14	巖門岦城	唐津郡 石門面 三峰里(高山아래, 泰山城)
42	林城	15	任(林)城	禮山郡 光時面 長田里(長田里土城, 只三村)
43	□城	16	犬城	瑞山市 雲山面 巨城里(개성=伽倻城=巨城)
44	□□□城		□□□城	
45	□利城		□利城	
46	就鄒城			
47	□拔城			
48	古牟婁城	17	古牟婁城	洪城郡 洪城邑 九龍里(고모랭이土城.古牟里)
49	閨奴城	18	閨奴城	唐津郡 順城面 本里[乽(御)羅山. 퇴뫼城]〈酒井, 井上〉
50	貫奴城		貫奴城	
51	彡穰城		彡穰城	
52	曾拔城			
53	宗古盧城			
54	仇天城	19	仇天城	瑞山市 海美面 冬岩里(구터바위城. 古海美城)
55	□□□			
56				
57	□□			
58	□□□	20	百殘城	京畿道 漢江 南쪽

A.D. 313年에 이르자 高句麗의 15代 美川王은 南侵을 敢行하여 樂浪을 滅하고 漢四郡을 물리쳤다. 이로써 B.C. 108年 漢四郡이 設置된 이래 420年 만에 中國 勢力을 韓半島에서 몰아낸 것이다.

廣開土王도 A.D. 395年 南侵을 하여 漢江以北의 18個城을 席捲하고, 다음 해인 A.D. 396年에는 漢江以南의 40個城을 席捲하고 돌아갔다.

長壽王(在位 A.D. 413~491)은 父王의 業績을 기리는 陵碑를 吉林省에 세웠다.

이 好太王 陵 碑銘에 A.D. 395~396年의 兩年에 걸쳐 南侵을 하여 席捲한 58個城의 記錄이 있다.

碑를 建立한지 약 1600餘年이 지난 오늘에 와서는 風雨에 磨滅되어 解讀하기 어려운 部分도 많이 있으나, 古代史를 考證할 수 있는 唯一한 金石文이기에 이를 研究한 學者도 많다.

近年 吉林省 博物館長이자 考古學者인 王健群氏가 判讀한 것이 있기에 筆者는 이를 活用한다.

日本의 여러 學者 中 사가이(酒井改藏)教授와 이노우에(井上秀雄)教授는 여러城의 名(이름)을 擧論하면서 그 位置를 論及한 바 있고, 韓國에서는 朴性鳳教授, 金聖昊氏 등이 論及을 하였다.

그러나 筆者는 이들과도 見解를 달리하는 部分이 많다.

筆者가 研究한 바를 적어본다.

1) 芬而耶羅城

지금까지 여러 學者들이 □而耶羅城이라 判讀하여 왔지만,

이노우에(井上秀雄)教授는 이에 대하여 言及을 못하였고,

金聖昊氏는 □而耶羅城이라고 判讀을 하였지만 位置比定은 하지 못하였다.

芬而耶羅城(부니티城) : 洪城郡 結城面 琴谷里

어느 日本學者 한 사람이 分而耶羅城이라고 判讀한 이가 있었다.

이것을 林基中氏는 「芬而耶羅城」이라고 判讀한 것이다.

林基中氏는 젊은 분이다.

北京大學에 留學하였다.

北京大學 圖書館에 廣開土王 陵碑文의 오래된 拓本이 있음을 發見하고, 3年間 이를 研究하였다한다.

이 事實은 韓西大學校 오윤희教授가 林基中氏 論文을 筆者에게 보내주어 알게 된 事實이다.

洪城郡 結城面 琴谷里에 有名한[神(新)衿城)]이 있다.

忠南大學校에서 發掘까지한 城이다.

이 城이 있는 部落이 「부니티」마을이다.

이 마을에서 古代遺物이 많이 出土되었다.

結城의 黃性昌氏에 의하면 「부니티」部落 周邊에 土城으로 보이는 遺跡이 있었다고 한다.

筆者는 이 城을 "芬而耶羅城"이라고 본다.

이 城은 結城面 琴谷里에 있는 城이고, 옛 海岸線에서 1.5km 距離에 있는 城이다.

신금성[神(新)衿城]은 廣開土王의 侵攻이 있은 以後에 芬而耶羅城을 代身하여 새로이 築造된 城으로 생각한다.

芬而耶羅城에 살던 馬韓의 部族들은 A.D. 396年 廣開土王의 南侵을 받고 土城이 敵으로부터 防禦하는데 도움이 되지 못함을 뼈저리게 느끼고, 管內의 防禦하기 좋은 곳에 石城을 築造하거나 土城周圍에 二重城을 築造한 것中의 하나가 神(新)衿城인 것이다.

神衿城의 "衿"字는 "띠를 두를 금"字이니 旣存의 芬而耶羅城에 二重으로 새로이 城을 築造하였으니 새로운 城, 즉 神(新)衿城이 아닌가.

2) 墩城

墩城(돈토성) : 瑞山郡 海美面 猪城里

王健群氏는 瑑城이라 하였고,

이노우에(井上秀雄)教授도 瑑城이라 判讀하고 京畿道 楊根의 揚城이라 하였다.

金聖昊氏는 湯城이라 判讀하고 牙山郡 湯井面에 位置한다고 하였다.

筆者는 이를 瑞山郡 海美面 猪城里의 돋土城이라 본다.

忠淸道의 內浦地方에서는 「멧돼지(猪)를 산돋」이라 한다.

土城이 있고, 近年 空軍飛行場 工事中 機池里에서 많은 靑銅器 遺物이 出土되었고, 옛 海岸線에서 1km 떨어진 位置이다.

3) 於利城

於利城 : 瑞山郡 海美面 雄梳城里

이노우에(井上秀雄)教授는 京畿道 利川의 南川이라 하며 모르겠다고 하였고,

金聖昊氏는 楊城이라 判讀을 하면서 京畿道 華城郡 鄕南面이라 하였다.

筆者는 瑞山郡 海美面 雄梳城里의 於利城으로 본다.

雄梳城里의 「梳」字는 〈어리빗 소(梳)〉字인 것이다.

넓은 土城이 남아 있고 古代遺物인 土器類가 出土된다.

옛 海岸線에서 2~300m 距離에 있다.

4) 豆奴城

이노우에(井上秀雄)教授는 이를 客賢韓이라 判讀하였지만 位置 考證은 하지 못하였다.

金聖昊氏는 豆奴城이라 判讀하고 位置 考證은 京畿道 安城郡 一竹面으로 指目하였다.

筆者는 이를 禮山郡 揷橋邑 豆里에 있는 두루머리土城으로 본다.

揷橋邑 城里와 豆里에는 土城이 2곳 있다.

하나는 第 1篇 1章 5.「古代內浦地方과 古代日本語」에서 言及한 두루머리 土城, 즉 目支國의 目支城이다.

또 하나는 B.C. 108年에 漢武帝가 이곳에 眞番郡의 治所 雪陽障을 築造한 것이다.

A.D. 396年 廣開土王이 이 城을 攻擊하였을 때는 目支國의 辰王은 A.D. 396年初에 廣開土王이 漢江以北의 18個城을 攻略함을 보고, 威脅을 느껴 日本으로 亡命한 다음이었다.

지금도 巨大한 立石(menhir)이 있고 支石墓 3基가 얼마전까지도 保存되어 있었다.

5) 緋城

이 城을 이노우에(井上秀雄)教授는 阿旦城으로 判讀하고 江原道 伊川郡 安峽 또는 京畿道 朔寧郡(現 連川郡)이라 하였지만,

金聖昊氏는 京畿道 安城郡 二竹面에 指目하였고,

李丙燾博士는 馬韓 萬盧國의 位置를 忠南 保寧에 指目하였다.

保寧郡 熊川面 城洞里에 馬韓時代 萬盧國의 붉은뎅이土城이 있음을 前

大川高等學校 김효기校長이 알려 주었다.

「"緋"字는 붉은 비단 비, 짙게 붉은 빛 비」이다.

踏査를 한 결과 筆者는 이 붉은뎅이土城을 緋城이라 생각한다.

6) 比利城

이노우에(井上秀雄)教授는 言及함이 없다.

金聖昊氏는 이를 於利城이라 하고, 京畿道 平澤邑 蔚城里의 蔚城이라 比定하였다.

筆者는 禮山郡 古德面 所在地 附近에 있는 土城으로 본다.

古德地方에는 여러곳의 土城이 있었으며, 立石(menhir)을 改刻한 佛像이 石谷里에 現存하고 있다.

옛 德山邑誌에 古德地方을 卑離國이라 하였다.

7) 彌鄒城

이노우에(井上秀雄)教授는 言及함이 없다..

金聖昊氏는 이를 牙山市 仁州面 密頭里의 〈金城〉을 彌鄒城이라 批定하였다.

筆者도 金聖昊氏의 主張에 同調한다.

8) 大山韓城

이노우에(井上秀雄)教授는 이를 扶餘郡 鴻山으로 指目하였고, 金聖昊氏는 瑞山市 地谷面에 있다, 하였다.

筆者는 瑞山市 地谷面 環城里에 있는 韓城으로 본다.

9) 掃加城

掃加城遠景 : 泰安郡 所遠面 所斤里

掃加城近景 : 泰安郡 所遠面 所斤里

이노우에(井上秀雄)教授는 言及함이 없다

金聖昊氏는 泰安郡 所遠面 所斤里의 漢衣山城으로 比定하였다.

筆者도 이를 金聖昊氏의 主張에 同意한다.

廣開土王의 南侵以後 朝鮮時代에 倭寇의 侵入을 막기 위한 鎭城으로 사용하였기에 일부의 토성 痕跡과 石築이 보존되고 있다.

10) 散那城

이노우에(井上秀雄)教授는 "이 城을 結城에 있다." 하였고,

金聖昊氏는 "保寧郡 舟浦面에 있다." 하였다.

筆者는 "이를 駟盧(羅)國의 여러 城으로 본다."

李丙燾博士는 『韓國史, 震檀學會, p.286』에서 駟盧(沙羅)國의 領域을 洪城郡 長谷面이라 하였지만, 筆者는 長谷面과 洪東面地域으로 본다.

이는 모두 옛날에는 結城郡의 領域이었다.

이 長谷面과 洪東面의 管內에는 土城이 9곳, 石城이 4곳이나 集中되어 있다.

廣開土王이 이곳을 攻略하였을 때, 이 여러 小部族을 統率하던 駟盧(沙羅)國의 王宮城은 長谷面 佳松里의 城中部落을 中心으로 하는 넓은 土城이었다.

이 周邊에 支石墓가 6基가 있으며, 長谷面 出身인 金鉀鉉氏에 의하면 古代遺物이 多量으로 出土되었다 한다.

廣開土王의 南侵이 있은 後 馬韓의 여러 나라에서는 土城이 敵의 侵攻에 아무런 도움이 되지 못함을 알게 되어, 管內의 防禦與件이 좋은 곳에 石城을 築造하거나 土城周圍에 二重城을 築造한 것으로 생각된다.

廣開土王의 一擊을 받은 駟盧(沙羅)國에서는 防禦與件이 좋은 가까운 두루산 頂上에 石城을 築造하였다.

이것도 沙羅(沙尸羅)城이다.

이것이 260年後 百濟復興戰史에 나타나는 城으로서, 中國史料의 周留城이자, 『日本書紀』의 記錄인 州柔城이다.

옛 洪城郡誌의 山 · 川條에 鶴城山[洪城郡 乼方面(長谷面) 山城里에 鶴城山]이 있다 하였다.

"乼方面의 乼字는 中國漢字도, 日本漢字도 아닌 韓國漢字로서 〈洪州地方의 地名「乼」〉字인 것이다.

『北史』에서 〈百濟에서는 王을 「乼羅瑕」라고 한다〉 하였으니, 〈乼方〉이라

함은 馬韓 〈駟盧國-沙羅國〉의 王宮城, 百濟 〈沙尸羅縣〉이 다스리던 城이던 곳임을 말한다.

그러니 이 𡋗方은 駟盧國의 王宮城을 말한 것이다."

後日 百濟復興戰爭 당시 福信將軍과 道琛스님이 任存城으로부터 이곳으로 옮겨온 것은 A.D. 660年 末이니, A.D. 396年 廣開土王의 攻擊이 있은 直後 山城이 築造된 때로부터 260年後, 福信將軍과 道琛스님이 이끄는 復興軍의 軍隊가 옮겨온 두루城이자 周留城이다.

A.D. 661年 9月 豊璋王이 日本軍 5千名의 護衛를 받으며 還國한 州柔城(쓰누사시-ツヌサシ),

A.D. 663年 5月 日本의 犬上君이 豊王을 訪問한 石城, 同年 9月 文武王의 5萬 軍隊가 陷落시킨 周留城은 모두 同一한 城이다.

福信將軍의 兵力과 總司令部가 이 城으로 옮겨 올 때까지 어떠한 事件이 있었는가?

A.D. 313年 高句麗의 美川王(15代, 在位 A.D. 300~331)이 樂浪郡을 侵攻하자 中國勢力은 樂浪郡과 帶方郡에서 撤收하고 말았고, 內浦地方의 任那王인 崇神은 騎馬系의 南下에 不安을 느끼고 慶尙道 南海岸인 金海地方으로 移動하였다가, 거기서 다시 日本의 九州北部地方으로 亡命하였다.

內浦地方의 伽倻諸國 一部도 任那國과 같이 慶尙道 南部地方으로 亡命하였다.

慶尙道로 移動하기 以前인 內浦地方이 「前期任那와 前期伽倻」이다.

A.D. 371年 百濟 13代 近肖古王 26年에 高句麗의 平壤城을 攻擊, 高句麗 16代 故國原王(在位 A.D. 331~371)이 戰死하였다.

A.D. 395~396年 廣開土王은 58個城을 攻略 征服하였다. 廣開土王이 A.D. 395年 漢江 以北의 18個城을 征服하자, 이에 놀란 目支國(禮山郡 挿橋邑 城里)의 辰王인 應神王은 廣開土王이 馬韓諸國을 侵攻하기 直前, 船便으로 海路를 통하여 九州 南部地方으로 亡命 狗倻國, 즉 伽倻國을 세우고 第 2次 日本의 統一國家를 樹立하였다.

A.D. 427年 高句麗 20代 長壽王 16年 平壤으로 遷都하였다.

A.D. 475年 高句麗의 百濟漢城 攻擊으로 百濟 21代 蓋鹵王이 戰死하였고, 22代 文周王이 熊津으로 遷都, A.D. 538年 百濟 26代 聖王 16年에 王은 다시 扶餘로 遷都하였다.

百濟의 實勢가 忠南의 內陸地方으로 옮겨오면서 百濟 勢力은 馬韓諸國에 미치게 되었다.

百濟는 馬韓諸國의 首長들을 郡 · 縣의 統治者로 任命하니 馬韓諸國은 百濟의 治下에 들어가게 되었다.

두루산의 沙尸羅城은 險峻하여 平和時의 治城으로는 몹시 不便하다.

이에 駟盧(沙羅)地方에서는 長谷面 大釜洞의 水口인 溪谷(골) 건너山, 山勢도 順하고 進入路도 平坦하고, 물도 豊富한 곳에 治城인 石城을 築造하였다.

이것이 長谷面 大峴里에 있는 第 2의 두루城이자, 百濟 沙尸良縣의 治所城인 것이다.

그러니 福信將軍과 道琛스님의 兵力과 指揮部가 이 城으로 옮겨 왔을 때는 260餘年前에 築造된 沙尸羅城은 廢城 狀態였을 것이다.

洪城郡 長谷面(乼方面) 山城里 鶴城山에 있는 두루城이 中國史料의 周留城이자 日本書紀의 州柔城(쓰누사시-ッヌサシ)이라고 하는 筆者의 硏究에 地方民의 關心이 높아지자, 洪城郡에서는 두루城에 대하여 1995~7年 사이(間)에 詳明大學校 博物館팀이 中心이 되어 최규성敎授와 申瀅植敎授, 이호영敎授, 崔根泳博士의 指導下에 調査가 이루어졌다.

結果 廣大한 建物址(幅13m, 길이 30m의 119坪)와 〈沙尸羅(良)〉와 「沙羅」銘의 瓦片과 遺物이 出土되었다.

「沙羅」 或은 「沙尸羅」는 馬韓때의 王宮城이던 곳이다.

沙尸羅의 "尸"字는 "아이동시, 새로울시, 옛날 祭祀 지낼 때 神을 代身하는 아이시, 새로운 神主라는 뜻이니, 옛 城을 代身한 城, 즉 廣開土王의 侵攻을 받고 平地築城이었던 散那城이 敵으로부터의 保護를 받는데 도움이 안

됨을 느끼고 防禦與件이 좋은 곳에, 새로이 쌓은 城이 沙尸羅城이다".

『周留城』은 福信將軍과 豊王이 이 城에 머물면서 史料에 처음 登場하는 이름이니, 260年前에 築造된 「沙尸羅」라는 이름과는 聯關이 있을 수 없다.

戰況이 急迫한 狀況中에 한가로이 州柔라는 銘을 넣어 蓋瓦를 구울 수는 없었을 것이다.

그러니 發掘結果 「沙尸羅」銘의 瓦片이 나왔을 뿐, 州柔城(周留城) 銘의 瓦片이 없다하여 發掘을 指導한 教授들이 躊躇한 나머지 周留城이 아니라는 論理는 成立이 안된다.

그러니 "「沙尸羅城」或은 「沙羅城」이 中國史料의 周留城이자, 日本書紀의 州柔城(ツヌサシ)"인 것이다.

11) 細城

廣開土王은 歸路에 細城을 攻略하였다.

이노우에(井上秀雄)教授는 天安市 木川面 細城山城이라 하였고, 金聖昊氏는 天安市 城南面 화성리의 細城山城이라 하였지만, 現在 行政區域이 다를 뿐, 同一한 土城인 것이다.

筆者도 이노우에(井上秀雄)教授와 金聖昊氏의 主張에 同意한다.

12) 牟婁城

이노우에(井上秀雄)教授는 判讀을 하였을 뿐 位置에 대해서는 論及한 바 없다.

金聖昊氏는 公州郡 正安面 廣亭里의 毛老院이라 하였다.

그러나 이는 事理에 맞지 않는다.

公州郡 正安面 廣亭里는 水軍의 立場에서 볼 때 車嶺山脈 너머에 位置하니 말이다.

筆者는 第 1篇 1章 5.「古代 內浦地方과 古代日本語에서 論及한 內浦地方의 9머리 中의 하나인 禮山郡 古德面 四里의 4) 말머리」로 본다.

1970年代에 四里앞을 흐르는 孝橋川 河床工事場에서 雙珠鈴과 石鏃(화살촉), 石斧(돌도끼), 石劍 등이 發見되기도 하였다.

또한 四里에 居住하는 裵龍珠氏에 의하면 1980年頃初 果樹園을 造成하기 위해 開墾을 할 때 數十餘基의 大型甕棺과 石斧, 石鏃, 石劍 등 多量의 石器類와 土器類들이 出土되었으나 無關心 속에 重機作業으로 인하여 모두 毁損 되었다고 한다.

牟婁城으로부터 南方向 孝橋川 건너 약 2km 地點에 百濟 復興戰爭의 巨將인 黑齒常之將軍이 郡將으로서 管理하던 風達郡(現地名은 禮山郡 鳳山面 孝橋里, 俗地名; 風景里)이 있다.

13) 蘇灰城

이노우에(井上秀雄)教授는 論及함이 없다.

金聖昊氏는 舒川郡 마성면 소야리의 벽오리山城으로 比定 하였지만,

筆者는 唐津郡 合德邑 素素里의 테뫼山城을 素灰城으로 본다.

素素里部落에는 테뫼山城이 있고, 테뫼山城을 中心으로 東쪽 部落의 俗地名이 素素部落이고, 西쪽 部落의 俗地名이 灰台部落이다. 이 두 部落이 合쳐져 素灰部落이며, 部落 뒷산에 세워진 城이 蘇灰城이다.

이 土城에서는 青銅器 遺物과 多量의 古代 遺物이 出土되었다.

이 出土品은 中央博物館에 保管되어 있고, 中央博物館 發行圖錄에도 揭載되어 있다.

14) 巖門岦城

廣開土王 陵 碑文의 丙申年(A.D. 396年)條에 王이 水軍을 統率하고 南쪽

地方을 攻略하여 40個 城을 征服한 內容이 있다.

從來學說의 侵略 範圍는 漢江以北 이라는 見解가 主導的 이었는데 近年 사가이(酒井)教授는 이를 忠南地方에까지 擴大하는 見解를 發表한 바 있다.

여러 學者들이 嚴門至城으로 判讀한 城이다.

金聖昊氏는 이를 嚴門至城이라 判讀하고, 扶餘郡 石城面의 石城山城이라 하였다.

그러나 王健群氏는 이를 巖門岦城으로 判讀한 것이다.

「岦(종)은 해져물 종, 해떨어질 종」이니, 〈巖門-岩門-石門〉이고, 石門岦城인 것이다.

말하자면 石門을 통하여 "落照(해져무는 것, 저녁햇빛, 夕陽)을 바라볼 수 있는 城"이라는 뜻이다.

唐津郡 石門面 三峰里 바닷가에 石門이 있음이 『大東地志』의 唐津郡 山水條에 "三峰山 西쪽 30里 石門遺址가 있다."라고 記錄되어 있다.

1970年 初까지도 아치形의 石門이 남아 있었으나 지금은 崩壞되어 痕迹만 남아있다.

그래서 筆者는 이를 唐津郡 石門面 三峰里에 있는 土城으로 보는 것이다.

이 城에서 出土된 古代遺物들은 石門中學校 鄕土 資料室에 展示되어 있다.

15) 林〈任〉城

이노우에(井上秀雄)教授는 味城이라 보았고 位置比定은 없었다.

金聖昊氏는 扶餘郡 林川面의 加林山城이라 하였다.

筆者는 이를 禮山郡 大興地方의 長田里土城을 林〈任〉城으로 본다.

林(任)那城을 林城으로 보는 것이다.

에가미나미오(江上波夫)教授가 任那國의 崇神王이 살던 곳으로 指目한 城이다.

廣開土王이 이 城을 攻略하였을 때 그 支配層은 이미 慶尙道 海岸가로 亡命한 다음이었다.

16) 犬城

王健群氏는 □城이라 하였을 뿐 言及을 못하였다.

이노우에(井上秀雄)教授와 金聖昊氏도 論及한 바 없다.

筆者는 이를 瑞山郡 雲山面 巨城里에 있는 犬城(개성, 巨城)으로 본다.

記錄에 의하면 周(둘레) 9,960尺의 巨大한 土城이 있었다고 記錄되어 있고, 痕跡만 남아 있었으나 現在는 瑞山牧場이 되었다.

2005年 11月 이 城의 西北쪽 小河川(大橋川) 건너 1.5km 地點인 音岩면 副長里의 古墳에서 金製王冠, 環頭大刀, 鐎斗, 金製珥(금제귀고리) 등이 出土되었는데, 이는 犬城의 馬韓 王子가 使用하던 것으로 생각된다.

17) 古牟婁城

古牟婁城(고모루성) : 洪城郡 洪城邑 龜龍里 · 一名 古毛里

이노우에(井上秀雄)敎授는 이 城의 位置를 禮山郡 德山地方이라고 하였고, 金聖昊氏는 이를 公州의 熊津城이라 하였다.

筆者는 洪城驛前 앞의 고모랭이城(洪城郡 洪城邑 龜龍里 · 一名 古毛里)이 이것이라고 본다.

이 城은 揷橋川의 上流인 金馬川에 둘러쌓여 있으며, 古山子가 「唐改支潯州」라고 한, 支潯川에 둘러있고, 支潯들(平野)은 이 城 周邊의 平野를 말한다.

18) 閨奴城

이노우에(井上秀雄)敎授는 唐津郡 順城面에 比定하였고, 金聖昊氏는 靑陽郡 定山面 白谷里의 豆陵尹城이라 하였다.

筆者는 唐津郡 順城面 本里의 [於(乻)羅山]에 있는 退尾山土城이 이것이라고 본다.

19) 仇天城

瑞山市 旧(구)海美의 뒷산이다. (現 瑞山市 海美面 冬岩里)

이노우에(井上秀雄)敎授는 論及함이 없고, 金聖昊氏는 "忠南 天原郡 豊世面에 있다" 하였다.

筆者는 瑞山市 旧(구)海美 뒷산에 있는 海美古城 〈구터바위城〉을 仇天城으로 본다.

20) 百殘城

廣開土王은 最後에 百殘城을 攻擊하였다.

百殘이라 함은 高句麗가 百濟를 賤視하여 부른 呼稱이다.

高句麗와 百濟는 同一한 夫餘族이었다.

美川王이 中國勢力을 逐出한 空地에 들어와 먼저 나라를 세운 百濟를 憎惡하였던 것이다.

高句麗軍이 漢江 以南에 있던 百濟를 攻擊하자 百濟軍은 强力하게 應戰하였다.

廣開土王은 大怒하여 스스로 軍隊를 統率하고 百濟를 攻擊하여 크게 勝利를 하였다.

이노우에(井上秀雄)教授와 金聖昊氏는 이 城에 대하여 論及한 바 없으나, 廣開土王이 百殘을 攻略한 것은 A.D. 396年이니 이때의 百濟王은 17代 阿莘王(在位 A.D. 392~405)이었고, 그 都邑은 漢江 南쪽 漢城이던 때였다.

筆者는 漢江 南쪽의 京畿道地方에 比定한다.

以上 丙申年(A.D. 396年)에 廣開土王이 水軍을 거느리고 漢江 以南의 40個城을 攻略한 記錄 中에서 20個城을 考察하여 보았다.

이는 그 全部가 忠淸南道 西海岸地方, 즉 內浦地方에 偏在함을 알게 된다.

"廣開土王이 거느린 軍士가 海路를 통하여 作戰을 遂行하였기 때문에 海岸線에 가까운 것임을 示唆하는 것이다".

廣開土王이 A.D. 395~6年의 兩年에 걸쳐 京畿道 南部와 忠淸道의 內浦地方을 攻擊한 理由에 대하여 사가이(酒井)教授는 好太王이라는 이름 그대로 領土擴張을 좋아하여 南侵한 것이라고 하였지만, 그렇다고는 생각되지 않는다.

特히 A.D. 396年의 南侵 對象인 "目支國의 辰王은 馬韓 54個國 뿐 아니라 弁韓과 辰韓의 折半까지도 支配하는 勢力으로 浮上하였고, 帶方郡의 故地에 進出한 百濟는 急速히 勢力이 커지고 있었기 때문에 이들을 牽制하기 위함이었다고 본다."

廣開土王이 目支國을 侵攻하였을 때는 目支國의 辰王은 이미 日本의 九州南部地方으로 亡命한 後였다.

이것이 應神王이다.

『日本書紀』에서의 狗耶國이라 함은 伽倻國을 말하는 것이다.

百濟는 高句麗 侵略軍에 抵抗하다가 크게 敗하여, 百姓 1千名과 細布 1千匹과 大臣들을 捕虜로 바치고 臣下가 되기를 盟誓하고 禍를 免했다.

그러나 百濟는 곧 新羅와 聯合하여 高句麗를 防禦하기에 이르렀다.

또한 이 무렵까지 石築山城이 없었던 馬韓諸國에서는 要衝地에 石城을 築造하게 되었음은 위의 "10)의 散那城" 條에서 論한바와 같다.

第3篇
洪州周留城과 白村江 戰鬪

1章 序言

2章 百濟 故地의 地政學的 特徵

3章 筆者의 百濟復興戰 遺跡의 遍歷(두루살핌)

4章 周留城 考

5章 白村江 考

6章 百濟遺民의 日本亡命

7章 結語

第3篇 洪州周留城과 白村江 戰鬪

1章 序言

1. 位置가 確實하지 않은 百濟遺蹟에의 接近

a) 日本이 韓國을 侵犯한 直後인 1913年 쓰다(津田左右吉, 早稻田大)教授는 〈周留城 韓山說과 白村江 熊津江(錦江)下流說〉을 폈다.

이는 韓國侵略의 合理化를 위해 내세우는 속임수였다.

이 學說은 그 後 李丙燾博士와 이께우찌(池內宏, 東京帝大 1934)教授의 支持를 받아 오늘날에 이르러서는 定說視 되고 있다.

正統派學者들 大部分이 이를 따르고 있는 實情이다.

한편, 쓰다(津田左岩吉)教授 說이 發表된 약 10年後, 쓰다(津田)教授의 論理가 不合理하다고 判斷한 오다(小田省吾, 朝鮮總督府 歷史編修官, 1924)氏와 이마니시(今西龍, 京城帝大, 1934)教授는 〈周留城은 扶安의 位金岩山城說과 白村江 東津江說〉을 폈다.

이를 地理學者 盧道陽博士와 圓光大 全榮來教授가 支持함으로서 지나간 90餘年間 周留城과 白村江의 位置論爭은 兩大 系派를 이루고 있다.

以外에도 韓 · 日兩國 學者 間에 여러 異見이 提起되어 왔음은 말 할 必要

가 없다.

이런 가운데 金在鵬氏는 丹齋 申采浩先生의 燕岐說을 發展시켰고, 筆者는 古山子 金正浩 先生의「洪州 周留城 說」에 깨우침을 받아 이를 積極 研究하여 온 것이다.

b) 百濟의 終末期 歷史가 되는 百濟 復興戰爭史를 研究함에 있어, 무엇보다도 優先的으로 解決할 일은 아직까지도 그 位置가 確認되지 않은 채로 있는 百濟의 主要史跡, 즉 豆陵尹城, 〈周留城 = 두루城 = 州柔城 = 石城 = 鶴城〉, 〈白村 · 白村江 · 白江 · 白江之口〉, 〈避城 = ヘサシ = 𨻶城〉, 沙平城 등의 所在地를 糾明하는 일이다.

不確實한 歷史의 足跡을 基礎로 하여 解釋된 百濟史에 많은 錯誤가 있게 됨은 必然的인 일이기 때문이다.

이미 850餘年(A.D. 1145) 前 金富軾이『三國史記』를 編纂할 당시 약 200餘곳이「이름은 있으나 位置가 確實치 않은 곳(有名未詳地)」으로 分類한 狀態인데, 이들 百濟遺跡을 1,300餘年이 지난 오늘에 考證한다는 것은 容易한 일은 아니지만, 이 史跡들은 서로 깊은 聯關이 있으므로, 이제라도 어느 한 곳이 새로이 糾明될 境遇, 이를 參較삼아 다른 確實치 않은 곳도 밝혀 낼 수 있을 것이다.

百濟遺跡들은 敗亡國의 遺跡인데다, 오랜 歲月 疏忽히 다루어졌고, 그 있는 所在를 研究할 수 있는 基本이 되는 文獻이 워낙 稀少하니, 斷片的인 關聯된 일이나마 가려내어 이것들을 綜合하거나 미루어 생각하는 수 밖에 다른 方途가 없을 것 같다.

서로 다른 資料이지만 研究를 통해 얻어지는 結果가 서로 矛盾됨이 없이 符合된다면 이 또한 서로 補完되는 完璧한 考證이 될 수 있을 것이다.

c) 史學界에서는 A.D. 660~663年間의 百濟 復興戰爭史 만을 研究 할 것이 아니라, 車嶺山脈의 西北部地方, 즉 內浦地方에서는 어떤 緣由로 舊土回復을 위한 強烈한 抵抗(百濟復興戰爭)이 있었는지를 馬韓時代의 內浦地方

歷史와 文化로부터 硏究가 이루어진다면 지금까지 풀리지 않던 疑問點은 解決될 것이다.

2. 周留城과 白村江에 대한 筆者의 基本槪念

a) 筆者가 古代史에 關心을 갖게 된 것은 回甲 무렵이었으니 30餘年이 지났다. 그 무렵 言論에서는 日本의 歷史歪曲 問題가 자주 深度있게 擧論되고 있었다.

그 實體를 알고 싶었던 筆者는 李丙燾先生의 著書라던가, 日本 學者들의 著書도 살피는 한편, 많은 遺跡들도 直接 찾아가 살펴보았다. 그러는 동안 나름대로 나의 所見도 느끼게 되었다.

또한 百濟復興戰爭史에 關心을 갖게 된 것도 벌써 30餘年이 넘었다. 古山子 金正浩(?~1864)先生의 『大東地志』 洪州牧條의 序頭에 「洪州牧 本百濟 周留城 唐改支潯州」라는 句節을 접하였을 때였다.

당시 周留城의 位置를 韓山地方이라고 認識함은 國定國史敎科書를 爲始하여 누구나 그러려니 믿고 있던 일 이었다.

筆者는 公州高等普通學校 1 · 2學年때의 日本語 擔當敎師이던 가루베(輕部慈恩, 日本大學)博士의 著書 『百濟遺跡의 硏究』를 읽으면서, 〈周留城 = 州柔城〉과 〈白村江 = 白江口〉의 位置問題에 많은 論難이 있음을 大略 알고 있던 터라서, 古山子의 〈周留城 洪州說〉은 興味를 느끼기에 充分한 것이었다. 그러나 이 무렵 筆者의 主된 關心事는 馬韓史와 伽倻史 分野였기에 그저 古山子와 같은 偉大한 地理學者가 "120~140年前 이미 〈周留城 洪州說〉을 폈는데, 韓 · 日兩國의 史學界는 아직도 이 課題를 가지고 論爭을 벌이고 있는가?" 하는 안타까운 心情이었다.

그 後 곧 『日本書紀』의 天智紀에서 「豊王이 王城인 復興軍의 指揮本部를 周留城으로부터 〈避城-ヘサシ-樺城〉으로 옮겼다가(A.D. 662年 12月), 沙平

城 등이 新羅軍의 攻擊을 받게 되자 不安을 느끼고, 다음해 2月 다시 周留城으로 돌아왔다.」는 記事를 읽으면서 더 많은 興味를 느끼게 되었다.

古山子는 洪州牧條의 〈城址〉項에서는 具體的으로 洪州牧城이 周留城이라고 하였지만, 現在의 洪城邑 五官里의 平地 石築城인 洪州牧城은 『日本書紀』에 記錄된 〈州柔城 = ツヌサシ〉으로 볼 수 없음이 確實하기 때문이다.

여기서 筆者는 洪州管內에서 古山子가 말하는 〈周留城〉이자 『日本書紀』에 記錄된 〈州柔城〉이 되는 城을 찾아보려고, 洪城管內의 40餘個 城址를 踏査하는 同時에 洪州의 海岸線인 保寧 · 大川에서 泰安 · 萬里浦 사이에서 〈白江-白村江〉이 되는 곳을 찾아보았다.

그러나 〈白江〉 或은 〈白村江〉이라는 地名은 發見할 수가 없었다. (洪城郡誌 第 8篇 城址項 參照)

그러나 洪城管內의 城址(성터) 중 특히 關心이 集中되는 곳이 있었으니 長谷面 山城里와 大峴里에 있는 두 곳의 石築古城이었다.

廣川에서 靑陽方面으로 통하는 大路辺에 두 山城이 大釜洞마을의 水口溪谷을 사이에 두고 마주보고 있음을 前부터 잘 알고 있었기 때문이다.

筆者가 처음 長谷面 山城里(李朝 時代의 乽方面 鶴城里와 杜里)와 大峴里의 옛 石城을 踏査하였을 때, 그 西쪽 城壁 위에서 〈分明한 百濟土器片〉을 5~6点을 發見했다.

그래서 이 城은 〈分明한 百濟遺跡〉이라는 確信을 갖게 되었다.

또한 城壁을 踏査 하면서, 그 西 · 北 · 東쪽 城壁은 모두 石築인데, 南쪽은 逆斷層의 自然巖脈이 그대로 城壁으로 活用되고 있었음을 보았다.

그야말로 〈自然石城〉이라는 印象을 받았다.

이에서 『日本書紀』 天智 2年 5月條의 〈石城-シヤクサシ-샤꾸사시〉 記事를 머리에 떠오르게 된다.

簡略하게 적어보면 다음과 같다.

663年(天智 2年) 5月 日本의 犬上君이 軍事使節로 高句麗에 갔다가 日本으로 돌아오는 途中, 〈石城〉에 들러 〈豊璋王 = クゲ〉을 만났다.

이때 豊王이 福信이 謀叛하려는 마음을 疑心하는 말을 하더라는 것이다.

드디어 깊어진 百濟 復興軍의 內紛이 일어난다. 福信將軍은 그 한 달 後인 6月 疾病을 假裝하고, 굴속(石窟內)에 숨어 있으면서 豊王이 問病을 오면, 그 機會에 王을 없애려다가 도리어 이를 感知한 豊王은 心腹兵士들을 거느리고 가서 福信을 잡아다가 손바닥에 구멍을 뚫고 가죽으로 묶었다는 것이다.

福信은 심한 苦痛을 당하다가 마침내 被殺되고 말았다는 것이다.

[663年(天智2年) 夏 5月 癸丑朔 犬上君馳 告兵事於高麗而還 見糺解於石城 糺解仍語福信之罪 6月 前將軍上毛野君稚子等 取新羅沙鼻岐奴江二城 百濟王豊璋 嫌福信有謀反心 以革穿掌而縛 時難自決 不知所爲 乃問諸臣曰 福信之罪 旣如此焉 可斬以不 於是 達率德執得曰 此惡逆人不合放捨 福信卽唾於執得曰 腐狗癡奴 王勒健兒 斬而醢首. (『日本書紀』下, 日本古典文學大系 岩波書店, p.359)]

이 〈石城〉의 所在地를 日本史學界는 물론, 韓國學界에서도 扶餘郡 石城面 石城里에 있는 옛 石築山城으로 認識되고 있다.

그러나 이는 큰 잘못이다. 왜냐하면 大田地方까지 進出하여 熊津(公州)과 金城(慶州) 間의 補給路를 遮斷하고 있던 福信軍은 그 前年(662年) 7月에 이미 江東(公州-扶餘)地方으로부터 江北(錦江의 西北쪽)으로 敗退하였기 때문이다.

그간 筆者는 大興 李洙女史의 案內로 任存城의 東쪽 기슭에 있는 〈잡피굴〉을 踏査하여 보았을 程度로 福信窟이 아쉬웠다.

그러나 長谷面 山城里의 〈鶴城-石城〉과 大興面 上中里의 任存城 東쪽 아래에 있는 洞窟사이는 약 12km 距離이니, 王이 問病을 다니기에는 너무 멀 것 같아 斷定하기 어려웠다.

다행히 1997年 初여름 長谷面의 金鉀鉉氏와 趙煥雄氏와 卜益采 鄕土硏究會長의 說明으로 모든 可能性이 잘 갖추어진 石室을 烏棲山의 廣城里쪽 중턱(中腹), 百濟寺刹인 內院寺에서 400m쯤 距離에 位置하는 〈쉬운길 바위

아래〉에서 確認할 수 있었다.

現在는 이 地方의 巫女들이 祈禱場으로 活用하고 있는 洞窟이다.

長谷面 山城里는 牙山灣으로 流入되는 無限川과 挿橋川의 上流에 해당하고, 牙山灣은 日本·高句麗間 航路의 途中에 位置하니 〈犬上君〉의 航路와 符合된다.

그러니 〈두루山의 두루城 = 鶴城〉과 『日本書紀』의 〈石城 = 州柔城〉이 中國 史料와 『三國史記』의 〈周留城 = 두루城〉이라는 推定이 可能해 진다.

이 可能性을 確認하기 위하여 이 地方의 옛 地名關係를 調查하여 보았다.

b) 日帝는 侵略直後, 全國的으로 大大的인 行政區域 改編과 地名變更을 斷行한 바 있다. (1914年 大正 3年)

當時의 地名變遷 實狀을 詳細하게 記錄하고 있는 1924年(大正 13年)에 編纂한 『洪城郡誌』의 山岳篇을 보면,

"烏棲山-(前略)-烏棲山 중턱에 淨菴寺·內院寺 등 寺刹이 있고, 이곳으로부터 東쪽으로는 洪城-青陽사이에 기러기 재(峴)가 있고, 여기로부터 南쪽으로는 구불구불 이어져 있으며, 青陽郡 化城面 水汀里 독고개, 北쪽으로 꺾어 長谷面 大峴里 숫고개에서 갈라져 一脈은 구불구불 山城里에 이르러 鶴城山이라 하고, 鶴城山은 長谷面 山城里에 있고, 산꼭대기에 옛 城이 있고, 옛날 우물의 자취가 있다.[烏棲山-(前略)-烏棲山之中腹有 淨菴寺 內院寺等寺刹, 自是東轉爲洪城青陽間雁峴, 自是一支南逶迤爲 青陽郡化城面水汀里獨峴, 因北折至長谷面大峴里爲炭峴分二脈 一脈東逶至山城里爲鶴城山이라 하고, 鶴城山 在 長谷面 山城里 山巓有古城廢井之跡이라]"하였다.

이로써 산꼭대기(山巓)에 〈鶴城-두루(두루미)城〉이라는 城이 있기에 鶴城山이라 하였고, 이 鶴城山이 있기에 山城里라는 새(新) 地名이 생겨났음을 알 수 있다.

또한 여러 種類의 舊 邑誌 등을 參考하여 長谷面 山城里의 建置沿革을 調查하였던 바, 朝鮮朝 末期까지의 이곳 行政區域 地名은 〈洪州郡 乷方面 鶴

城里〉였다.

「乻方面」이라는 「乻」字는 中國漢字도 日本漢字도 아닌 韓國漢字로서 忠淸地方의 地名을 가르키는 이름 「얼-乻」字인 것이다.

즉 洪城郡은 이곳 〈長谷面의 옛 固有地名〉을 表記하기 위하여 創造된 韓國漢字인 것이다.

『北史』 百濟傳에 의하면 〈王의 姓은 餘氏, 王을 支配層은 於羅瑕, 百姓들은 鞬吉支라 불렀다. (王姓餘氏 號於羅瑕 百姓呼爲 鞬吉支 夏言竝王也)〉

그런즉, 〈乻方-얼방〉이라 함은 〈어라방-於羅方〉, 즉 이곳 馬韓 駟盧國의 〈王宮城〉이 있던 地方임을 뜻한다.

李丙燾博士는 『韓國史, 震檀學會, p.286』에서 〈馬韓駟盧國은 洪城郡 長谷面 一帶로서 百濟의 沙尸良縣에 比定된다. 沙尸良은 『沙羅』라고도 하고, 羅代의 「新良」이다.〉 하였다.

이에 대하여 筆者는 若干의 所見을 追加하고자 한다.

馬韓의 駟盧國, 즉 〈沙尸良國 · 沙羅國〉의 初期土城은 長谷面과 隣接한 약 10km 떨어져 있는 現在의 洪城邑 新城里 쪽 이었다고 본다.

〈新城土城〉에 관하여 처음 問題를 提起한 것은 洪東面에 所在하는 〈풀무農業高等學校〉 朱坴魯 校長이었다.

그분이 이 地域에서 蒐集한 遺物에 관해서는 서울大 崔夢龍教授의 論文이 있어 이를 뒷받침한다.

筆者가 보기로는 4世紀 末까지 馬韓의 이 地方 모든 小部族들은 各自 小規模의 土城을 가지고 있었다. 部族長들의 居城이자, 神에게 祭祀지내는 場所였다. 그러던 것이 4世紀 末, 內浦地方에 位置하는 馬韓의 40個 部族國이 廣開土大王의 水軍에 의하여 侵犯을 당했다. (丙申年 A.D. 396年)

이 南侵을 당한 直後 外侵의 쓰라림을 經驗하게 된 馬韓 諸國에서는 數個國들이 結合하여 防禦하기 좋은 各處에 새로이 石築山城을 構築한 것으로 筆者는 推測한다.

즉 高句麗 好太王의 丙申年(A.D. 396) 南侵이, 이 地方에 石築山城構築의

動機가 됐다고 본다.

이 때, 沙尸良國(駟盧國)에서도 領內에서는 가장 防禦與件이 뛰어난 地形地勢인 〈두루山〉에 새로이 石築山城을 構築한 것으로 推測된다.

好太王 碑文의 丙申年(A.D. 396年)條에 지금까지 알려진 그대로, 好太王의 南侵範圍는 漢江 以北으로 認識되고 있었는데, 이 範圍가 忠南地方에까지 미쳤다고 처음으로 내세운 사람은 사까이(酒井改藏, 1955, 朝鮮學報)敎授였다.

이 說에 同調하고 있는 이노우에(井上, 사까이여대, 堺女大)敎授, 朴性鳳敎授(慶熙大), 金聖昊氏 등의 硏究가 있다.

筆者도 이들과 그 位置比定에 대해서는 見解差異는 있지만 그 큰 줄거리에는 同調하고 있다.

c) 이에 長谷面 山城里에 있는 〈두루山과 두루城〉의 實狀(참모습)을 살펴보려 한다.

忠南의 西海岸에 位置하는 烏棲山은 海拔 799m에 달하는 山脈으로서 伽倻山으로 이어지며, 忠南에서는 鷄龍山 다음가는 큰 산(巨山)이다.

烏棲山의 東쪽으로 뻗은 脈이 雁峴(기러기재), 獨峴(독고개), 炭峴(숫고개) 등 山巓(산봉우리)을 이루면서 4km를 달리다가, 無限川과 만나게 되는 潘溪마을 近處에서 높이 250m쯤 되는 봉우리를 이룬다.

이를 〈두루山〉이라고 한다.

이 봉우리의 頂上部에는 周圍(둘레) 1.5km쯤 되는 盆地를 이루고 있다.

이 盆地의 東便쪽(東側部位)은 直線形에 가까운 逆斷層의 岩壁(바위절벽)이고, 北 · 西 · 東南쪽은 急傾斜의 陵線을 이룬다.

그래서, 이 盆地의 周圍(둘레) 陵線은 不整形(고르지 못한)의 環圓形成(둥근모습)을 나타내고 있다.

東쪽의 岩壁사이를 水口(물 흐르는 곳으)로 하는-低地帶(낮은 지대)로 하는-山上盆地(산위의 분지)가 산봉우리(山巓)에 의해 둥글게 둘러싸인

山, 그야말로 〈두루山〉이다.

여기에 沙尸良國의 〈王宮城-乽方城〉이 築造된 것이다. 두루山에 築造되었으니 그 이름 〈두루城〉이었다.

이 山의 西南쪽 기슭에 位置하는 마을을 〈두리-杜里〉라고 한다.

〈上杜 · 中杜 · 下杜〉라는 3個의 작은 마을로 形成되어 졌다.

그래서 筆者는 이 산의 이름은 옛날부터 〈두루山〉이었다고 斷定하게 되었다.

살피건데, 여기 洪城郡 長谷面 山城里에 옛 石築山城이 있고, 이곳의 李朝末期 行政區域 이름은 〈洪州郡 乽方面 鶴城里〉였다.

〈乽方〉이라 함은 馬韓 〈駟盧(沙羅)國 = 沙尸良國〉의 王宮城이던 곳임을 말한다.

丙申年(A.D. 396) 廣開土大王(高句麗 19代, 在位 A.D. 391~413)의 南侵이 있은 뒤 5C 初 이곳 杜里의 〈두루山〉에 石築山城이 構築되었다고 본다.

따라서 그 이름은 당초부터 〈두루城〉이었다.

A.D. 475年의 高句麗 長壽王(20代, A.D. 413~491)의 漢城 侵攻.

이로 인한 蓋鹵王(百濟 21代, 在位 A.D. 455~475)의 戰死.

다음 文周王(百濟 22代, 在位 A.D. 475~477)이 熊津으로 遷都가 있은 以後(A.D. 475), 平和時代가 維持되니 馬韓時代 駟盧(沙羅)國(沙尸良國)의 王城이었던 乽方城(沙尸良城, 沙羅城)은 山勢도 險하고 不便하여, 百濟 沙尸良縣의 治所城으로서 適切하지 못하므로 水口溪谷 건너, 垈地도 넓고, 다니는 길도 順하고, 물도 豊富한 곳에 새로이 城을 築造하니, 이 또한 두루城이자 第 2의 鶴城山城이고 百濟 沙尸良縣의 治所城이다.

現在의 大峴里쪽 두루山과 隣接한 봉우리에 또 하나의 山城 〈百濟 沙尸良縣의 治所城〉이 築造되었다. 〈골마을〉쪽이다.

그 이름도 〈두루城〉이었다.

後世에 이를 우리글자(韓字)로 表記하면서 洪州地方에서는 優雅하고 高尙한 〈鶴-두루미〉字로 代身 하였으니, 1300年前 옛 이름을 오늘에 간직하고 있는 셈이다.

그러기에 城이 있는 곳 山이름(名)을 〈鶴城山〉이라 하였고, 그 곳 마을 이름(名)을 〈杜里-上杜 · 中杜 · 下杜〉라 하였다.

d) 〈周留城〉이라는 記錄이 처음 나타나는 것은 百濟 滅亡 後인, 百濟遺民들의 抗戰을 討伐한 唐의 史書에서다. 中國史料와 이를 引用한 『三國史記』에서는 〈두루城〉을 〈周留城〉이라 하였다.

〈周〉字의 訓 또한 〈두루 · 周〉이니 우리말로는 〈두루城〉이 역시 〈두리-杜理〉와 〈두루城 = 鶴城〉의 "두루"를 借音(빌려)하여 轉寫한 것으로 推定된다.

한편 『日本書紀』에서는 〈州柔城〉이라 쓰고 〈쓰누사시-tsunu-ツヌサシ〉라고 읽는다.

〈사시-サシ〉는 城을 말한다.

日本의 著名한 百濟史 硏究家 가루베(輕部慈恩)敎授는 『日本書紀』에서의 〈쓰누-ツヌ-stunu-州柔〉는 〈쓰루-tsuru-ツル〉로서, 韓國語에서의 〈두루-turu-鶴〉을 日本音表記式으로 轉寫한 것이라고 보고 있다.

『日本書紀』에서 〈쓰누-ツヌ-stunu-州柔〉라고 한것은, 〈쓰루-ツル-tsuru-鶴〉을 말한 것 이다. [가루베(輕部慈恩, 日本大)敎授의 『百濟遺跡의 硏究, p.147』 論文 寫本 參照]

以上의 推論을 하고 보면

長谷面 〈山城里와 大峴里〉에 있는 石築山城은 本來 〈두루城〉이고, 이를 漢字式으로 轉寫하면서,

1) 洪城地方에서는 〈鶴城〉,

2) 中國史料와

3) 이를 轉寫한 『三國史記』에서는 〈周留城〉

4) 『日本書紀』에서는 〈州柔城-쓰누사시-ツヌサシ〉이라고 記述한 것으로 생각된다.

筆者는 이 確信을 가지고 〈洪州周留城(州柔城)〉 考證을 試圖하려는 것이다.

3. 周留城과 白村江 問題

『三國史記』에 의하면 有名未詳地 200餘 地名이 記錄되어 있다.

百濟遺跡 中 가장 큰 問題로 登場하고 있는 것이 周留城(州柔城)과 白村江(ハクスキノエ, 하구스기노에)이라고 생각한다.

이에 筆者는 史料를 바탕으로 아래와 같은 推定을 하여 본다.

1) 周留城 問題

A.D. 475年 高句麗 20代 長壽王(在位 A.D. 413~491)의 漢城攻擊으로 百濟 21代 蓋鹵王(在位 A.D. 455~475)이 戰死하자, 다음 文周王은 都邑을 熊津(公州)으로 옮겼다.

百濟의 核心 統治 勢力圈이 南쪽으로 擴張되자, 內浦地方의 土豪勢力들도 이에 順應하게 되었다.

馬韓의 〈駟盧(沙羅)國 = 沙尸良國〉 地方도 百濟의 郡縣制로 改編이 된 것이다.

따라서 縣의 治所가 問題가 된 것이다.

지금까지 내려온 駟盧國의 王宮城이던 乼方城, 즉 〈두루城 = 沙尸良城〉은 地勢가 너무나 險峻하여 不便하기만 하다. 平和時代의 縣의 治所로는 適切하지 못하다.

따라서 그때까지의 〈王宮城-乼方城〉쪽을 버리고 가까운 곳에 있는 大釜洞 水口溪谷을 사이에(隔)두고 마주보는 산봉우리(山巓), 산 위에 대지(山上垈地)도 넓고, 다니는 길(通路)도 順하고, 물도 豊富하고, 山勢도 두루城

보다 낮은 봉우리, 즉 大峴里쪽 봉우리에 또 하나의 두 번째 石築城이 構築되었다.

이것이 百濟 沙尸良縣의 治所城인 것이다.

周留城의 現況

位置	地名	用途	高度	城周	備考
山城里 大峴里	1) 第1鶴城(두루城) (두리미城) 2) 中國史料의 周留城 3) 日本書紀의 州柔城 (ツヌサシ-쓰누사시) 石城(シヤクサシ-샤구사시)	馬韓時代 〈駟盧(沙羅)國, 沙尸良國〉의 王宮城 (乽方城)	255m	1,350m	陽城中學校 뒷산
	第2鶴城(두루城)	百濟時代 沙尸良縣의 治所城	210m	1,174m	趙煥雄氏宅 뒷산

이리하여 熊津時代와 泗沘時代라는 安定된 歲月이 百餘年間 흘렀다.

新羅는 7世紀初까지도 文化面 뿐 아니라, 軍事的으로도 百濟의 壓迫을 받아오다가 武烈王(金春秋)의 策略으로 唐나라의 勢力을 끌어들여 660年 7月 新羅의 5萬兵力과 唐나라의 13萬 大軍이 聯合하여 百濟의 都城을 掩襲하니, 百濟 678年의 社稷은 그 終末을 맞았고, 唐나라 將帥 蘇定方은 義慈王以下 1萬 2千名의 捕虜와 함께 9月 3日 凱旋하였다.

首都圈에서 敢行된 1萬 2千名에 달하는 捕虜의 强制 連行은 百濟의 統治勢力의 壞滅을 意味한다.

그러나 이로써 百濟人들의 完全服從이 이루어진 것은 아니었다.

百濟 遺民들은 나라를 다시 찾으려는 戰爭에 기꺼이 參與한 것이다.

任存城에서는 蘇定方이 凱旋하기 前, 이미 風達郡將 黑齒常之, 武王의 조카(姪) 鬼室福信, 스님(僧)인 道琛 등이 義兵을 일으키니 10餘日 사이에 3萬餘 壯丁들이 모여 들었다.

이에 놀란 蘇定方은 많은 兵士들을 보내어 이를 鎭壓하려 하였지만, 兵士

는 많고, 地形은 險하여(兵多地險), 小柵[大興中學校 옆 "官祿재(峴)城"]을 攻擊하였을 뿐, 8月 26日 撤收하고 말았다.

아마도 9月 3日에 始作된 唐나라 軍士의 歸國 日程 때문일 것이다.

羅·唐의 主力部隊가 撤收하고, 劉仁願의 1萬 唐軍과 金仁問(武烈王의 次子)의 7千 新羅軍만이 泗沘와 熊津地方에 駐屯하게 되자, 百濟人들의 抗戰은 百濟全域으로 번져 나갔다.

그 中心은 如前히 百濟의 西北部인 任存城이었다.

따라서 復興軍의 主力은 끝내 任存城의 3萬餘名이 主流를 이룬다.

任存城은 海拔 484m의 甚한 傾斜진 바위산(巖山)에 若干의 盆地에 築造된 길이 2,540m에 달하는 石築山城이다.

게다가 홑山이어서 3萬 兵力이 長期間 陣을 치고 駐屯하기에는 不足한 점이 있다.

이에 새로운 據城이 꼭 必要했다. 總指揮本部 移轉이 不可避했던 것이다. 그래서 福信과 道琛 등은 蘇定方軍이 歸國하자, 곧 周留城으로 옮기는 것을 敢行하였고, 常之將軍은 任存城에 머문 것으로 보인다.

그렇다면 周留城은 어디에 있는 城이며, 어떠한 城인가?

筆者가 推測하고, 踏査하고, 檢討하고, 確信하는 바, 前節에서 이를 任存城의 南쪽 약 12km 地點에 位置한 옛 行政區域 地名으로는 乼方面 鶴城里(現 洪城郡 長谷面 山城里와 大峴里)에 있는 두 곳의 石築山城(鶴城, 두루城)의 背後를 이루는 大釜洞盆地와 天台山城·蘇구니城 등을 包括한 것이라고 推定하였다.

〈山城里(杜里와 鶴城里)〉쪽에 있는 石築城은 丙申年(A.D. 396年)에 廣開土大王의 侵攻이 있었던 直後인 5世紀 初, 두루山 山頂에 〈駟盧國 = 沙尸良國〉의 〈王宮城 = 乼方城〉으로 築造된 것이고, 大峴里쪽에 2次的으로 築造된 城(趙煥雄氏宅 뒷산)은 6世紀 中葉 百濟가 熊津으로 遷都한 以後 沙尸良縣의 治所城으로 築造한 것으로 推定하였다.

또한 〈大釜洞 盆地〉와 潘溪市場 周邊은 普通 때 兵士들의 駐屯地 役割을

하였을 것이다. 또한 이 앞을 흐르는 無限川은 水城 역할을 하였을 것이다.

이 곳에는 쇠를 다루던 터(冶鐵址)와 日帝때까지도 採鑛을 한 鐵鑛址가 남아있다.

百濟 復興戰은 A.D. 660年 7月 新羅와 唐나라의 18萬 大軍이 泗沘城(扶餘)을 攻略한 直後부터 各地에서 百濟遺民에 의하여 始作되었고, 그 中心은 百濟의 西北部였으며, A.D. 663年 초겨울 唐軍에 降服한 黑齒常之의 軍兵이 任存城에서 마지막까지 抗戰을 벌이고 있던 遲受信軍을 攻擊함으로서 百濟遺民의 舊土回復의 念願은 終末을 告하였다.

遲受信은 어제까지의 戰友이었던 黑齒常之의 攻擊을 받게 되자, 妻子息도 거두지 못하고 高句麗로 亡命하였으니, 任存城의 抗戰도 必然的으로 끝이 난 것이다.

A.D. 663年 11月의 눈보라 속의 일이었다.

周留城은 이 3年半 동안 百濟復興軍의 總指揮本部의 城이었고, A.D. 661年 9月 日本에 長期間 滯留하고 있던 義慈王의 王子인 扶餘豊璋이 歸國하여 이 城에 머물자, 福信을 비롯한 百濟 遺民들은 그를 王으로 받들고 熾熱한 抗戰을 敢行하였으니, 百濟 最後의 王宮城이기도 하다.

豊王이 歸國하던 때 그를 護衛하고 온 5千 日本兵도 그들의 將帥 朴市田來津(에찌노다구스-エチノタクツ), 狹井連(사이노무라지-サイノムラジ)과 더불어 이 城에서 最後까지 머물고 抗戰에 加勢하였다.

金富軾은 百濟復興戰이 終熄된 약 500年後(A.D. 1145年) 『三國史記』를 編纂하면서 周留城을 「이름은 傳하여 지고 있지만, 位置를 알 수 없는 城(有名未詳之城)」이라고 하였다.

『日本書紀』와 中國史料 亦是 〈州柔城〉 或은 〈周留城〉이라는 이름과 더불어 歷史的 事件記錄은 상세히 전하고 있지만 具體的으로 이 位置를 전하는 記錄은 없다.

熊津(公州)과 泗沘(扶餘)에 駐屯하고 있던 1萬 7千名의 新羅와 唐軍은 名色이 占領軍이지, 蘇定方이 凱旋한 以後 3年半 동안 繼續되는 復興軍의

威脅的인 攻擊에 시달리고 있었는데, 662年 7月 熊津都督 劉仁軌가 新羅와 熊津(公州)間의 補給路를 回復하고서, 本國으로 救援兵力의 增派를 奏請하니, 唐 高宗의 命을 받은 左威衛將軍 孫仁師는 663年 5月과 6月의 양달(交)에, 이를 救援하기 위하여 山東半島地方의 4個州(淄 · 靑 · 萊 · 海)에서 徵集한 7千名의 陸軍을 水軍將 杜爽으로 하여금 170隻의 戰艦에 싣고 萊州에서 出發, 途中의 德積(勿)島에 寄港하였다가 〈白江〉에 上陸하였다.

〈이 白江의 位置 또한 周留城의 境遇처럼 「確實하지 아니해서(位置未詳)」 여러 見解가 提起되어 論爭의 對象이 되었다.〉

孫仁師는 7千 陸軍을 上陸地 〈白江(仙掌港)〉에 駐屯시켜 둔채, 自身과 指揮部만이 都督府가 있는 熊津으로 가서, 都督 劉仁軌와 郎將 劉仁願과 作戰謀議를 갖고 新羅側에 出兵을 要請하니, 文武王은 이에 응하여 5萬 兵力을 引率하고, 7月 17日 金城(慶州)을 出發 8月 5日頃 熊津으로 合勢하였다.

이리하여 復興軍을 討滅하기 위하여 第 2次 羅 · 唐聯合軍은 熊津(公州)으로 集結하였다.

新羅의 文武王과 金庾信은 唐의 孫仁師와 劉仁願이 統率하는 主力部隊는 8月 10日頃 熊津을 出發 作戰目標인 周留城으로 進擊했다.

13日 文武王이 豆率城 아래(下)를 지나자 이에 머물던 倭兵과 百濟兵이 모두나와 降服하였다.

이에 文武王은 크게 慈悲를 베풀어 容恕함으로서 日本兵은 모두 無事히 歸國할 수 있었다.

그래서 古山子 金正浩先生은 『大東地志』에서 一名 "慈悲城이라 한다" 하였다.

17日에는 周留城을 攻圍하였고, 9月 7日에 陷落시켰다.

2) 白村江 問題

이에 問題거리로 登場하는 〈白江〉은 A.D. 663年 6月의 孫仁師 軍이 上陸

한 〈白江(仙掌港)〉이자, 8月에 170隻 唐나라 水軍과 日本軍船 1千隻이 遭遇戰을 벌인 〈白江口-白村江(牙山灣 入口)〉의 位置問題인 것이다.

① 孫仁師는 A.D. 663年 6月初 自己가 거느리고 온 渡海 陸軍 7千名을 上陸地點인 〈白江(仙掌港)〉에 駐屯시켜 둔 채, 指揮部만을 統率하고, 都督府가 있는 熊津으로 合流하였다.

이는 애당초 이번 出兵이 攻擊目標인 周留城 및 任存城과 近接한 海域을 上陸地點으로 택하였을 것이기 때문이다.

熊津으로 集結한 羅 · 唐軍이 8月 10日頃 本格的으로 作戰을 開始하면서, 文官 出身인 熊津都督 劉仁軌는 7千 增援軍을 統率하고 바다를 건너온 孫仁師 代身, 杜爽의 水軍과 扶餘 隆의 糧船團을 이끌고, 熊津江으로부터 白江으로 가서(自熊津江往白江), 孫仁師가 統率하고 온 7千 陸軍을 만나(以會陸軍), 이 部隊에게 糧船團을 引繼함으로서 軍糧米를 실은 糧船團과 7千 陸軍이 함께, 只今 文武王과 孫仁師의 6萬主力 陸軍이 8月 17日부터 攻擊中인 周留城 戰線쪽으로 가게 하였음을(同趨周留城) 推測할 수 있는 일이다.

27~28日의 海戰戰況에 170隻의 戰艦은 登場하지만, 都督 劉仁軌가 거느리고 熊津을 出發한 扶餘 隆의 軍糧米를 실은 糧船에 關한 言及이 없는 것이다.

② 第 2次 新羅와 唐나라 聯合軍에 參加한 新羅軍이 熊津에 到着한 것이 8月 5日 頃이라 하였음은, 後에 10月 21日부터 任存城을 攻擊하다 말고, 11月 4日 撤軍한 文武王의 新羅軍이 還都한 것이 11月 21日 이었으니 18日 間이 所要된 셈이다. 이를 根據로 미루어 推測한 것이다.

③ 熊津에서의 出征日을 8月 10日頃으로 推測하였음은 文武王이 8月 13日 豆率城[靑陽郡 赤谷面(現 長坪面) 赤谷里 七甲山]을 通過하자, 倭兵과 百濟復興軍이 城에서 모두 나와 投降하였다.

이것이 이번 出征의 첫 戰果였다.

公州와 七甲山 間은 錦江건너 약 30km(6~70里) 距離이다.

이를 勘案한 것이다.

이렇듯 重要한 百濟復興軍의 指揮本部인 周留城의 位置 決定問題가 아직 것 未詳狀態에 놓여있다.

日帝侵略以後 쓰다(津田左右吉, 早稻田大)教授의 韓山說이 提起되자(1913年), 이에 오다(小田省吾, 朝鮮總督府 編修官, 1924年)氏와 이마니시(今西龍, 京城帝大, 1934年)教授 등이 反論으로 〈全北 扶安說〉이 發表되는 등 90餘年間 論爭이 繼續되고 있는 것이다.

古山子 金正浩는 "豆率城은 靑陽 七甲山에 있다"하고, 一名 "慈悲城이라 한다" 하면서, 周留城에 關하여는 大東地志(卷 5) 洪州牧條의 序頭에서 〈洪州牧 本 百濟周留城〉이라 하였다.

本稿는 이를 確認하기 위한 研究인 것이다.

④ 主力 陸軍이 熊津을 出發한 같은 날, 都督 劉仁軌는 杜爽의 水軍과 扶餘 隆의 軍糧米를 실은 糧船團을 統率하고 熊津을 出發(偕進), 熊津江으로부터 白江으로 가서(自熊津江往白江), 自己(劉仁軌)가 거느리고 온 軍糧米船團을, 孫仁師가 中國 山東半島로부터 7千名의 陸軍을 統率하고 와서 白江(仙掌港)에 上陸한 채 戰爭을 기다리고 있던 〈7千 唐나라 陸軍〉에게 引繼함으로서(以會陸軍), 지금 文武王과 孫仁師의 主力部隊가 8月 17日부터 包圍攻擊中인 周留城 戰線方向으로 같이 떠나보낸 다음(同趨周留城), 自己(劉仁軌)는 水軍將 杜爽의 170隻 戰艦만을 統率하고, 後方인 白江口(牙山灣 入口)의 碇泊地로 물러섰다.

後方 碇泊地로 물러섰다 함은 公州로부터 引率하고 간 軍糧米를 실은 糧船團에 關한 記錄이 없음에서 알 수 있다.

이때 主力 陸軍은 直接 車嶺山脈을 넘어 短距離로 進擊하였고, 劉仁軌의 補給部隊는 水運을 利用 大興地方까지 올라온 것이다.

⑤ 한편, 周留城의 百濟陣營에서는 日本의 救援軍 萬餘名이 〈白村-ハクスキ-하구스기〉로 到着한다는 事前通報를 받고, 8月 13日(豆率城이 陷落되

던 날) 豊王은 이를 迎接한다면서 〈州柔城 = 周留城〉을 出發, 日本支援軍의 到着豫定地인 白村에 와 있었다.

마침내, 8月 27日 事前에 連絡을 받은대로 救援船團 一千隻의 兵船이 〈白沙〉에 到着하였다.

到着하고 보니 唐나라의 戰艦 170隻이 〈白村江 = 白石村의 浦口 = 灣 = 入江 = 바다가 陸地속으로 들어온 곳 = ィリエ = 이리에〉에 陣을 치고 있었다.

여기서 將次 東洋史에 큰 影響을 끼친 唐軍과 日本水軍 間의 運命의 부닥친 싸움(遭遇戰)이 벌어졌다.

이것이 東洋에서 最初의 國際海戰인 "白村江, 白江口의 海戰"이다.

日本의 將帥들과 豊王은 唐나라의 水軍을 弱勢라 깔보고, 〈우리가 先制攻擊을 하면 저들은 逃亡을 갈 것이다.〉 하면서 물때(潮汐)와 氣象도 살피지 않고, 戰列도 가다듬지 않은, 只今 막 바다를 건너온 水軍을 統率하고 先制攻擊을 敢行하였다가 도리어 中國傳統의 火攻作戰에 말려들어 兵船 400隻이 불타고 壯丁 1萬餘名이 犧牲當하는 慘敗를 當했다.

唐나라 水軍을 統率하고, 이 海戰을 치룬 熊津都督 劉仁軌는 日本壯丁들의 屍身을 收斂하여 묻어주고, 그 寃魂을 祭祀지내 주었다는 것이다.

〈白村江 = 白江口〉의 海戰은 이렇듯 큰 事件인데도 그 位置問題 또한 周留城의 境遇처럼 아직까지도 論爭의 對象으로 남아있는 實情이다.

特히 日本의 境遇, 自國 壯丁 1萬餘名이 犧牲된 事件이므로, 그 場所를 糾明하려는 努力과 이 海戰이 남긴 歷史的 影響을 追究하는 研究가 活潑하다.

이 問題에는 興味있는 疑問이 內包되어 있다.

百濟가 新羅와 唐나라 軍의 侵攻에 의하여 滅亡 당한 것은 660年 7月이다.

그러하거늘 天智天王은 그 3年後인 663年 3月 2萬 7千名의 壯丁을 徵集하였다가 400隻의 兵船과 1萬名의 壯丁이 犧牲 당한 것이다.

당시 唐나라는 世界 最大最强의 帝國이었다.

이를 相對로 한 日本의 理解하기 어려운 行動의 緣由는 무엇인가?

日本의 研究家들은 나름대로, 各樣各色의 解明을 試圖하고 있지만 納得

하기 어려운 論旨들인 것이다.

아마도 日本의 國家起源問題 或은 支配層, 즉 日本 天皇家의 出自問題와 關聯시켜 研究해 볼 일이 아닐까 한다. (「第 1篇 1章 4. 檀君朝鮮과 上古時代, 5. 古代 內浦地方과 古代 日本語, 6. 前期任那와 前期伽倻는 內浦地方에 있었다.」參照)

2章 百濟 故地의 地政學的 特徵

1. 忠南地方의 分水嶺 車嶺山脈

높이 500~600m 程度인 車嶺의 疊疊 산봉우리들은 忠淸南道 北東部인 安城 · 天安地方으로부터, 中央部인 靑陽地方을 지나, 西南部인 保寧 · 舒川地方의 海岸까지 이어지는 分水嶺으로서, 忠南地方을 兩分한다.

이 分水嶺의 東南쪽은 公州 · 扶餘를 中心으로 한 錦江(熊津江)流域이자 內陸地方이고, 이것이 오늘날의 百濟文化圈이다.

이를 大別하는 西北쪽인 牙山灣과 揷橋川流域과 伽倻山을 中心으로 西海에 臨한 곳이 內浦地方, 즉 古代 眞番 · 目支國의 馬韓 文化圈이다.

中國 漢書에 의하면 內浦地方의 眞番國은 古朝鮮과 함께 燕나라와 交易을 하였던 同一時代의 옛 나라이고, 이 곳에 어찌 發達된 文化가 없었겠는가?

이 곳의 文化가 內浦文化, 즉 馬韓의 文化인 것이다.

實學者 李重煥은 그의 著書 『擇里志』에서 〈車嶺山脈의 西쪽 伽倻山을 中心으로 하는 10個縣을 「內浦」라고 한다.〉 하였고, 李圭泰氏에 의하면 元曉

大師는『元曉訣』에서 〈이 地方이 우리나라의 內臟部와 도 같은 지라「內浦」라고 한다〉 하였다는 것이다.

車嶺山脈을 分界로 그 兩側에 相異한 文化圈이 形成되었다.

A.D. 475年 高句麗 長壽王(20代, A.D. 413~491)이 百濟의 漢城을 攻擊하여 蓋鹵王(21代, A.D. 455~475)이 戰死하니, 다음 文周王(22代, A.D. 475~477)은 熊津(公州)으로 遷都하였고, A.D. 538年 聖王(百濟 26代, A.D. 523~554)은 다시 泗沘城(扶餘)으로 遷都하였다.

이렇듯 百濟의 實勢가 錦江流域으로 遷都하여 오기 以前 內浦地方에는 强力한 地方勢力(百濟 8豪族中의 一部인 眞氏 등으로 推想)이 있었으며, 그들이 形成한 〈內浦地方 文化〉는 錦江流域圈보다 優秀한 것이었다. 〈例: 禮山郡 大興面 東西里出土 靑銅器遺物과 牙山市 新昌面 南城里出土 靑銅器遺物〉

2. 忠南 西海岸의 潮汐

이곳 潮汐(tide)은 7~8m에 달하는 干滿의 差는 東洋最高로서 錦江의 밀물은 扶餘의 약 10里 下流인 〈맏바위-場巖面〉 附近까지 逆流한다.

群山이나 長項 海上의 木船이 이 潮水만을 타고도 5時間 後에는 江景上流까지 到達할 수 있다는 말이 된다.

하물며, 이 地方에 흔히 불고 있는 偏西北風을 탈 수 있는 帆船임에야.

이렇듯 船舶運航이 容易함과 論山 · 江景의 넓은 平野의 物産 德分에 〈江景 장터(市場)〉는 60餘年前 까지만 해도 全國의 4大市場 中 하나의 役割을 할 수 있었던 것이다.

그렇기에 A.D. 660年 7月 10日 蘇定方의 13萬 大軍도 鑼(징) · 鼓(북)을 擾亂하게 울리면서 扶餘 앞까지 밀어닥칠 수 있었던 것이다. [우조차상, 연축입강, 정방어안상옹진, 수육제진, 비즙고조, 직취진도, 거성이십리, 적경국

래거, 대전파지, 살로만여인, 추분입곽. 『구당서』 권83 열전 33, 소정방.(遇潮且上, 連舳入江, 定方於岸上擁陳, 水陸齊進, 飛楫鼓譟, 直趣進都, 去城二十里, 賊傾國來拒, 大戰破之, 殺擄萬餘人, 追奔入郭. 『舊唐書』 卷83 列傳 33, 蘇定方)]

또한 이러한 特徵으로 인하여 錦江下流 地方에서는 冬節期가 되면 流氷 때문에 하루 두 次例의 밀물과 썰물 때 흙탕물이 된다.

그러니 錦江下流流域은 검은빛 沖積土일 수 밖에 없고, 地質에 바탕한 直說的인 地名, 例컨대 白江, 白村江은 形成될 수 없다.

그러므로 錦江下流를 〈白江, 白村江〉이라고 推定하는 〈A部類說〉論者인 가루베(輕部慈恩, 日本大)教授, 或은 沈正輔教授, 도수희教授 등이 〈白江 · 白村江〉에 接近하는 方法으로 言語學的 推論을 援用하고 있음을 볼 수 있다.

揷橋川(雪川-雪내)의 境遇도 마찬가지이다.

潮汐(tide)이 揷橋川에서는 〈揷橋 : 現 忠義大橋〉로부터 1km 下流인 〈서내-배다리(舟橋)〉까지 逆流하고, 無限川에서는 禮山邑 山城里의 無限山城 아래 倉所里(禮山縣의 海倉이 있었던 場所)까지 逆流한다.

揷橋川의 약 5km 上流에 位置하는 洪城邑 附近은 海拔 약 20m 인즉, 1km당 傾斜度가 약 40cm 假量이고, 任存城의 東쪽 기슭인 大興앞 들(平野)도 비슷하니, 內浦地方의 大體的인 地形 · 地勢는 斟酌될 것이다.

또한 옛날 洪城앞까지 배가 다녔고, 大興 앞까지 배가 닿았다는 傳說도 理解할 수 있게 된다.

3. 熊津江(錦江)과 揷橋川(삽내-雪川)의 水運

錦江의 公州나 扶餘附近의 現在 水深으로 미루어 보아 옛날의 熊津江의 役割이 納得되지 않는다.

그러나 1930年代 初까지도 錦江물은 깊었다.

公州 或은 그 上流地方産 米穀을 日本으로 輸出하기 위하여, 積載量 2~300석(叺) 規模의 雙돗대 帆船이 群山까지 오르내렸고, 西海의 漁獲物을 실은 漁船이 直接 公州까지 溯航하여 揚陸 하였다.

이로 미루어 唐나라의 侵攻路 또는 交易路로서의 熊津江의 役割이 理解될 것이다.

筆者도 公州高普 2學年時節 帆船(돗단배)을 타고, 公州에서 扶餘까지 修學旅行을 한 일을 記憶한다.

揷橋川과 無限川의 水深도 약 2千年 사이에 土砂가 밀려 약 4m 假量 얕아져 있다.

이는 揷橋川의 上流인 洪城附近 金馬川邊에서 出土되는 多量의 沈香木의 埋沒 位置가 現在 흐르는 물의 약 4~5m 深層임에서 알 수 있는 일이다.

烏棲山의 北쪽 기슭에서 發源하여 洪城[洪州牧]과 揷橋[德山縣], 合德[唐津縣]을 지나 北流하는 것이 揷橋川이고, 無限川은 烏棲山의 南쪽 기슭에서 發源하여 大興[大興縣]과 禮山[禮山縣]을 지나 北流하다가 仙掌港(新昌縣) 直前에서 揷橋川과 合流하여 牙山灣으로 流入된다.

그러니 揷橋川과 無限川은 나란히 흐르면서, 東쪽 車嶺山脈과 西쪽 伽倻山脈사이, 南쪽 烏棲山에서 發源하여 北쪽 牙山灣(西海)에 이르는 幅 60~70里, 길이 약 150리에 달하는 禮唐平野(內浦平野)의 젖줄을 이룬다.

이 沃土地帶에 어찌 古代文化의 發展이 없었겠는가!

이것이 馬韓族에 의한 內浦文化였다.

약 2100年前, 이곳 金馬川(揷橋川의 上流)流域(洪城郡 長谷面-於羅方-乶方地方)을 中心으로 眞番國이 있었다.

高麗때의 麗陽地方이다.

B.C. 3~2世紀頃인, 中國大陸의 戰國時代 〈燕〉과 〈眞番〉間에는 이미 交易이 있었다. 이는 물론 水運에 의한 것이었다.

箕氏朝鮮의 準王때, 中國의 戰禍를 피하여 衛滿이 平壤地方으로 亡命하여 왔다. (B.C. 195年)

準王은 衛滿을 中庸하였건만, 滿은 準王을 背反하고 中國 避難民들을 糾合하여 쿠데타를 일으켰다.

이로써 箕氏朝鮮國은 滅亡하고, 衛氏朝鮮國이 成立됐다.

史學界의 一部에서는 準王이 馬韓地方으로 亡命의 影響을 큰 것으로 생각하지만, 筆者의 見解는 이와 다르다.

宮人의 一部만을 거느리고 船便으로 亡命한 場所가 馬韓의 海中地方이었다 할지라도 安樂한 亡命地를 얻었을 뿐, 그것으로서 끝이 났다 함은 中國史料가 밝히는 바와 같고, 馬韓 땅에 큰 政治的 影響을 끼쳤다고는 생각되지 않는다.

忠南의 內浦地方에는 이미 〈北方의 朝鮮文化〉에 對應하는 〈眞番의 文化-內浦文化〉가 발달되어 있었다고 생각되기 때문이다.

B.C. 2世紀 初에 이르러, 衛氏朝鮮의 國力이 强해지자, 滿의 孫子 右渠가 漢帝國과의 服屬協約을 어기고 不遜한 態度를 보이자, 漢 武帝는 이를 핑계 삼아 水軍을 活用 5萬 兵力을 動員, 2年間에 걸친 攻擊 끝에 平壤城을 攻略하고는 直轄領 樂浪郡을 設置하였다.

이때 漢의 遠征軍은 水軍의 一部를 派遣, 牙山灣과 揷橋川을 통하여 內浦地方에 位置한 眞番國도 征服하여 B.C. 108年 直轄領인 眞番郡을 設置하고 다스리는 治所를 〈霅縣〉에 두었다.

이것이 所謂(이른바), 漢四郡中의 하나인 眞番郡이다.

〈眞番郡治霅縣去長安 7,640里 15縣-『茂陵書』〉

柳馨遠은 『東國輿地志』에서 現 揷橋川을 〈霅川〉이라 하였다.

眞番郡의 다스리는 곳(治所), 〈霅縣〉과 樂浪間의 連絡은 陸路를 利用할 수도 있지만, 便利한 水運이 主가 될 수 밖에 없었다.

26年後 眞番郡의 北部 7縣은 樂浪郡의 南部都尉의 直轄로 編入되고, 나머지 南部 8縣을 다스리던 治所, 〈霅縣의 霅陽障〉은 現 揷橋邑 城里 目支(목시, moksi)部落으로, 潮汐(tide)이 드나들던 揷橋川 가까운 場所에 있었다.

30餘年前까지 높은 土城址가 儼然히 남아 있었으나, 揷橋川 防水堤(방수

뚝) 築造때 搬出 毁損되고 말았다.

樂浪郡이 漢과 魏의 直轄領으로서 400餘年間(B.C. 108~A.D. 313) 命脈이 維持되었음에 反하여, 韓半島 侵略의 基地이던 樂浪으로부터도 멀리 떨어진 前哨基地 眞番郡은 設置 26年 만인 B.C. 82년에 撤收하고 말았다.

그런다음, 그 地方에 再建된 韓族의 나라, 忠誠을 盟誓한 나라가 〈藩國〉이다.

A.D. 121年에 著述된 許愼의 『說文解字』에 보이는 나라인 것이다.

李丙燾博士가 眞番郡의 位置를 考證하는 史料로 引用한 그 〈번국〉인 것이다.(『韓國史, 古代篇, 震檀學會, p.129』)

現 揷橋邑 水村里 〈반챙이-원반챙이〉 部落으로서 "골뜸, 陵미(뫼)" 地名과 立石(menhir), 支石墓(dolmen), 土城 등이 남아있다.

이를 『魏書』 東夷傳의 月支國(目支國)이라고도 말할 수 있을 것이다.

그러나 A.D. 2~3世紀頃 큰(大) 洪水가 있어, 金馬川邊의 藩國, 〈月(目)支國〉의 큰(大) 都邑이 壞滅(무너져)해 버리자(洪城地方의 傳說), 이 地方의 主導權이 〈반챙이〉의 15里쯤 下流인 〈目支國〉쪽으로 옮겨졌다고 본다.(水運의 容易함을 利用)

現 揷橋邑 城里의 目支部落으로서 옛(舊) 眞番郡의 雪陽障이 있던 마을이다.

巨大한 立石(menhir)과 支石墓 3基, 隣近部落에서는 青銅器類가 出土된다.

두 個의 城이 있던 河川邊의 平地土城은 毁損되었다.

漢에 이어, 直轄領 樂浪郡을 繼承하게 된 魏는 三韓을 支配함에 있어, 馬韓諸國의 中心이던 目支國의 首長을 辰族(中國史料에서의 南韓族의 總稱)의 王, 〈辰王〉이라 稱하면서, 이에게 朝貢을 받아 들이는 일(收納), 外交의 全權 등, 統制權을 委囑, 代行토록 하였던 것으로 여겨진다.

이에서 〈目支國의 目支王〉이 아닌 〈目支國의 辰王〉이 三韓을 主도 하였다는 記錄이 나오게 된다.

〈眞番國에서 眞番郡→藩國→目支國(月支國)의 辰王으로 이어지는 500

年間의 歷史空白 期間의 內浦地方 歷史硏究는 第 1篇 內浦地方의 古代史에서 說明하였다.〉

B.C. 108年 眞番國이 漢武帝의 侵攻을 當한 것은 內浦地方이 中國大陸의 中樞部와 가장 近距離에 位置하는 데다가, 이미 中國에 널리 알려진 文化國이었고, 牙山灣과 揷橋川(雪내, 雪川)의 水運이 便利하였기 때문이다.

4. 牙山灣

金在鵬氏의 持論인 〈白江 · 白村江: 牙山灣 白石浦說〉에 同調를 보이는 고바야시게이꼬(小林惠子)氏는 그 女의 小說 〈白村江의 戰鬪와 壬申年의 亂, p.75〉에서 나름대로 事由를 들어 〈白江 = 牙山灣〉이라고 推定하면서, 〈唐軍이 山東半島로부터 黃海를 橫斷하는 最短距離로 牙山灣 밖(外) 德積島에 到着, 德積島로부터 牙山灣 南쪽의 唐津近處에 上陸하는 것이 얼마쯤 어려움은 있을지라도, 百濟로 進入하는 가장 빠른 길이었다고 말할 수 있다〉 하였는데,

筆者는 〈663年 8月 第 2次 羅 · 唐 聯合軍의 出征目的이 周留城과 任存城을 攻略하는데 있었고, 그 所在地가 洪城과 大興地方일 境遇, 孫仁師 增援軍의 渡來地가 作戰 目標地方의 물길인 牙山灣과 揷橋川이 合流하는 地點 附近일 것임은 必然的인 일〉이라고 添加하고 싶다.

고바야시(小林惠子)氏는 또 "現在의 牙山灣의 바다빛깔이 어찌된 일인지 흽스럼하게 보여「白江」이라는 名稱에 걸맞다는 느낌(感)을 받았다" 하였는데, 이는 女流作家로서의 銳利한 觀察이라고 말할 수 있다.

其實(사실인즉), 錦江下流地方이 짙은 진흙지대(深泥地帶)임과는 對照的으로 牙山灣 沿岸地方에는 硅砂 或은 長石地帶가 많아서 그 結果 唐津郡의 牙山灣 入口部位, 즉 〈白江에 들어가는 곳(白江之口)〉의 海岸을 車로 疾走해보면, 고바야시(小林惠子)의 境遇처럼 〈흰 바다(白色의 海)〉라는 印象을

받게 된다.

牙山灣은 恒時 流動한다. 專門 海洋學者에 의하면 9月의 〈百中사리〉때의 牙山灣의 干滿의 差(潮差)는 8.5m에 달하고 이는 東洋最高라고 한다.

參考로 살펴보면, 仁川 8.1m, 群山 6.2m, 木浦 3.1m, 釜山 1.2m이고 東海岸쪽은 0.2~0.5m에 不過하다고 한다.

이 7~8m에 달하는 極甚한 潮水의 差 때문에 하루 네차례 逆順이 바뀌면서 빠른 速度로 흐른다.

게다가 中國人이 보기에 牙山灣의 幅은 中國의 揚子江이나 黃河에 비하면 小河川에 지나지 않는다.

660年 당시의 〈熊津江〉은 中國에 널리 알려진 江名이지만, 663年 6月의 孫仁師軍의 渡來 上陸地이자, 그 2~3個月後 〈白江之口 = 白村江〉에서 唐나라와 日本間에 展開된 海戰인 境遇, 그 牙山灣의 地名을 具體的으로 아는 中國歷史家는 없었을 것이다.

이에 中國史料가 이 이름이 알려지지 않은 江(牙山灣은 揷橋川 · 安城川이 만나는 곳)의 이름을 牙山灣에서 받게되는 印象대로 〈白江〉이라고 記述한 것이 아닐까 생각된다.

中國史料(A.D. 660~663년)에서는 熊津江 下流를 〈熊津口 或은 熊津江口〉라 하였지 〈白江〉이라고 쓴 記錄은 없다.

3章 筆者의 百濟復興戰 遺跡의 遍歷(두루살핌)

1. 古山子 金正浩의 洪州 周留城說

筆者가 上古史 問題에 觀心을 갖게 된지도 30餘年이 지났다.

日本史學界의 韓·日關係史 歪曲問題가 자주 言論에 登場하고 있었기에 그 實狀을 알고 싶었던 것이다.

그러던 中 周留城 問題에 關心을 갖게된 것은 古山子 金正浩先生의 『大東地志』 洪州牧條의 序頭에서 〈洪州牧 本百濟周留城 唐改支潯州〉라는 句節을 接했을 때였다.

當時 〈周留城은 韓山의 乾芝山城〉이라는 認識이 普遍化되어 있던 터였으니, 古山子의 이 記述은 洪州地方人으로서는 關心이 쏠리는 대목이었다.

그러나 古山子는 城址項目에서 洪州牧城이 周留城이라고 記錄하고 있다.

그 後 『日本書紀』에서 〈州柔城(周留城)〉의 景況을 보면,

a) 논(畓)과 밭(田)이 멀리 떨어져 있고(遠隔田畝),

b) 土地가 瘠薄하여 農事짓기에 적합하지 못하고(土地磽确 非農桑之地)

c) 山은 險峻하고 谿谷은 깊어(山峻高而谿隘),

d) 城을 지키기는 쉽지만, 敵이 攻擊하기에는 어렵다(守易而攻難之故也)라고 記述하고 있음을 參照할 때, 平地 石築城인 現在의 洪州牧城이 周留城일 수 없음은 自明하다.

百濟 復興戰爭史를 살펴보면, 周留城과 〈白村江-白江口〉는 分明 同一地域 圈內에 存在할 것임을 알게 된다.

지나간 90餘年間 日本人 學者들에 의하여 그 硏究가 活性化되어 오늘에 이르고 있는 百濟復興戰爭史 硏究에 있어서의 〈周留城의 位置問題論爭〉과 表裏關係를 이루고 있다.

그러니 〈白江과 白村江〉이 洪城과 隣接한 地方에 存在한다면 事情은 달라질 수도 있겠기에 洪州地方의 가까운 바다인 〈保寧 · 大川〉으로부터 〈泰安 · 萬里浦〉사이에서 周留城과 脣齒關係인 〈白江-白村江〉 뿐 아니라, 『三國史記』의 記錄인 〈倭船 1千隻이 到着하였다는 "白沙", 中國史料의 〈白江-白江口-白江之口〉, 『日本書紀』의 〈白村-白村江〉, 『三國遺事』의 〈只伐浦 · 長巖 · 孫梁〉 등의 存在도 調査하여 보았지만 確認할 수 없었다.

이래서야 아무리 "靑丘圖"와 "大東輿地圖"를 作成한 大 地理學者인 古山子의 發說이라 할지라도 洪州 周留城說이 考證될 可望은 없을 것이어서 硏究를 斷念할 수 밖에 없었다.

2. 黑齒常之는 검은산 아래(伽倻山下)의 內浦人

"第 1篇 1章 5, 古代 內浦地方과 古代 日本語, 4) 말머리"에 대하여 論하였다.

말머리土城 앞 河川 건너편 丘陵地帶 마을의 舊地名이 風景里(現 禮山郡 鳳山面 孝橋里) 이다.

1970年代 傾 風景里의 앞을 흐르는 孝橋川 河川工事 때, 이곳 河床에서 雙

珠鈴과 石鏃(화살촉), 石斧(돌도끼), 石劍 등 石器類들이 發見되기도 하였다.

이곳이 百濟時代의 風達郡 이다.

百濟時代의 行政地名인 風達郡이 오늘에까지 風景里로 전해 내려오고 있다.

百濟 復興戰爭當時 百濟 風達郡의 郡將이던 黑齒常之가 管理하던 고을이다.

A.D. 660年 7月 都城인 泗沘城이 陷落되고 義慈王이 降伏하였다는 消息을 들은 常之將軍은 臣下의 禮에 따라 管下의 副將을 거느리고 都城에 가 蘇定方에게 降伏하였다.

都城에 가보니 말이 아니다.

唐軍은 제멋대로 百濟人을 無盡殺戮함과 아울러 掠奪을 恣行할 뿐 아니라 降伏한 義慈王 父子도 獄에 가두었다.

獄에 갇혀있던 常之將軍은 怯이 나서 함께 잡혀있던 將軍들과 合議 獄에서 逃亡하는 데 成功하였다.

그는 自己管轄인 風達郡(現 禮山郡 德山地方)으로 돌아오는 途中, 大興의 任存山에 머물러 敗亡한 國家를 回復시키려는 義兵을 일으켰다.(百濟西部人, 長七尺餘, 驍毅有謀略, 爲百濟達率, 兼風達郡將, 猶唐刺史云, 蘇定方平百濟, 常之以所部降, 而定方囚老王, 縱兵大掠, 常之懼, 與左右酋長十餘人遯去, 嘯合逋亡, 依任存山自固, 不旬日歸者三萬, 定方勒兵攻之, 不克, 遂復二百餘城, 龍朔中, 高宗遣使招諭, 仍詣劉仁軌降, 入唐爲左領軍員外將軍洋州刺史, 『三國史記』 卷 第四十四, 列傳 第四)

이것이 百濟復興戰爭의 始發이다.

德山의 伽倻山은 이 땅에 佛敎文化가 들어오기 前에는 검은山 이었고, 검은山(伽倻山)周邊의 들(平野)은 검은들 이었다. [第 1篇 1章 6, 內浦地方은 日本 天皇家의 뿌리나라(根國) : 參照]

內浦地方은 熊系地名으로서 德山地方은 百濟時代에는 今勿縣-今勿, 唐의 占領下에서는 己汶縣-己汶, 新羅가 占領하고는 今武縣-今武, 이 모두 검은(黑, 黔)과 곰(熊)과 相通한다.

"伽倻라는 말은 梵語(sanskrit)로 코끼리(象)를 말한다." 한다.

그러니 이 地方에 佛敎文化가 들어오면서 검은山이 伽倻山으로 바뀌었고, 象王山이란 地名도 생겨났다.

常之將軍의 祖上은 검은山 아래에 馬韓時代로부터 代代로 살아온 部族長으로서 百濟가 馬韓을 吸收統一 할 때 懷柔策의 一環으로 地方 部族長을 百濟의 地方首領으로 禮遇 하였을 것이다.

검은山 아래 部族長으로 살아오던 黑齒常之의 祖上들도 自然스레 百濟의 地方首領이 되어 風達郡의 郡將이 되었다고 본다.

黑齒라는 名은 常之將軍이 唐나라에 捕虜로 잡혀 갔을 때 唐 高宗이 어디에서 살던 누구냐고 訊問하는 過程에서 나왔을 것이다.

이 過程에서 "검은山 아래 살던 니(이, 사람) 常之입니다"라고 대답 하였을 것이다.

"검은山 아래 살던 이(니, 사람)"를 漢字로 借字하면, "검은山은 黑(검을흑, 검은색)으로, 살던이(니)는 齒(이치)로 借字하여 記錄하였다"고 본다.

黑齒라는 名은 1929年 中國 洛陽의 北邙山에서 黑齒常之와 그의 아들 黑齒俊의 墓가 發見 되었는데 이 墓誌銘에서의 黑齒라는 名이 記錄되어있다.

3. 洪州 두루城
(두루미城 = 鶴城 = 周留城 = 州柔城 = 石城)

筆者는 위와 같은 逕渭를 바탕으로 國立圖書館과 奎章閣을 찾아 여러種類의 洪州牧邑誌와 古地圖 등을 參照하여 보았다.

現 洪城郡 長谷面 山城里 一帶의 李朝末 行政地名은 〈洪州郡 乶方面 鶴城里〉였음을 알게 되었다.

乶方의 乶字는 中國漢字도, 日本漢字도 아닌 韓國漢字로서 〈洪州地方의 地名(땅이름) 「乶-얼」〉字인 것이다.

〈北史〉에서 〈百濟에서는 王을 「얼라하-乶羅瑕」라고 한다〉하였으니 〈얼방-䢕方〉이라 하였음은 馬韓 〈駟盧國-沙羅國〉의 王宮城, 百濟 〈沙尸羅縣〉의 治城이던 곳임을 말한다.

現 長谷面 山城里를 〈鶴城里〉라 하였으니, 〈두리-杜里〉의 뒷山, 두루山 山上盆地에 있는 石築古城을 〈鶴城〉이라고 불렀음이 確認된 것이다.

中國史料는 百濟復興軍의 總司令部이던 이 城을 〈周留城〉이라고 記錄하였는데 〈주-周〉는 〈두루주〉이니 이를 〈두루城〉으로 읽는다면, 洪城郡誌에서 優雅한 멋으로, 高尙한 글자인 〈두루미-鶴〉字를 대신 써서(借字) 성(城) 이름으로 한 것이다.

1300年前 古地名(옛이름)을 今日에 간직하고 있는 셈이다.

그 뿐 아니라 筆者가 이 城을 처음 踏査하였을 때, 그 西南쪽 城壁위에서 分明한 百濟 土器 破片 5~6点을 採集할 수 있었으므로, 그 後로는 이 城을 百濟城이라는 信念을 가지고 硏究를 하여 왔다.

4. 鶴城(주류성 = 두루城 = 沙尸良城 = 石城)의 發掘調査

周留城(第1 鶴城) : 洪城郡 長谷面 山城里

1995年 5月부터 1997年 10月 間에 祥明大 博物館팀을 中心으로 洪城郡 長谷面 一帶의 歷史 遺跡에 대한 地表調査와 〈鶴城-두루城-周留城〉에 대한 發掘調査가 있었다.

廣大한 建物趾(幅 13m, 長 30m, 119坪)와 〈사시량-沙尸良〉과 〈사라-沙羅〉銘의 古瓦 등이 多數 出土되었다.

이에 대하여 梨花女大 申瀅植教授, 檀國大 이화영教授, 祥明大의 최규성 教授와 國史編纂委員會 崔根泳博士 등 學界 여러분의 審議가 있었다.

筆者는 洪城郡 長谷面 山城里의 〈두루山〉의 〈두루城-鶴城〉이 百濟 沙尸良縣의 治城임이 確認됨으로서 80餘年을 끌어온 周留城의 位置問題 論爭은 끝이 난 것으로 생각한다.

筆者는 지나간 30餘年間 周留城 問題와 白村江 問題를 研究하면서 洪城郡 長谷面 山城里와 大峴里에 있는 〈大釜洞盆地, 大峴里 마을〉의 물있는 곳(水口)을 사이에 두고 마주보고 있는 두 곳의 石築古城과 그 背後를 이루는 大峴里 마을을 〈周留城〉이라고 主張해 왔다.

第 2次 新羅와 唐나라聯合軍이 復興軍을 攻略한 663年 8月 時點에서의 復興軍의 兵力은 任存山의 大柵(큰우리)으로 모였던 3萬餘名의 義兵과 日本으로부터 豊璋을 護衛하고 와 〈州柔城 = 周留城 = 石城 = 鶴城〉에 머물던 5千名의 倭兵이 主流였다고 생각된다.

660年 8月, 復興軍이 任存山으로 集結하던 당시 〈保 任存山 結柵以自固〉라 하였으니, 이때까지도 任存城의 石築은 完成된 것이 아니었다.

이 많은 兵力이 布陣하고 駐屯하자면, 鶴城으로부터 北方 12km 距離에 있는 任存城 間에 있는, "3個의 羅城(天台山石城, 蘇구니城, 大釜洞盆地 등)과 그 一直線上의 山地의 바로 아래를 흐르는 水深이 깊은 無限川이 水城役割을 하는 地域의 背後地方"을 〈廣域周留城〉으로 認識함이 마땅할 것이다.

"사시량(沙尸良, 沙羅〉 地方에 대하여 처음 關心을 提起한 것은 洪城郡 洪東面에 있는 〈풀무 農業高等學校 朱鎏魯 校長〉이었다.

朱校長이 이 地方에서 蒐集한 古代遺物에 관해서는 서울大 崔夢龍教授의

論文에 실려있다.

筆者도 그 以前부터 이 地方의 古代像을 硏究한 일이 있기에 考察한 바를 적어둔다.

馬韓 〈沙羅國-駟盧國〉의 初期遺跡은 朱校長이 言及한 洪城郡 洪東面 新城里의 〈沙尸良土城〉쪽이라고 생각된다.

長項線의 〈新城驛〉 附近이다.

沙羅, 沙尸良瓦片 : 洪城郡 長谷面 山城里

丘陵 위에는 土城이 있고, 分明한 新石器遺物까지 採集된다. 또한 城의 아래 기슭에는 4~5基의 支石墓가 남아있다.

駟盧國은 5世紀 初가 되면서 長谷面 山城里 〈두루山〉에 石築山城을 築造하고 移轉을 한다.

그 動機는 A.D. 396年(丙申年) 廣開土大王이 水軍을 이끌고 忠南의 西海岸 一帶를 侵攻한 直後의 일일 것이다.

外侵의 쓰라림을 겪고 나서 이에 대한 自救策이었다.

이에 〈忠南 西北部海岸-內浦地方〉 各處에서 大略 3~4곳 土城을 中心으로 하는 小部族國들이 聯合하여 그들 領域中에서 가장 防禦하기 適切한 場所에 石築城을 築造한 것으로 생각된다.

長谷面地方에서는 〈駟盧國의 王城-乼方城〉이었던 것이다.

이 假想은 文獻記錄에 따른 것은 아니다. 筆者가 지난 30餘年間 內浦地方의 5~6個 郡의 最少 150곳 以上의 土城과 石城을 踏查하면서 느낀 感이다.

A.D. 475年 9月 高句麗 長壽王(在位 A.D. 413~491)의 漢城攻擊으로 蓋鹵王(A.D. 475)이 戰死하고, 文周王이 熊津으로 遷都를 한 後 夫餘族의 支配勢力이 忠南地方을 制壓하게 되자, 馬韓의 小國들은 百濟의 縣 體制의 責任者로 變身한다. 그리고 〈擔魯-夫餘族〉의 支配를 받게 된다.

風達郡將 達率 黑齒常之, 武王의 從者 鬼室福信, 洪城驛前의 〈古牟婁城 = 古麻怒利城〉에서 起兵한 達率 余自進과 僧領 沙吒相如 등이 모두 이것이라 생각된다.

머릿속에 한번 더 想像해 본다.

洪州 長谷面 山城里 두루山의 〈第 1 鶴城〉은 너무 險峻하여 平和時의 百濟 沙尸良縣의 다스리는 곳(治城)으로서는 不便하기 그지없다. 이에 大釜洞의 물 흐르는 水口溪谷을 사이에 두고 마주보는, 山도 얕고 進入路도 順坦한 大峴里쪽 山上(趙煥雄宅 뒷산)에 또 하나의 〈第2 鶴城〉을 築造하였다.

그러니 먼저 築造한 〈두루山〉쪽 第 一 鶴城은 一時 廢城이 된다.

第2 鶴城 : 洪城郡 長谷面 山城里 山上(趙煥雄宅 뒷산)

A.D. 660年 7月 新羅와 唐나라 軍의 侵攻으로 나라가 敗亡하자, 祖國 復興을 渴望하는 3萬餘 義兵이 任存山 大栅쫄(큰울, 큰우리)으로 모이게 되자 蘇定方은 大軍을 派遣, 이를 攻擊하였지만 山勢는 險하고, 兵力은 많아 이기지 못하고, 大興中學校 앞 丘陵에 있는 小栅[작은 울-작은 우리-官祿재(峴)城]을 破하였을 뿐, 9月 3日로 豫定된 唐나라로의 歸國 日程 때문에 8月 28日 撤軍하고 말았다.

13萬 唐나라 主力軍이 歸國하자, 福信과 道琛將軍에 隷屬된 兵力은 任存城의 南方 12km 距離에 있는 城, 〈鶴城-두루城〉으로 移動 復興軍의 總司令部로 活用하게 되었고, 日本에 長期間 滯留하고 있던 百濟王子 扶餘豊이 歸國하자 推戴되어 이 城(두루城-周留城-州柔城-石城-鶴城)에 함께 머물게 되었다.

新羅와 唐나라 軍士의 泗沘城 攻擊이 始作된 660年 7月 初 〈南川停-京畿道 利川〉에 머물던 武烈王 金春秋는 兵船便으로 洪城郡 廣川附近(今突城, 沙羅之停)으로 내려와 泗沘城의 勝戰消息을 기다리고 있었다.

史料는 그곳을 〈沙羅之停〉이라 하였다.

筆者가 보기로는 이미 武烈王은 〈沙尸良縣城 = 沙羅城 = 두루城〉까지 들어가 머물지는 아니하였을 것으로 생각한다.

泗沘城으로 入城, 蘇定方과 合流하자면 亦是 兵船便으로 熊津江을 통하여 「乘湖帆以進」함이 가장 便한 것이기 때문에, 武烈王은 그 數日間을 〈鰲川港에서 廣川 독배사이의 安全한 場所〉에서 머물었을 것이다.

이곳도 〈沙尸羅縣-沙尸良縣-沙羅縣〉의 治所城에서 가까운 領域이기 때문에 〈沙羅之停〉이라 한 것이다.

5. 百濟의 敗亡과 百濟復興戰

-今突城과 沙羅之停은 同一한 場所-

新羅는 百濟에 비하여 文化面 뿐 아니라, 軍事面에서도 後進國 이어서 많은 壓迫을 받았고, 滿洲에서 일어난 高句麗로부터도 심한 壓迫을 받아왔다.

이 무렵 中國 中原地方을 統一한 唐나라 太宗은 高句麗의 膨脹을 걱정하고, 이를 막기 위하여 前朝 隋나라 楊帝의 前轍을 무릅쓰고, 3次例나 出兵하였지만 모두 失敗하고 말았다.

이때 新羅의 金春秋(後에 武烈王)는 唐으로 건너가 新羅를 救援해 주길 援하면서 高句麗의 背後 勢力인 百濟를 먼저 攻掠할 것을 勸하였다.

唐 太宗은 이를 받아 들였고 約束을 받아 낸 武烈王은 新羅로 돌아와 太子 金法敏(後에 文武王)을 帶同하고 京畿道 利川地方(南川停)까지 進出 唐兵의 到着을 기다리고 있었다.

드디어 蘇定方은 13萬 大軍을 統率하고 西海를 건너와 牙山灣 밖(外)에 있는 德勿島(德積島)에 寄着하면서 南川停(現 利川)에 알렸다.

武烈王은 100隻의 水軍과 太子를 보내어 蘇定方을 迎接하였다.

이때 蘇定方은 太子에게 作戰計劃을 說明하면서 7月 10日을 期하여 百濟의 都城인 泗沘城의 南쪽 一舍止(約 30里 距離)에서 兩國의 軍隊가 合流하여 함께 都城을 攻擊할 것을 指示하였다.

太子의 報告를 받은 武烈王은 기뻐하면서, 太子에게 南川停(利川)에 駐屯한 兵力을 統率하고 戰線으로 進軍게 하고, 都城(慶州)에 있는 兵力도 出動할 것을 命令하였다.

이에 金庾信將軍은 5萬 兵力을 統率하고 北上하였지만, 連山 · 炭峴에서 百濟名將 階伯將軍의 5千 決死隊의 抵抗에 부딪쳐 蘇定方이 指示한 날짜보다 하루 늦게 到着할 수 밖에 없었다.

蘇定方은 百濟都城을 攻擊하면서 新羅軍의 協助없이 唐 兵力만으로 危險

한 初戰을 치루게 되자 몹시 怒하였지만, 新羅軍의 士氣가 衝天하여 있으므로 問題삼지 못하고 無事히 넘어갔다.

利川에 머물던 武烈王은 100隻 兵船의 護衛를 받으며 西海를 南下 安眠半島 南端에 이르러 洪城郡 廣川川이 바다(西海)로 流入하는 地點인 오천성(鰲川城)周邊 今突城(沙羅之停)에 머물면서 扶餘로 부터의 勝戰報를 기다리고 있었다.

『三國史記』「武烈王伝」에서는 "太宗 7年 5月 26日 武烈王은 庾信, 眞珠, 天存 등과 함께 軍士를 거느리고 慶州를 出發, 6月 18日 南川停에 到着했다. 蘇定方은 萊州에서 出發하여, 船團이 1000里를 이어 東쪽을 향하여 航海하였다. ……(中略)…… 또 大王은 太子에게 命하여 大將軍 庾信과 將軍 品日, 欽春 등과 함께 精銳兵士 5萬을 統率하여 支援케 하고, 王은 今突城에 머물렀다. ……(中略)…… 7月 18日 義慈王은 太子 及 熊津城의 軍士들을 거느리고, 熊津으로부터 가서 降伏하고, 武烈王은 義慈王의 降伏 消息을 듣고, 7月 29日 今突城에서 至所夫里城에 이르러 ……, [本紀 太宗 7年 夏 5月26日 王與庾信. 眞珠. 天存 등, 領兵出京, 6月 18日, 次南川停, 定方發自萊州, 舳艫千里 隨流東下, ……(中略)…… 又命太子與大將軍庾信. 將軍品日. 欽春等. 率精兵五萬應之, 王次 今突城 ……(中略)…… 7月 18日, 義慈率太子及熊津方領軍等, 自熊津城來降, 王聞義慈降 , 7月 29日 自今突城, 至所夫里城 ……]"이라는 內容과,

「金庾信伝」에서는 "太宗 7年 여름(夏) 6月, 大王은 太子 法敏과 함께 百濟를 征伐하려고, 많은 軍士를 出動하여, 南川停에 이르러 陣營을 차렸다. ……(中略)…… 7月 10日 百濟王都 泗沘之城에서 會合하기로 하고, 太子는 王에게 아뢰고, 大王은 將士를 引率하고, 沙羅之停에 이르렀다. 將軍 蘇定方 · 金仁問 등은 技伐浦에 當到하니, 海岸이 진흙 펄 이어서 行軍할 수가 없어, 버들자리를 펴 軍士들을 上陸케 하고 羅 · 唐軍은 聯合하여 攻擊하여, 百濟를 滅亡시키고. ……, [列傳 金庾信伝(中), 太宗 7年 庚申夏 6月, 大王與太子法敏將伐百濟, 大發兵, 至南川而營 ……(中略)…… 以7月 10日 會宇百

濟王都泗沘之城, 太子來告 , 大王率將士, 行至沙羅之停, 將軍蘇定方 . 金仁問等沿海入技伐浦, 海岸泥濘陷不可行, 乃布柳席以出師, 唐羅合擊百濟滅之, 此役也 ……]"라고 記錄되어 있다. 이는 同一時代, 同一事件, 同一場所를 가지고 武烈王傳에서는 今突城, 金庾信傳에서는 沙羅之停이라 表現한 것은 今突城과, 沙羅之停은 同一場所를 나타내는 것이다.

吏讀文의 "今突城"을解釋하면
「今」은 金(쇠금)이고,
「突」은 돌멩이 · 돌막 · 石 이므로
金돌멩이 · 金돌막 · 金石 · 金鑛石, 즉 周邊에 金鑛이 있는 城을 말한다.

洪城 周留城 아래를 흐르는 廣川川은 解放後 까지도 砂金을 採取하던 곳으로 有名하며, 廣川의 새우젓 貯藏窟은 人爲的으로 만든 窟이 아니라, 金을 採取한 廢金鑛窟을 利用하여 새우젓 熟成 保管倉庫로 利用하고 있다.

國定敎科書나 史學界에서는 李丙燾先生의 說을 이어 받아 오늘에 이르기까지 今突城을 尙州地方이라고 認識되어 왔으나(李 博士의 『三國史記』 譯註에서 太宗武烈王傳에서는 今突城을 지금의 尙州 白華山說을, 이는 東史綱目의 註에 의함이라하고, 金庾信傳에서는 沙羅停은 지금의 槐山이라 推測, 今突城과 沙羅停을 別個의 場所로 認識한 것 같음), 筆者는 이에 疑問을 提起한다.

新羅와 聯合作戰을 펴기 위해 唐나라의 蘇定方은 13萬 大軍을 이끌고 德積島에서 西海岸을 南下 熊津江口를 거쳐 扶餘에 到着 하였다는것과, 武烈王의 아들인 法敏(後. 文武王)이 100척(艘)의 軍船과 水軍을 이끌고, 德積島에 가서 蘇定方을 迎接 하였다는 것은 이미 西海의 海上權을 掌握하고 있었다는 證據이다.

武烈王은 西海上의 海上權을 掌握한 水軍을 利用하여 南陽灣을 出發 短距離이며, 安全한 航路를 利用, 熊津江口에 가깝고, 安全한 碇泊地인 옛 沙

羅(駟盧)國(現 洪城地方)의 領域인 沙羅之停(今突城)에 머물면서 扶餘로부터의 勝戰報를 기다렸다고 본다.

李丙燾博士는 『韓國史, 震檀學會, p.286』에서 駟盧(沙羅)國의 領域을 洪城郡 長谷面이라 하였지만, 筆者는 長谷面과 洪東面地域으로 본다.

이는 모두 옛날에는 結城郡의 領域이었다.

武烈王이 泗沘로부터 勝戰報를 기다렸다는 沙羅之停은 馬韓 駟盧(沙羅)國의 領域이었던 廣川川 入口의 鰲川港(城)에서 廣川 독배사이의 周邊地域에 머물렀기 때문에 沙羅之停이라고 하였을 것이다.

"今突城과 沙羅之停"은 同一한 場所이고, 周留城의 周邊에 位置해 있다고 본다.(A.D. 660年의 沙尸羅城은 開城狀態이었다)

義慈王은 都城이 羅 · 唐軍의 攻擊을 받게되자 都城의 防禦를 次男인 隆에게 맡기고 太子를 데리고 熊津(公州)으로 蒙塵하였다.

隆은 羅 · 唐軍에게 不利하게 되자 하는 수 없이 降伏하였다.

이 消息을 들은 義慈王과 太子는 泗沘城으로 돌아와 降伏하였다.

오천성[鰲川城(港)]에서 廣川독배 間의 安全한 場所(沙羅之停, 今突城)에 머물었던 武烈王은 勝戰消息을 듣고 南下하여 熊津江口(長項 · 群山)로부터 熊津江으로 進入 扶餘에 到着(A.D. 660. 7. 29.)하였다.

義慈王이 降伏하던 날 蘇定方과 唐나라 將軍들과 武烈王은 壇上에 앉아 있고, 義慈王과 太子는 뜰아래(壇下)에서 술잔을 올리는 受侮를 당했다.

百濟의 常之將軍은 風達郡將이었다.

都城이 陷落되고 王도 降伏하였다는 消息을 들은 常之將軍은 臣下의 禮에 따라 管下의 副將을 거느리고 都城에 가서 蘇定方에게 降伏하였다.

都城에 가보니 말이 아니니다.

唐軍은 제멋대로 百濟人을 無盡殺戮함과 아울러 掠奪을 恣行할 뿐 아니라 降伏한 義慈王 父子도 獄에 가두었다.

獄에 갇혀있던 常之將軍은 怯이 나서 함께 잡혀있던 將軍들과 合議, 獄에서 逃亡하는 데 成功하였다.

그는 現 禮山郡 德山地方인 風達郡으로 돌아오던 途中, 大興의 任存山에 머물러 敗亡한 나라(國家)를 回復시키려는 義兵을 일으켰다.

이에 王族出身의 福信將軍과 僧侶 道琛大師가 同參하게 되자 10日 間에 3萬餘 義兵이 모여들었다.

이 消息을 들은 蘇定方은 많은 兵力을 보내어 鎭壓하려 하였지만 山勢는 險하고 兵力이 많아 平定하지 못하고 撤軍을 하고 말았다.

이는 唐軍의 兵力이 弱해서가 아니라 9月 3日부터 唐나라 軍士의 撤軍豫定 때문이었다고 생각된다.

蘇定方과 武烈王은 劉仁願의 1萬 唐軍과 金仁問(武烈王의 次男)의 7千 新羅軍만을 占領軍으로 남겨두고 凱旋하였다.

이 兵力만으로는 百濟域內를 統治할 수 없었고 旧都(公州)와 都城(扶餘) 地方을 守護하기에도 急急하였다.

이러한 驚惶에서 百濟 全域에서 遺民들의 抗戰이 始作되었다.

이것이 百濟復興戰의 始作이다.

史料에 의하면 "復興軍은 初期에 任存山에 木柵을 세우고 抗戰하였다." 하니, 이때는 石城이 完成된 것은 아니며, 그 後에 築造된 것으로 생각된다.

任存城은 海拔 484m의 심한 傾斜진 바위산의 盆地에 築造된 길이 2,540m에 달하는 石築山城이어서 3萬 兵力이 長期間 駐屯할 수 있는 與件이 못 된다.

이에 蘇定方과 武烈王이 凱旋하자 福信將軍과 道琛스님(僧) 등은 兵力을 나누어 南方向 12km 距離에 있는 周留城(洪城郡 長谷面 山城里 · 大峴里)으로 總指揮本部를 옮겼다.

이것이 史料에 登場하는 첫 번째 周留城 記錄이다.

福信將軍은 日本으로 使臣을 보내어 長期間 日本에 머물러 있던 王子 豊璋의 還國과 救援兵의 派遣을 懇請하였다.

이에 齊明女王은 이를 받아들여 敗亡한 百濟國을 救援하기로 하였다.

齊明女王은 難破宮(なにわ, 大阪, 오사카)을 떠나 船便으로 西進하면서

兵士도 募集하고, 兵器도 收集하며, 九州地方에 있는 行宮에 이르렀지만 病으로 死亡하였다.

王子 天智天皇은 母王의 遺志를 이어 復興軍을 救援하기로 하였다.

A.D. 661年 9月 義慈王의 王子인 豊璋은 5千 日本兵의 護衛를 받으며 周留城에 돌아왔다.

福信將軍과 百濟民은 이를 百濟王으로 推戴하였다.

復興軍의 勢力은 날로 强盛하여져 200餘 城이 蹶起하는 事態에 이르렀다.

이에 A.D. 661年 新羅兵이 出動, 豆陵尹城(靑陽郡 定山面 白谷里)을 攻擊하였지만 成功하지 못하고 新羅로 돌아갔다.

이때 新羅軍의 後尾部隊가 角山을 지나던 때 復興軍이 이를 攻擊하였다.

新羅軍은 反擊에 나서 角山의 豆率城까지 쳐들어가 復興軍 2千餘名을 죽이고 新羅로 돌아갔다.

그곳의 地名이 靑陽郡 赤谷面(長坪面) 赤谷里인 것이다.

復興軍 2千名이 피로 물들은 죽음의 땅 이름이니 잘 어울리는 地名이라 하겠다.

古山子는 "豆陵尹城은 定山縣 白谷里에 있는 山城이라 하고, 角山은 七甲山이며, 豆率城은 角山아래 位置한다." 하였다.

A.D. 662年 福信軍의 部隊가 江東(錦江의 東쪽)까지 進出, 大田地方에서 慶州-公州間의 補給路를 遮斷하였다.

羅·唐駐屯軍은 最大 危機에 逢着하였지만, A.D. 662年 7月 劉仁軌가 新羅軍을 指揮 大田地方의 復興軍을 夜襲 8百餘名을 죽임으로서 補給路를 復元하였다.

復興軍은 이 敗戰으로 熊津과 泗沘地方에서 錦江 넘어로 撤收할 수밖에 없었다.

이 事件으로 不安을 느끼게 된 唐將 劉仁願은 本國 皇帝에게 救援軍을 增派하여 줄 것을 奏請하였다.

唐 高宗은 左威衛將軍 孫仁師를 熊津都行軍 總管에 任命하고 出征을 命

하였다.

孫仁師는 다음해(A.D. 663年) 봄(春), 山東地方의 淄 · 青 · 萊 · 海 4個州에서 陸軍 7千名을 徵集, 이를 170隻 兵船에 乘船, 5月 末 山東半島에서 出航하여 百濟로 건너왔다.

孫仁師도 3年前의 蘇定方 때와 같이 德積島에 寄港하여 戰列을 整備한 後, 다시 航進 白江(牙山灣)으로 가서, 白江(仙掌港)에 上陸하였다.

이때의 白江은 史料에 처음 登場하는 "白江"이다.

孫仁師는 統率하고 온 7千 陸軍을 이곳 白江(仙掌港)에 上陸시켜 橋頭堡를 構築한 다음 自身은 若干의 兵船과 指揮本部만을 거느리고 牙山灣을 나와 忠淸道 西海岸을 南下 熊津江口로부터 熊津으로 가서 司令部와 合流하였다.

復興軍의 兵力이 남아있는 熊津江 下流를 通過한다는 것은 問題가 있어 보이지만 熊津江의 넓은 河幅과 4~5m에 달하는 干滿差를 考慮할 때 問題가 될 것이 없다.

熊津에 到着한 孫仁師는 劉仁願과 都督 劉仁軌를 만나 作戰計劃을 세운 後 新羅兵의 出征을 要求하였다.

이에 文武王은 5萬의 新羅軍을 이끌고 A.D. 663年 7月 17日 慶州를 떠나 8月 初旬 熊津(公州)에 到着, 孫仁師 등과 合流하였다.

第 2次 羅 · 唐聯合軍의 攻擊目標는 周留城과 任存城의 復興軍을 潰滅하는 作戰이었다.

8月 10日頃 新羅軍 5萬名과 劉仁願의 唐兵 1萬名이 出擊하던 그날 都督 劉仁軌는 6萬 兵力의 食糧과 補給品을 실은 糧船團을 指揮하고 熊津江을 따라 떠났다.

陸軍은 公州郡 灘川面地方의 반여울나루와 汾倉나루와 倉江(王津)나루에서 渡江 對岸의 豆率城 아래를 行軍하였다.

이 渡江作戰을 擔當한 것은 劉仁軌가 引率한 唐의 軍船이었다.

渡江作戰을 마친 軍船과 糧船團은 錦江下流를 나와, 忠淸南道의 西海岸

을 迂廻 牙山灣으로 航進, 孫仁師가 거느리고 온 7千 陸軍이 駐屯하고 있는 橋頭堡 白江(仙掌港)으로 가서, 引率하고 온 糧船團을 白江(仙掌港)에 머물고 있는 7千 陸軍에게 引繼하였다.

7千 陸軍이 糧船團을 護衛하고 周留城을 향하여 出發함을 確認한 다음, 補給船團의 護送任務를 完遂한 劉仁軌는 170隻의 艦隊만을 거느리고 安全한 白江口(牙山灣의 入口)에 있는 彎으로 물러서 碇泊하였다.

이것이 史料에 처음 登場하는 "白江口"이다.

한편 文武王과 劉仁願의 陸軍이 8月 13日 悅已縣(定山縣, 現 靑陽郡 定山面)의 豆率城 아래를 行軍하자 豆率城에 派遣되어 있던 復興軍과 倭軍이 모두 나와 降伏하였다.

이것이 첫 戰果였다.

이때 文武王은 크게 慈悲를 베풀어 容恕하고, 특히 倭兵에 대하여는 寬容을 베풀면서, 大王이 倭人들에게 이르기를 「우리와 너희 나라가 바다를 隔하여 나뉘어 있으면서 일찍이 交爭한 일이 없을뿐더러 友好를 맺고 和親을 講하는 등 서로 聘問交通하였는데 어찌하여 오늘에 와서 百濟와 함께 惡을 같이하며, 우리나라를 圖謀하려 하는가? 지금 너희 나라 軍卒은 우리 손 안에 있지만 차마 죽이지 못하니, 너희들은 돌아가 너희 王에게 告하라.」 하였다.(八月十三日, 至于豆率城,百濟人與倭人出陣, 我軍力戰大敗之, 百濟與倭人皆降, 大王謂倭人曰, 惟我與爾國隔海分疆, 未嘗交搆, 但結好講和, 聘問交通, 何故今日與百濟同惡, 以謨我國, 今爾軍卒在我掌握之中, 不忍殺之, 爾其歸告爾王, 任其所之,『三國史記』卷 第 四十二, 列傳 第 二, 金庾信 中)

이에 대하여 古山子는 「그래서 豆率城을 一名 慈悲城이라 한다.」하였다.

이날이 8月 13日이었으니 第 2次 羅 · 唐軍이 熊津을 出發한 것은 8月 10日頃 이었을 것이다.

6. 周留城과 白村江의 位置問題

周留城에는 日本으로부터 반가운 連絡이 왔다.

豊王은 周留城에 함께 머물러있던 日本軍將帥들을 모아놓고, "日本으로부터 1萬名의 救援兵이 온다는 消息이 왔으니 우리가 같이 나가 迎接을 하자"하여, 倭軍將帥들을 帶同하고 周留城을 떠나 白村으로 갔다.

이날이 8月 13日이었으니 文武王과 劉仁願의 6萬 陸軍이 豆率城에서 復興軍과 倭軍의 降伏을 받은 같은 날이었다.

文武王과 唐의 陸軍은 車嶺山脈을 넘어 洪城郡 長谷面 山城里 · 大峴里에 있는 周留城(州柔城)에 8月 17日 當到, 이를 攻圍하였다.

이 무렵 白江(仙掌港)을 떠난 7千 陸軍(山東地方을 出發한 孫仁師軍)은 糧船團을 護衛하여 無限川의 東岸平野를 거슬러 올라와 周留城 攻擊에 合流하였다.

戰況의 記錄을 볼 때 羅 · 唐軍은 險峻한 周留城을 白兵戰으로 攻擊한 것이 아니고, 包圍를 한 채 城內의 復興軍이 降伏하기를 勸誘하다가, 9月 7日 드디어 復興軍이 降伏하자 文武王은 豆率城에서와 같이 이들을 모두 釋放하였으니, 倭軍兵士 5千名도 모두 자유로이 釋放하였으므로 無事히 歸國할 수 있었다.

A.D. 663年 3月이 되면서 日本의 天智天皇은 百濟復興軍을 救援하기 위하여 2萬 7千 名의 兵力을 徵集하여, 前 · 中 · 後 3個軍團으로 編成하였다.

6月에는 이 중에 一部를 新羅 後方에 보내어 攪亂作戰을 펴기도 하였다.

8月이 되면서 그 중에 1萬兵力이 百濟로 건너와(渡海), 8月 27日 白村에 到着하기 始作하였다.

이를 『三國史記』에서는 日兵船 1千隻이 "白沙(唐津郡 石門面 長古項里의 용무치)에 到着하였다."하였다.

『日本書紀』에 따르면 멀고도 거친 航海를 마치고, 8月 27日 日本兵船團이 白沙場漁港마을의 海岸에 到着하여 斥候兵이 마을 뒷산에 올라가 보니, 丘

陵 뒤쪽 바로 아래가 〈차돌배기마을-白石村〉의 浦口 〈灣-イリエ-入江〉이었고, 丘陵에서 2,000m도 아니되는 位置인 白石村의 灣, 즉 곰개포구(熊浦) 안(內)에는 唐나라 戰艦 170隻이 碇泊하고 있었던 것이다.

이를 弱勢라고 誤判한 指揮部는 到着 중인 日本兵船을 戰鬪에 投入시켜 攻擊토록 하였다.

이리하여 唐 · 日間의 海戰이 惹起된 것인데 그 場所를 中國史料는 "白江口"라 記錄하고, 『日本書紀』에서는 이를 "白村江"이라 하였으니 두 地名은 同一 場所를 말한 것이다.

筆者는 『日本書紀』의 〈白村-ハクスキ〉를 現 唐津郡 石門面 三峰里인 〈차돌배기마을-白石村 〉으로 比定하고, 〈백촌강-ハクスキノエ-하구스기노에〉는 이 〈차돌배기마을-白石村〉의 〈浦口-灣-곰개-熊浦〉, 日本語로 〈イリエ-이리에-入江〉으로 判斷한다.

그런즉 〈白江口-白沙-白村-白石村-白村江〉이라는 遺跡은 그 地名이 相異한 것 처럼 각각 그 確實한 位置는 다르고, 그 性格도 다르지만, 歷史的으로는 깊은 關聯이 있고 매우 가까운 同一地域에 位置한다.

다시한번 論하게 되지만, 白村江의 位置問題는 日帝의 侵略이 있은 直後부터 오늘에 이르기까지 90餘年間, 兩國의 歷史學界가 兩說로 分裂되어 周留城과 함께 論爭을 벌여온 解決되지 못한 課題다.

1) 古山子 金正浩先生은 『大東地志』 卷 5, 洪州牧條에서 〈洪州牧 本百濟周留城 唐改支潯州〉라 하였다.

2) 白村江戰鬪의 記錄을 살펴보면 강물(川, 河) 或은 湖水에서 싸운 戰爭은 아니다. 海上(바다)에서 싸운 海戰이었음이 분명하다.

3) 〈白村江-ハクスキノエ-하구스기노에〉라는 海戰場은 日本人이 編纂한 歷史書인 『日本書紀』에 登場하는 地名이다. 中國史書에는 〈白江口 或은 白江之口〉라 하였다.

4) 『日本書紀』에서는 〈白村江〉을 古來로부터 〈ハクスキノエ-하구스기노

에〉라고 읽어왔다.

"白石村의 灣"이라는 뜻이다.

日本에서는 냇물이름에 〈江-エ〉를 쓰지 않는다.

"江"을 "江"이라 하는 예는 없다.

"江"을 "川 或은 河"라 한다. 즉 錦江 · 東津江의 "江"字를 쓰지 않고 "川, 或은 河"字를 쓴다.

그런즉 "江"을 〈エ-에〉라고 읽음은 〈イリエ-이리에-入江-灣〉을 말하는 것임이 틀림없다.

이는 灣(개浦)이라는 뜻이다.

그런데도 日本 史學界에서는 白村江의 "江"은 〈エ-에〉라고 읽으면서도, 흐르는 江, 즉 錦江下流 或은 東津江 등으로 錯覺하고 있다.

白村江의 "江"字의 性格이 여전히 確實하지 않게 되자 最近에 와서는 數百年間 써내려 오던 傳來의 "토"인 〈ハクスキノエ-하구스기노에〉를 져버리고 「하구송고우-ハクソンコウ」라고 直譯音讀을 하는 作家까지 나타나고 있다. (例 : 도-야마(遠山美都男)氏의 『白村江』)

그런즉, 『日本書紀』에서 唐 · 日間의 海戰이 벌어진 곳을 〈ハクスキノエ-하구스기노에-白村江〉이라 한 곳은 唐津郡 石門面 三峰里 차돌배기마을의 개포 〈灣-곰개-熊浦〉와 符合된다.

이렇듯 "周留城"과 "白江, 白江口, 白村江"은 百濟復興戰의 重要한 戰跡地인데도 韓 · 中 · 日 어느 史料에도 이 位置를 論及한 記事는 없다.

그러니 이를 가려내는 方法은 復興戰 戰況의 記錄을 詳細히 考察하고, 이를 傍證으로 活用하는 수밖에 없을 것이다.

A. 周留城의 位置를 舒川郡 韓山의 乾芝山城이라고 생각하는 論者들은 한결같이 白村江의 位置를 錦江下流에 比定하면서, 白村江戰鬪의 舞臺는 錦江下流地方에 構成 하였다.

㉮ 쓰다(津田左右吉)敎授가 1913年 周留城과 白村江의 位置問題를 들고

나왔다.

쓰다(津田)教授는 "周留城은 韓山附近에 있다"하고, 白江을 錦江下流라 하였다.

韓日合併 直後인 이 時點에서 이 問題를 들고 나온 것은 「第 1篇, 1章 6. 古代 內浦地方은 日本 天皇家의 뿌리나라(根國)」에서 論及한 "任那日本府說과 男居城에 倭가 充滿하였다"는 記事와 對를 이루는 것으로서, 日本府說을 내세움으로서 古代의 日本이 韓土를 統治하였다고 主張함에 대하여 周留城 問題를 들고 나왔음은, 百濟의 興亡이 걸렸을 때 日本이 1萬餘名을 派兵할 程度로 親善關係에 있었다 함을 誇示하려는 處事다.

㉯ 李丙燾博士는 周留城을 韓山의 乾芝山城이라고 補完하고, 白江은 錦江下流라 하였다.

이 見解가 國史國定教科書를 통하여 學生들에게 가르쳐 온 說이다.

㉰ 忠清南道에서 發刊한 百濟의 歷史에서도 이 說을 採擇하고 있다.

㉱ 이께우찌(池內宏)教授는 白江은 錦江下流라 하면서, 周留城은 舒川郡 吉山川附近의 丘陵地帶를 찾아보면 그럴싸한 城(周留城)이 있지 않겠는가 하면서도, 白村江은 錦江下流라 하였다.

㉲ 가루베(經部慈恩, 日本大)教授는 白村江을 錦江下流에 位置시키고, 周留城은 扶餘郡 忠化面의 周峰山城이라 하면서, 이미 80餘年前 李丙燾博士가 말한 "韓山의 乾芝山城은 高麗城이지 白濟城이 아니다"라고 하였다.

㉳ 스스기(鈴木治), 기토우(鬼頭清明), 도-야마(遠山美都男)氏 등도 各其 百濟 復興戰爭史를 主題로한 單行本을 發表하면서, 그 舞臺를 韓山 乾芝山城과 錦江下流에 構成하고 있다.

B. 周留城을 扶安 · 邊山半島에 있는 位金岩山城이라고 생각하는 論者들 中,

㉮ 1924年 오다(小田省吾)氏는 쓰다(津田左右吉)教授의 韓山周留城과, 錦江의 白村江說은 文獻記錄과 어긋난다 하며, 周留城은 扶安의 邊山半島

에 있는 位金岩山城이고, 白村江은 東津江이라 하였다.

㉯ 그 후 이마니씨(今西龍)教授는 周留城은 邊山半島의 斗升山城이고, 白村江은 茁浦의 內浦라 하였다가, 후에 이를 撤回하고 오다(小田)氏의 說에 同調하였다.

㉰ 地理學者 盧道陽教授는 周留城은 位金岩山城이고, 白村江은「豆浦川」이라 하였다.

㉱ 解放 後 圓光大學의 全榮來教授는 오다(小田省吾)氏의 周留城은 位金岩山城이고, 白江은 東津江이라는 說을 繼承하여 이를 今日에 이르도록 50餘年間 主張하고 있다.

C. ㉮ 丹齋 申采浩先生은 周留城은 燕岐郡에 있다 하였지만 白江과 白江口에 대하여는 言及함이 없다.

㉯ 燕岐郡의 金在鵬氏는 이를 繼承하여 30年間 研究하면서 周留城은 全義地方에 있는 세곳산성(三個山城)을 周留城이라 하고, 牙山灣의 白石浦를 白村江이라 주장하였다.

㉰ 金在鵬氏 說을 受用한 崔秉植社長은 燕岐說에서 扶安說로, 다시 扶安說에서 燕岐說로 飜覆하고 있다.

㉱ 고바야시(小林惠子)氏가 이 說을 受用하고 있으나 矛盾이 많다.

敷衍을 하면, 復興戰爭에서의 周留城, 避城, 任存城, 白村江, 豆率城, 豆陵尹城 등이 同時代 同一事件으로 脣齒關係에 있음을 알게 된다.

① 申采浩先生의 燕岐說에서는 白江과 避城에 관한 言及이 없다.

② 軍事作戰 概念에서 볼 때 公州에서 全義까지의 4~50里 路程을, 錦江을 나와 西海의 泰安半島를 航海 牙山灣으로 進入 天安의 白石浦에 上陸, 白石浦에서 全義까지의 100餘里 路程을 行軍하여 全義 周留城에 當到하였다는 것은 이해할 수 없는 作戰概念이다. 이것이 燕岐說의 決定的인 弱點이라 하겠다.

筆者는 金在鵬氏의 案內를 받으며 이 遺跡들을 踏査하여 보았지만 이 遺

跡이 弱點이 있다고 보아 言及하지 않겠다.

D. 古山子 金正浩先生은 『大東地志』 洪州牧條의 序頭에서 〈洪州牧 本百濟周留城 唐改支潯州〉라 하였고, 城址項에서는 洪州邑城이 周留城이라 하였다.

그러나 『日本書紀』의 著述을 살펴보면 平地石築城인 洪州牧城을 中國史料의 周留城으로 볼 수 없다.

이에 興味를 갖게 된 筆者는 이를 推究한 끝에 周留城은 "洪城郡 長谷面(乫方面) 山城里에 있는 두루城, 즉 옛 洪城郡誌에서 鶴城山城이라고 한 城을 周留城이라"하고, 廣域 "白江은 牙山灣"이고, 孫仁師의 7千 陸軍이 上陸한 地點인 "白江은 無限川과 揷橋川이 牙山灣으로 유입하는 지점에 있는 仙掌港을 白江"이라고 하였다.

筆者는 A.D. 663年 8月 27日부터 3日間 展開된 唐 · 日間의 海戰場所인 中國史料의 白江口, 『日本書紀』의 記事인 白村江은 이를 唐津郡 石門面 三峰里 白石村(차돌배기마을)의 灣(熊浦)이라고 주장하였다.

이러한 내용의 논문을 1990年 全國文化院聯合會 主催 全國鄕土文化公募展에서 『周留城考』를 發表하여 受賞의 榮光을 안았다.

日本의 史學者와 文人들이 이에 關한 繼續的인 學論은 省略하고, 國內의 最近 發表만을 보아도,

1. 高麗大學校 崔在錫名譽教授는 『朝鮮學報, 第 90集(1998 · 春)』에 發表한 論文 "663年 白江口戰爭에 參戰한 倭軍의 性格과 新羅와 唐의 戰後 對外政策"에서 日本의 著名學者 13人의 論文을 分析한 바 있다.

매우 有益한 論文이다.

2. 2004 · 8 · 國防部 軍史編纂研究所에서 發行한 『軍史』 誌(52號)에서 李鍾學教授는 「周留城 · 白江의 位置比定에 關하여」에서 軍事 史學的인 研究에서의 周留城은 扶安郡 上西面의 位金岩山城이라 하고, 白江은 東津江이

라 하였다.

이는 1923年 오다(小田)氏가 主張한 周留城은 位金岩山城이고, 白村江은 東津江이라고 주장한 것과 동일한 것이고, 또한 全榮來教授가 50餘年間 주장하고 있는 것과 동일한 것이다.

3. 2005年 10月 8日字 朝鮮日報의 「사랑」 칼럼에서 李德一氏는 白江의 位置를 錦江 또는 東津江河口라 하였고,

4. 李道學教授는 2005年 10月 14日 KBS의 22時에 放映된 歷史스페셜 "日本은 왜 百濟復興에 死活을 걸었나?"에서 白江을 東津江이라 하였다.

이 3人의 見解는 90年前에 發表된 쓰다(津田)教授의 "錦江 白村江說"과, 80年前에 發表된 오다(小田)氏의 "周留城이 位金岩山城이고 白村江은 東津江"이다, 라는 것과 동일한 것이다.

白江口 或은 白村江을 "牙山灣 入口 附近"이라고 主張하는 筆者의 立場에서는 失望이 아닐 수 없다.

가) 舒川郡에서는 韓山 乾芝山城을 發掘調查 하였다. 結果 百濟山城이 아니고 高麗城임이 判明된 것이다. (『乾芝山城發掘調査 報告書, 1998』)

이로써 周留城 韓山說과 白江 · 白村江 錦江下流說은 必然的으로 自滅하고 말았으니 論할 必要가 없는 것이다.

李丙燾博士는 國譯 『三國史記(p.247 註10)』에서 避城의 位置는 沃溝郡 臨陂面에 比定하고, 臨陂는 本始 "百濟의 屎山郡 一云 陂山이라 하였다."하고(輿地勝覽), 이 陂山이 避城에 해당한다 하였다. 西北으로는 錦江下流를 帶하고, 東南으로 巨堰의 防(金堤 碧骨堤)을 갖고, 田畓으로 돌려있는 生活條件이 좋은 곳이다 하며, 周留城은 錦江口 附近의 舒川郡 韓山面 乾芝山城에 比定하고 싶다 하였는데, 여기에 不合理한 疑問點이 생긴다.

急迫한 狀況에서 넓은 錦江河口을 건너 臨陂에 居하였다가 70日도 못되어 다시 錦江을 건너 韓山으로 돌아갔다는 것은 왠지 說得力이 없어 보인다. 또한 넓지는 않지만 乾芝山城 周邊에도 들을 가지고 있다.

나) 筆者는 位金岩山城說이 周留城이라는 오다(小田)氏의 主張에는 큰 弱點이 있다고 본다.

[《2005年 (財)全北文化財硏究院과 扶安郡은『扶安 禹金山城 精密地表 調査報告書(地表調査報告 05-37 p.62)』의 맺음말에서,

……(中略)…… (5.) 〈○寧〉은 新羅 景德王 17年(A.D. 759)에 改火縣이 扶寧縣으로 改稱되어 오다가 朝鮮時代 太宗 16年(A.D. 1416)까지 쓰였던 扶安地域의 옛 地名으로 推定 되는데 城內部의 建物들은 이 時期와 關聯된 것으로 생각된다.

(6.) 이번 地表調査에서는 禹金山城의 築造 時期를 알 수 있는 直接的인 考古學資料는 確認되지 않았다. ……(中略)…… 특히 百濟 復興運動期에 쌓여진 山城이라면 이러한 大規模의 山城을 築城하기에는 많은 勞力과 時間이 所要되는데 當時 歷史的인 情況으로 볼 때 어려움이 있었을 것으로 생각된다.

(7.) 이처럼 禹金山城 內部에서는 "高麗時代 및 朝鮮時代"에 이르는 遺物들 만이 確認 되었다.》라고 報告書가 나왔다.]

A.D. 663年 6月 唐將 孫仁師는 7千 兵力과 170隻의 艦隊를 거느리고 黃海를 건너와 白江(牙山灣의 仙掌港)에 上陸하여 橋頭堡를 構築, 이곳에 7千 陸軍을 駐屯시켜 두고 自身은 指揮部의 一部 兵力과 若干隻의 戰船을 統率하고 西海로 나아가, 3年前 蘇定方軍의 移動路線과 동일한 航路를 따라 熊津江口로부터 熊津으로 가서 都督 劉仁軌와 將軍 劉仁願과 合勢하였다.

作戰會議를 가진 다음, 新羅 都城(慶州)으로 使臣을 보내어 新羅兵의 出動을 要請하였다.

1) 이에 文武王은 5萬 兵力을 統率하고, 7月 17日 慶州를 出發, 8月 初 熊津에 到着하여, 唐 首腦部와 合流하였다.

新羅軍이 慶州에서 熊津으로 移動하는 단골路線은 錦山-連山-論山-公

州 路程(길)이다.

新羅軍은 必然的으로 論山을 經由하였을 것이다.

여기에 問題가 있다.

第 2次 羅 · 唐軍의 作戰目標인 周留城이 邊山半島의 位金岩山城이었다면, 論山에 到着한 5萬 新羅軍은 論山에서 西쪽 直線距離로 80km인 路線을 따라 位金岩山城의 가까운 地點에 集結하였을 것이다. 또한 位金岩山城이 周留城이었다면 新羅軍은 公州에 集結하지 않고, 南方路線을 통하여, 直接 全北 扶安地方으로 集結하고, 熊津의 1萬 唐軍은 單獨으로 扶安으로 移動하는 作戰을 택할 수도 있었을 것이다.

2) 또한 羅 · 唐軍의 作戰目標가 邊山半島의 位金岩山城이었다면 慶州에서 出發한 新羅軍은, 慶州-陜川-居昌-六十嶺재(峙)-鎭安 · 長水-全州-金堤를 거쳐 扶安周留城으로 가는 路程이나, 慶州-陜川-咸陽-八良峙-南原 · 任實-井邑-扶安으로 行軍하였을 것이다.

3) 實際로 5萬 新羅軍은 論山에서 북쪽으로 약 30km 떨어진 熊津(公州)으로 集結하였다.

假使, 이러한 集結이 있었고 位金岩山城을 攻擊하러 가면서 熊津에서 逆으로 南行, 論山에서 약 80km를 西南進하여 位金岩山城을 攻擊 勝利를 거두었다 하자.

4) 그래도 矛盾은 尙存한다.

남쪽 周留城에서 勝戰을 한 羅 · 唐軍은 兵力을 북쪽으로 廻軍 任存城을 攻擊 하였으니 말이다. (南方已定廻軍北伐『三國史記』記錄)

이러한 作戰을 하자면, 位金岩山城에서 勝利를 거둔 다음 東津江과 萬頃江을 건너고, 또 熊津江(錦江)을 渡江한 다음, 車嶺山脈을 넘어야 任存城에 到達한다.

이러한 用兵術은 있을 수 없는 일이나.

5) 그러나 新羅軍은 儼然히 熊津으로 集結한 것이 事實이니 位金岩山城이 周留城이라는 오다(小田)說이나, 全榮來教授와 李鍾學教授의 主張은 成

立이 안 된다.

新羅軍이 熊津에 集結한 것은 作戰目標가 熊津周圍에 있을 것이고, 歷史記錄의 儼然한 事實이다.

다) 國防部 國防軍史研究所에서 軍事史的 觀點에서 民族戰亂史를 시리즈로 發行하고 있다. 그 중 11輯으로 『羅唐戰爭史, 1999年 12月 27日』가 發行되었다. 94쪽에서 任存城과 周留城에 대한 내용과, 97쪽에서의 日本支援 艦隊 및 百濟 復興勢力의 消滅(662~663)地圖와 253쪽(註記 31, 38)에서 周留城은 "洪城郡 長谷에 있으며, 任存城은 洪城과 禮山"에 있다하고, 白江口의 位置는 "唐津郡 石門面 白石海岸"이라고 하였다. 大韓民國의 戰略研究 專門家의 集團인 國防部 國防軍史研究所에서 연구한 내용이다.

라) 『三國史記』의 記錄은 熊津城으로 集結한 文武王의 行績을 記述하면서, 8月 13日 豆率城(百濟時代의 悅已縣, 青陽의 七甲山) 아래를 行軍하던 때, 豆率城에 派遣되어 있던 百濟復興軍과 倭兵이 降伏하였다.

文武王은 이에 慈悲를 베풀어 釋放하였고,

17日 周留城에 이르러 이를 攻圍하였고(戊戌, 賊將至於州柔, 繞其王城), 드디어 9月 7日 周留城이 降伏하였다.

古山子는"豆率城은 角山에 있고, 角山은 青陽 七甲山이다."하였다.

筆者는 "周留城"을 「洪城郡 長谷面(磚方面) 山城里에 있다.」하였다.

이러할진대 오다(小田)氏가 扶安 位金岩山城이 周留城이라는 見解는 成立이 안 된다.

오다(小田)氏의 說 대로라면, 13日 豆率城(青陽郡의 七甲山)을 通過한 6萬 大軍은 錦江과 萬頃江과 東津江과 大 · 小河川과 늪地帶를 渡江한 다음, 4日後인 17日에 位金岩城에 到着하였다는 結果이니, 오다(小田)氏의 說과 全榮來教授와 李鍾學教授의 見解는 成立될 수 없다.

熊津과 位金岩山城 間에는 若 110km의 距離인데다, 이 兩地域間 "豆率城"의 存在를 確認할 수 없고, 豆率城에서 位金岩山城 間을 4日만에 6萬

大軍이 移動할 수도 없다. 果然 現代戰에서도 1個軍團의 兵力이 4日만에 110km의 距離를 이동하여 완전한 作戰을 遂行하기란 불가능한 일이다.

靑陽의 豆率城에서 洪城의 周留城은 直線距離 若 20km에 不過하다.

그래서 오다(小田)氏는 周留城을 攻擊하기 위해 熊津城을 出發한 6萬 羅·唐兵의 作戰記錄을 意圖的으로 接近을 排除하였다고 생각된다. 이는 自己主張이 不利함을 감추기 위함이라고 생각된다.

그러하거늘 오다(小田)氏 뿐 아니라 全榮來敎授와 李鍾學敎授 등이 周留城은 位金岩山城이고, 白村江은 東津江이라고 主張하는 論者뿐 아니라, 白村江을 錦江下流라 하고, 周留城은 韓山地方의 乾芝山城이라고 主張하는 論者들도 한결같이 復興戰爭의 戰況을 擧論하지 않음은 큰 弱點이라고 할 것이다.

6만 兵力이 熊津에서 邊山半島로 移動하자면 途中에 干滿差 6~7m에 달하는 大·小河川, 즉 錦江과 萬頃江과 東津江과 크고 작은 많은 늪地帶를 渡江하여야 만 한다.

渡江問題를 피하기 위하여, 往路는 멀어도 論山地方으로 迂廻할 수 있을지는 모르지만, 上述한 바 歷史記錄에 의하면, 文武王 등 聯合軍의 主力陸軍은, 8月 13日에 靑陽 七甲山의 東南 기슭에 位置하는 "豆率城" 아래를 行軍하였음이 分明하다.

하물며 歷史는 「南쪽(周留城)을 平定하고, 兵力을 돌려(廻軍) 北쪽(任存城)을 쳤다.(南方已定 廻軍北伐)」하였으니, 110km 距離를 重複 動員을 하였단 말인가? 이러한 用兵術은 있을리 없다.

筆者는 古山子가 大東地志 洪州牧條에서 言及한 洪州 周留城은,

a) 平地 石築城인 現 洪城邑의 洪州牧城이 아니고,

b) 李朝時代는 洪州郡 乼方面 鶴城里였고,

c) 現在는 洪城郡 長谷面 山城里의 〈두루山-鶴城山〉의 頂上部에 있는 石築山城으로서,

d) 馬韓時代 〈駟盧(羅)國의 王宮城(乫方城)〉이었고,

e) 百濟 後期에는 〈沙尸良縣의 治所城〉이었고,

f) 洪州郡誌에서는 〈두루城-두루미城-鶴城〉이라 하였고,

g) 中國史料에서는 〈周留城-두루城〉이라 하였는데,

"周留城"이라는 記錄이 나타나는 것은 復興戰爭 以後의 일로서, 두루山의 山頂에 있는 두루城을 漢字로 借字 表記한 것이다.

h) 『日本書紀』에서는 〈州柔城(ツヌサシ) 또는 石城(シヤクサシ)〉이라고 記述하였다.

周留城과 〈白村江-白江之口〉는 同一地域 圈內에 竝存할 것이 分明하다. 즉 洪州 "周留城"說이 成立되는 것 이라면, 唐津 "白村江"說 또한 틀림없을 것이다.

筆者가 周留城考를 發表한 것은 1990年頃이었다.

10餘年이 經過한 지금 이를 考察하여도 缺陷이 있었다고는 생각되지 않는다. 그러나 周留城은 洪城郡 長谷面(乫方面) 山城里에 있는 鶴城(두루城-周留城-두루미城)이고, 白江口는 牙山灣의 入口地方이라는 主張을 理解하는데 도움이 될 수 있게 補完을 할 必要는 있다고 생각한다.

ⓐ 福信窟은 長谷面 廣城里에 있다.

A.D. 663年 봄(春). 福信將軍과 豊王사이에 不和가 造成되었다.

日本의 犬上君이 軍事使節로 高句麗를 訪問하고 歸路에 石城을 訪問 豊王을 만났다(A.D. 663年 5月, 天智天皇2年).

이때 豊王은 周留城에 있었음이 確實하니 『日本書紀』에서의 石城이란 周留城을 말한 것이다.

이때 豊王은 犬上君에게 福信이 謀反心을 가지고 있다고 말하였다.

福信은 窟室에 隱居하고, 거짓으로 病이라 하면서 王이 問病을 오면 이를 除去할 計劃을 하였다.

이를 눈치 챈 豊王은 心腹兵士를 帶同하고, 窟室로 가서 福信을 捕縛하여

處刑하고 梟首하였다.

그러니 周留城 附近에는 福信窟이 있었을 것이 分明하다.

筆者는 「周留城考」를 쓰면서 福信窟의 存在를 確認함이 아쉬웠지만 끝내 發見하지 못하였다.

그로부터 3~4年後 洪城鄕土文化硏究會 會員인 金鉀鉉 · 趙煥雄 · 金世煥氏와 裵東順 校長 卜益采 會長 등이 私費를 들여 重裝備를 動員하며 探索을 한 끝에 烏棲山의 북동쪽 중턱(中間位置)에, 높이 2m, 幅 4.2m, 길이 5.3m나 되는 自然巖洞窟을 發見하였다.

周留城에서 西쪽으로 가까이 바라다 보이는 곳이고, 現在는 地方의 巫女가 祈禱場으로 利用하고 있는 洞窟이다.

이로써 周留城 考證의 한 가지 弱點은 解決이 된 것이다.

ⓑ 馬韓 駟盧(羅)國의 王宮城인 沙尸羅城이 復興戰 當時의 周留城이다.

A.D. 396年 廣開土王은 馬韓諸國의 40個城을 攻略하였다.

이때 馬韓 駟盧國의 王宮城도 攻略하고 지나갔다.

廣開土王의 急襲을 當한 馬韓諸國에서는 平地土城이 敵의 侵攻에 아무런 도움이 되지 못함을 痛感하고, 管內의 防禦與件이 좋은 곳에 石築山城을 築造하거나, 土城에 二重城을 쌓기도 하였다.

이때 駟盧(羅)國에서는 두루山 頂上에 王宮城인 沙尸羅城을 새로이 築造하였다.

李丙燾博士는 駟盧國의 位置를 洪城郡 長谷面一帶라 하였다.

그러니 長谷面(乭方面) 山城里에 있는 石城(周留城)이 駟盧國의 王宮城이다.

A.D. 660年 末 任存城에 있던 福信將軍과 道琛스님(僧)은 任存城으로부터 이곳으로 옮겨 왔다.

A.D. 396年 廣開土王의 侵攻을 받은 直後 築造된 이 城이 周留城인 것이다.

筆者가 長谷面(乭方面) 山城里에 있는 石築城이 周留城이라고 主張하

자, 洪城郡에서는 1995~1997年 詳明大學校 博物館팀에 依賴하여 發掘調査를 하였다.

廣大한 建築址(幅 13m, 長 30m)에서 「沙尸羅」와 「沙羅」銘의 瓦片이 많이 出土되었다. (第 2篇 廣開土王의 南侵과 未詳城의 位置比定 ⑩ 散那城 參照)

그러나 周留城이라는 銘은 없었다.

周留城이라는 記錄은 復興戰爭 以後의 記錄에 登場한다.

이를 보고 筆者는 周留城의 位置問題는 考證이 되었다고 생각하였다.

그러나 發掘調査를 指導하던 敎授들은 이 城이 周留城이라는 判斷을 躊躇하였다.

沙羅城이 福信將軍이나 豊王世代보다 260餘年前에 築造된 馬韓時代의 城임을 모르고 있었기 때문이다.

A.D. 396年 直後 駟盧國(沙羅國)의 王宮城으로 築造된 沙尸羅城은 百濟가 馬韓地域을 吸收한 후 이곳에 沙尸羅縣을 設置하였으며, A.D. 660年 末 福信將軍과 道琛스님(僧)이 任存城으로부터 옮겨온 周留城이고, A.D. 663年 9月 新羅 文武王이 陷落시킨 周留城인 것이다.

그러니 이 古城의 發掘로 周留城의 位置問題는 解決이 된 것이다.

ⓒ 白江口와 白村江은 同一한 場所이다.

A.D. 663年 6月 初 孫仁師의 7千 陸軍이 上陸한 白江은 牙山灣의 仙掌港地方이고, 8月 中旬 劉仁軌의 糧船團이 到着한 白江과 同一하며, 8月 27 · 28 · 29日 劉仁軌의 170隻 艦隊와 日本 水軍間에 벌어진 海戰의 舞臺인 白江口는 牙山灣의 入口로서 『日本書紀』의 白村江과 同一한 場所이다.

그 位置는 唐津郡 石門面 三峰里의 차돌배기 마을(白石村)의 개포(灣, 곰개, 熊浦)였다.

이러한 判斷을 할 수 있는 根據는 어디에 있을까?

㉮ 唐津郡 高大面 唐津浦里에 水軍萬戶의 基地城이 있다.

筆者는 이를 踏査하러 나섰다.

이 날이 唐津場이었다.

唐津浦로 가는 버스의 出發時間은 아직 멀었는데도 車內는 滿員이다.

人心좋은 靑年의 讓步로 座席을 얻었다. 옆자리에는 술이 거나한 두 老人이 言聲을 높인다.

이놈아!

40年間 배(船)를 탄 내가 뱃놈(沙工)이지 네놈이 무슨 뱃놈(沙工)이냐.

40年間 배를 타면 무엇을 알어. 나처럼 遠洋漁船을 10年間 탄 내가 뱃놈(沙工)이지.

40年 漁夫라는 姜鎭善 老人이 途中에서 下車하려는 것을 終點까지 모시고 가 많은 이야기를 들었다.

나는 물었다.

"孫梁을 아십니까?"

그런곳 唐津 · 瑞山地方에는 없습니다.

내가 없다면 없습니다.

나는 다시 물었다.

忠淸道 方言으로

손랭이는 아십니까?

그거 高大灣에 있는 옛날 船着場입니다.

"只伐浦는 普德浦에서 高大灣으로 들어오는 어귀에 있는 船着場입니다." 한다.

이로써, 姜老人의 說明으로 〈孫梁과 只伐浦〉가 옛 長項灣(現 長項橋 近處)에 實存함을 알게 되었다.

筆者는 數日後 乘用車를 가지고 나가 姜老人의 案內로 여러 遺跡을 確認할 수 있었다.

"孫梁"은 高大面의 옛 長項灣, 現 長項橋 下流쪽 500m쯤에 있는 옛 船着場이고, "只伐浦"는 亦是 長項灣 안(內)의 普德浦에 가까운 옛 船着場 자리

이다.

筆者가 洪州의 西쪽 海岸인, 保寧-大川과 泰安-萬里浦 間에서 追求하던 遺跡들이 모두 唐津郡 石門面 長古項里로부터 高大面 長項灣 間의 약 8km 距離의 沿岸에서 存在함을 確認할 수 있었다.

筆者는 그 後의 踏査에서 "지섬(只島)"은 姜老人의 말대로 李氏 所有지만, 地主는 그 곳을 "船艙"이라는 이름만 알고 있음과, 高大面 長項里의 여러 自然部落 중 "孫梁"과 가장 가까운 自然部落 名이 지금도 "孫梁"임을 確認할 수 있었다.

高大面 大村里와 長項里 間의 「長項灣」은 普德浦 바로 옆에 防潮堤를 築造 開拓되어, 그 넓은 面積의 折半은 農土, 折半은 鹽田으로 利用되고 있다.

日本 壯丁들의 寃魂이 묻힌 地名 "孫梁"은 農耕地 속에 묻혀 버렸고, "只伐浦"는 鹽田 속에 묻혀있다.

"只伐浦"의 背後에는 土城이 있고 "城山里"라는 地名이 있는 것으로 미루어 只伐浦의 「只」字는 「城」과 통하는 地名으로 생각된다.

《高大面 大村里의 큰 막무덤(大古墳)에 關한 研究는 白村江(唐津郡 石門面 · 高大面說)의 傍證이 될 수 있다.》

㉯ 防潮堤의 通行이 禁止되어 있을 때 石門中學校 申良雄校長의 周旋으로 10km距離의 防潮堤를 乘用車로 달려 볼 수 있었다. 배를 타고 海上을 지나며 沿岸을 바라보는 격이다.

① 石門面 三峰里의 차돌배기(白石)

② 海岸 警備中隊의 中隊本部가 있는 白土丘陵

③ 韓寶鐵鋼 附近의 白石丘陵

④ 松山面의 白土鑛山

⑤ 漢津의 白石鑛山

筆者는 이것들을 본 瞬間 中國史料의 白江이란 牙山灣을 描寫한 것이라고 直感하였다.

㉰ A.D. 663年 8月에 出征한 第 2次 羅 · 唐聯合軍, 즉 孫仁師와 文武王의 出征目的은 周留城과 任存城의 復興軍을 殲滅하는데 있었다.

周留城과 任存城은 공히 無限川邊에 있다. 烏棲山의 南 · 東쪽에서 發源하는 이 河川은 北流하여 牙山市 仙掌港에서 牙山灣으로 흘러든다. 그러니 西海를 건너온 孫仁師의 7千 陸軍의 上陸地點은 仙掌港(白江)일 수 밖에 없다.

本格的으로 周留城과 任存城을 攻略할 때 가장 有利한 位置이기 때문이다.

孫仁師의 7千 陸軍이 仙掌港(白江)에 上陸하고 이곳에 橋頭堡를 設置하였음은 當然한 作戰인 것이다.

㉱ 禮山郡 光時面의 前面長 朴瑩信氏가 採集한 이 地方의 傳說에 따르면 "唐나라 軍士가 이 地方을 行軍하던 때 無限川 동쪽 냇가(河川辺)로 와서, 現 大興面 松池里와 光時面 瑞草井里 마을의 野山에서 宿營을 하였다.

그래서 宿營을 하였던 丘陵地帶 두 곳 모두를 〈唐山〉이라 하고, 唐山 아래에는 말(馬)을 매어두었던 밭(田)이라 하여 馬田이라 전해 내려온다.

그런 다음 다시 南으로 移動作戰을 하면서, 東쪽 川邊路를 따라 上流쪽(南方向)으로 가서 〈光時面 살묵이-矢目里, 現 光時面事務所 所在인 市場앞〉에서 河川을 건너 西쪽 川邊路를 따라 南行하였다. (南方己定)"

이는 孫仁師의 7千 陸軍이 無限川의 河口에 上陸하였음을 말하는 것이다.

㉲ 熊津에 集結한 文武王의 5萬 兵力과 劉仁願의 1萬 唐軍이 熊津에서 出征하던 날, 「劉仁軌는 糧船團을 이끌고 熊津을 出發, 白江으로 가서 陸軍을 만났다.」함은 錦江(熊津江)을 나와 牙山灣의 仙掌港(白江)으로 가서 孫仁師가 거느리고 온 7千 陸軍을 만난 것이지, 文武王과 劉仁願의 6萬 陸軍을 만난 것은 아니다.

그러하거늘 많은 史學者들이 「以會陸軍」을 文武王과 劉仁願의 6萬 陸軍으로 認識함은 잘못된 일이다.

이상 위에서 言及한 바, 〈白江口-白村江〉海戰의 遺跡이 모두 이 地方(牙山灣)에 集中되어 있음을 알게 된다.

第3篇 洪州周留城과 白村江 戰鬪

4章 周留城 考

1. "避城" 考證에 의한 周留城에의 接近
-沔川 槥城-

避城(槥城, 蒙城) : 唐津郡 沔川面 上城里

1986年 筆者의 百濟復興戰史 硏究는 큰 轉機를 맞게된다. 이해 가을 忠南大學校에서 開催한 百濟史 關聯 學術會議를 傍聽하러 간 일이 있었다.

日本學者들도 여러분 參席하고 있었는데 京都 立命館大學의 야마오(山尾幸久)教授를 만나, 내가 쓴 百濟復興戰의 關聯論文이 있는데 檢討하여 주겠느냐고 付託을 했더니 선뜻 應諾을 하였다.

겨울방학(冬期放學) 무렵 回信이 왔다.

그 要旨는 "避城을 金堤地方으로 認識함은 日本史學界의 定說이다. 貴下의 見解대로 周留城이 洪城地方이라고 한다면, 그 곳(洪城地方)과 金堤地方間의 距離感覺을 어찌 解明할 수 있겠는가?"라는 부드러운 語套였지만 내게는 絶體絶命의 匕首와도 같은 批評이었다.

其實 이 두 地方間에는 直線距離로 80km가 넘을 뿐 아니라, 錦江과 萬頃江, 東津江이라는 干滿差 5~6m에 달하는 大河가 가로 놓여 있으니, 〈ヘサシ-혜사시-避城〉의 位置가 通說대로 全北 金堤地方이라면 豊王이 662年 12月 洪城地方으로부터 그 곳으로 移都를 하였다가, 70日도 못되서 다시 洪城 周留城으로 歸還을 하였다 함은 事理에 맞지 않으니, 筆者의 「周留城說」은 고사하고 〈韓山周留城說〉까지도 그 存立이 애매해질 수 있는 것이다.

그러나 나는 이 瞬間 論爭의 勝利는 내것이라고 自負心을 갖게 되었다.

야마오(山尾幸久)教授의 批評은 筆者에게 百濟終末期史의 焦點이 어디에 있는가를 깨우쳐 준 것이었다.

그러나 論理展開의 方向을 바꾸면 될 것 아닌가!

事實인즉 筆者가 야마오(山尾幸久)教授에게 건네준 論文에서는 『日本書紀』의 662年 12月 記事인 "豊王과 福信이 周留城에 함께 머물고 있던 日本將帥들의 反對를 무릅쓰고 王城을 避城으로 옮겼으나, 곧 新羅軍의 攻擊으로 沙平城 등 4個 城이 占領 當하자, 不安을 느낀 豊王은 70日도 안 되는 다음해 2月 周留城으로 復歸한 歷史的 史實"에 관하여는 한 句節의 論及도 하지 아니했던 것이다.

이는 筆者의 意圖的인 排除였다.

왜냐하면 『日本書紀』의 天智紀에 있어서 避城關聯 記述은 相當히 많은 紙面을 割愛하고 있는 重要事件으로 記錄되어 있지만, 韓國이나 中國의 어느 史料에서도 이 〈避城〉과 關聯된 記事는 찾아볼 수 없는 것이었기 때문이었다.

따라서 야마오(山尾幸久)教授에게 보낸 原稿에서는 "〈白村江-白江口〉를 唐津郡 石門面과 高大面의 沿岸"이라고 推定하는 筆者 自身의 見解만을 主張하고 있었던 것이다. 그런데 야마오(山尾幸久)教授는 이 避城의 位置 如何가 周留城의 所在를 確證하는 基準이 될 수 있음을 깨우쳐 준 셈이다.

야마오(山尾幸久)教授의 指摘은 옳았다.

筆者가 이 部分의 記錄을 처음 읽던 때, 『日本書紀』에서는 避城을 〈ヘサシ-혜사시-槥城〉이라고 읽고 있음을 보고, 豊王이 〈避接-避亂〉간 곳이 〈槥城-ヘサシ〉이었다면 "沔川地方"이었구나 하고, 直感的인 推想을 한 적이 있었다.

唐津郡 沔川地方은 筆者가 살고있는 禮山郡 德山으로부터 30里(12km) 距離에 不過한 地方이니, 〈ヘサシ-혜사시-槥城〉이라 말 할 때 그 곳의 百濟或은 統一新羅當時 地名인 〈槥郡-槥城郡〉이 聯想되었음은 새삼스러운 것이 아니어서 이를 排除하고 말았던 것이다.

筆者는 야마오(山尾幸久)教授의 書信을 받은 다음날, 沔川으로 달려가 이 地方의 實相을 再調査한 다음, 이께우찌(池內宏)博士가 提起한 所謂, 〈金堤避城說〉의 論據부터 檢討해 보았다.

金堤로 달려가 碧骨堤를 硏究한 鄭鎭亨氏의 案內로 現地調査를 한 것도 이때였고, 全州博物館으로 全榮來教授를 訪問, 그분의 論據를 살펴본 것도 이때였다.

다음 節에서 이께우찌(池內宏)博士의 避城金堤說의 弱點을 指摘한 아유가이(鮎貝房之進)氏의 論旨를 檢討하겠지만, 이로써 이께우찌(池內宏)博士가 金堤地方이 〈避城-ヘサシ-槥城〉일 可能性의 考證資料로 活用한 『日本書紀』의 記錄과의 對照에 있어 〈沔川地方의 槥城-避城〉主張이 優位에 있음을 自信할 수 있었던 것이다.

結果, 「662年 12月 豊王이 王城을 옮긴 〈避城〉은 全北 金堤地方」이라는

이께우찌(池內宏)博士의 뿌리깊은 通說에 대하여 이를 否定하고, 筆者 나름대로 애당초 推上하였던 「泗川地方이 『日本書紀』의 〈避城-へサシ-欂城〉에 해당한다.」는 主張을 할 수 있게 되었다.

여기에는

① 이께우찌(池內宏)博士 自身이 그의 論文 중에서 스스로 解明을 抛棄한 바 있는 〈沙平城〉의 位置問題와,

② 아유까이(鮎貝房之進)氏가 指摘한바 있는 이께우찌(池內宏)博士의 論文 中에서 論及이 빠져있는 〈古連旦涇水〉의 存在를 重要한 判斷與件으로 活用하였다.

아울러 豆陵尹城의 實況도 再檢討하였다.

이리하여 百濟終末期史 關聯 遺跡의 考證은 필히 661年 3月의 舞臺인 "豆陵尹城"과 "避城"의 所在를 基準으로 삼아야 할 必須性을 알게되었다.

야마오(山尾幸久)教授에 感謝드린다.

2. 泗川 欂城이 日本書紀의 避城

A) 日本書紀의 〈避城-へサシ-헤사시-欂城〉

『日本書紀』(卷27) 天智元年(A.D. 662年) 12月條에 따르면, 豊王과 福信은 王城을 周留城으로부터 避城으로 遷都했다가, 다음해 2月 다시 復歸한 事實이 있다.

그 大體를 다시 살펴보면, 豊王과 福信은 함께 周留城에 머물던 日本 救援軍인 狹井連(さゐのむらじ, 사이노무라찌)將軍, 朴市田來津(えちのたくつ)將軍과 相議하기를, 「이곳 〈州柔 = ツヌ = 쓰루 = 周留〉는 밭(田)과 논(畓)이 멀리 떨어져 있고, 土地는 메마르다. 農桑에는 適合하지 않은 곳이다. 이곳은 싸움터일 뿐, 여기 오래 있다가는 百姓(兵士)들은 굶주릴 것이다. 이제 〈避城-へサシ-헤사시-欂城〉으로 遷都를 하려 한다.

避城의 西北方面으로는 「古連旦涇水」가 흐르고, 東南方面으로는 진흙수렁의 큰 뚝이 있어 敵軍을 防禦하기에는 도움이 되고, 그 周邊에는 田畓이 있어 水路를 파서 물을 댄다. -(中略)- 그 地帶가 얕다 할지라도 어찌 안 옮길소냐?(雖曰地卑, 豈不遷歟)」하였다.

이에 대하여 日本救援軍 朴市田來津(えちのたくつ)將軍이 혼자 眞心으로 옮기지 말기를 諫하니, 〈"避城과 敵이 있는 場所와의 距離는 하루밤만 걸으면 되는 거리이니(一夜可行의 距離), 萬若 뜻밖의 일이 벌어진다면(不慮之事가 突發), 後悔를 해도 所用이 없을 것입니다.

굶주림이란 다음 일이고, 敗亡이 더 時急한 일입니다.

지금 敵이 감히 攻擊을 못하는 것은 〈州柔 = 周留〉는 山이 險峻함을 利用하여 防禦陣을 치고, 山은 峻高하고, 溪谷은 좁아, 지키기는 쉽고(守易), 攻擊하기는 어렵기(攻難) 때문입니다.

萬若 低地帶에 있었다면 어찌 오늘까지 維持할 수 있겠습니까?" 하였다. 그러나 豊王은 그 諫言을 듣지 아니하고 〈避城〉으로 遷都를 하였다.

[冬12月丙戌朔, 百濟豊璋, 其臣佐平福信等, 與狹井連[闕名]. 朴市田來津議曰, 此州柔者, 遠隔田畝, 土地磽确. 非農桑之地. 是拒戰之場. 此焉久處, 民可飢饉. 今可遷於避城. 避城者, 西北帶以 古連旦涇之水, 東南據深泥巨堰之方. -(中略)- 雖曰地卑, 豈不遷歟. 於是, 朴市田來津獨進而諫曰, 避城與敵所在之間, 一夜可行. 相近玆甚. 若有不虞, 其悔難及者矣. 夫飢者後也, 亡者先也. 今敵所以不妄來者, 州柔設置山險, 盡爲防禦, 山峻高而谿隘, 守易而攻難之故也. 若處卑地, 何以固居, 而不搖動, 及今日乎. 遂不聽諫, 而都避城. 『日本書紀, 下卷第27 p.357, 天智天皇元年 12月, 日本古典文學大系, 岩波書店, 1965』]

그런데 翌年(A.D. 663年) 2月 新羅가 百濟의 居列城(居昌), 居勿城(南原), 德安城, 沙平城 등 네 고을(4州)을 攻略해서 2千餘名을 죽였다.

이 때문에 避城과 敵과의 距離가 가까워져, 더 머물수가 없어 周留城으로 復歸해 왔다는 것이다.

이 記錄에서 우리는,

a) 避城과 周留城의 位置에 關한 具體的인 言及은 없었지만, 兩城의 地形과 環境을 뚜렷하게 전하고 있는 貴中한 史料라는 점.

b) 〈避城〉이란 固有地名이라기보다는 「避難간 城, 避接간 城」이란 뜻을 나타낸 것이 아닐까 하는 느낌.

c) 避城의 背後地方은 農産物이 豊富하고, 隣接地帶엔 低濕地가 많아 防禦에 도움이 됨에 反하여, 周留城은 산이 높고 골(谷)이 가파르고, 골짜기가 좁은 곳(山峻峽谷)에 位置하고, 平地築城이 아니라는 점, 그런 즉 現 洪城邑城과 같은 平地築城일 수 없다는 事實.

d) 復興戰爭 2年째인 戰雲이 急迫한 時期에 遷都를 하였다가, 2個月 後 다시 復歸 하였음을 미루어 이 兩城 사이는 近距離였거나, 同一地域圈內에 位置하고 있었음을 알 수 있으며, 한 城의 位置가 가려진다면 다른 聯關遺跡들도 그 周邊地域에서 찾을 수 있으리라는 점 등을 感知할 수 있다.

이로써 避城所在가 確認된다면 周留城의 位置決定은 容易할 것이다.

이에 이께우찌(池內宏)教授는 『日本書紀』에 具體的으로 詳述되어 있는 避城의 確認要件을 活用, 避城考證을 試圖한 것이다.

그 成果가 〈金堤 = 辟骨 = 避城〉說이다.

B) 이께우찌(池內宏)教授의 金堤 避城說과 沙平城

日本의 碩學인 이께우찌(池內宏)博士의 金堤 避城說이 韓 · 日兩國에서 아무런 異論없이 定說化 되자, 兩國의 많은 百濟史 研究家들이 이를 有力한 傍證으로 引用하면서 白村江과 周留城의 位置問題에 接近을 試圖하고 있는 것이다.

특히 白村江과 周留城의 所在를 全北地方이라고 主張하는 〈B 部類說〉論者들은 이에 絶對 依據하고 있는 實情이다.

그렇다면 避城은 果然 金堤地方인가?

이께우찌(池內宏)教授는 「避城」을 〈ヘサシ-혜사시-㭲城〉이라 읽은 점에

于先 着眼한 것 같다.

그리하여 〈혜사시-ヘサシ-椲城〉이라고 읽을 수 있으면서, 앞서 말한 바 있는 地形 · 地勢 등 與件을 具備한 故地名을 物色한 結果 全北 金堤地方이었던 模様이다.

이리하여 이께우찌(池內宏)博士의 『滿鮮地理歷史 硏究報告, p.14』와 이와나미(岩波)出版 『日本書紀』의 註解 〈下卷 p.356〉은 한결같이 全北 金堤地方이 〈避城〉이라고 比定하고 있다.

이께우찌(池內宏)說의 論據를 要約하면

「避城」은 『三國史記』(卷 第 37) 地理志에서 〈辟城縣 本辟骨〉이라고 한 辟城과 통하며, 辟骨은 地理志 卷 第 36에 〈金堤郡 本百濟壁骨縣이라한 壁骨과 통하니, 그 땅은 只今의 全羅北道 金堤에 比定할 수 있다.〉하고 그 實證으로 〈五萬分之 一 地圖 : 實測圖의 金堤號를 보면 이 邑의 附近地形은 避城에 關한 『日本書紀』의 地理的 記載에 適合한다.〉하면서 具體的으로 이를 證明하고 있다.

또한 그는 自身의 論述을 演繹, 龍朔 3年(663年) 2月 豊璋 · 復信 등이 避城으로부터 周留城으로 歸還한 事情에 대하여 『日本書紀』에 "〈신라인소번 백제남쪽의 안덕등 4요지를 취했음(新羅人燒燔, 百濟南畔四州. 幷取安德等要地.)〉이 보이는데, 『三國史記』 新羅本紀의 本文(文武王 3年) 2月條에 〈흠순 · 천존 병사가 백제 거열성을 쳐서 빼앗고 칠백명의 목을 자르고, 다시 거물성을 공격, 사평성을 쳐서 항복 받고, 또 덕안성을 쳐서 1천 7백명의 목을 자르다.「欽純 · 天存 領兵, 攻取百濟居烈城, 斬首七百級, 又攻居勿城. 沙平城降之, 又攻德安城, 斬首一千七百級」〉 하였음은 이에 응하는 記事일 것이다."라고 論述하였고, 居列城, 居勿城, 德安城의 位置에 대해서는 言及하면서,

「沙平城」에 關하여는「沙平城은 잘 모르겠고, 地理志(卷 37)에 보이는 百濟 〈椲郡〉의 沙平縣은 이것이 아닐 것이다」하였다.

이 縣은 新羅時代에는 新平縣이라 하여 輿地勝覽(卷 19, 洪州建置沿革)

및 大東輿地圖에 의하여 알 수 있는 그 位置는, 前二城과는 전혀 方向을 달리하는 忠淸南道 唐津의 東쪽에 位置하기 때문이다.」-(中略)-「그런데 이들 諸城이 新羅軍에게 攻略當하자 豊璋과 福信은 江(錦江) 西쪽의 周留城으로 달아났다.」라고 說明하고 있다.

그러나 筆者는 이께우찌(池內宏)博士가 「前二城(居列城과 居勿城)과 전혀 方向을 달리한다.」는 理由로 否定한 〈槥郡의 沙平城〉을 新羅의 攻擊을 받은 〈沙平城〉이라고 생각한다.

居列城과 居勿城과 德安城은 新羅와의 接境地 方向에 있으므로 新羅의 攻擊을 받음은 當然한 일이다.

한편 〈槥郡의 沙平城〉, 즉 唐津郡 新平面 雲井里의 〈城재〉는 現在 揷橋川 防潮堤의 唐津方向의 起點海岸 「揷橋川休憩所」로부터 不過 1km쯤 距離의 海拔 20m 丘陵上에 位置하는 옛 沙平城縣이니, 當時 唐과 新羅의 軍船兵力이 이를 攻擊함은 容易하였을 것이고, 이를 立證하는 根據로는 A.D. 660年 武烈王의 아들인 法敏은 100隻의 軍船과 水軍을 引率하고 南陽灣을 出發, 蘇定方을 迎接하기 위하여 德積島로 航海 하였고, 蘇定方은 百濟의 都城인 泗沘를 攻略하기 위하여 13萬의 大軍을 統率하고 德積(勿)島로 부터 牙山灣을 通過, 錦江에 進入하였다는 것은,

沙平城：唐津郡 新坪面 雲井里

이미 西海의 海上權을 制壓 하였다고 보는 것이다.

筆者의 主張과 같이 沙平城으로부터 12km 距離인 㭒城(沔川面 城上里 잿골-城谷)으로 豊王이 都邑을 遷都하였을 境遇, 新羅 水軍의 攻擊을 받았다는 沙平城은 應當 㭒郡의 領縣이자, 이와 近距離에 位置하는 〈沙平縣이 管理하는 城〉이었을 것이다.

그 後 新羅는 이를 新平縣이라 改名하였고, 現 唐津郡 新平面이다.

地名 變遷에 있어 〈沙〉는 흔히 〈沙-새-신(新)〉으로 변함을 볼 수 있다.

살피건데, 『日本書紀』의 避城을 〈혜사시-ヘサシ-㭒城〉이라고 읽는 것은,

a) 豊王이 周留城으로부터 遷都를 한 것이니 글자 뜻(字意)대로 〈避難간 城〉이라고 記述한 것이다.

b) 都邑을 遷都한 場所가 〈㭒城〉이었기 때문에 避城을 〈ヘサシ-혜사시〉라고 읽는 것이 아닐까도 생각된다.

이께우찌(池內宏)博士는 〈辟骨〉을 〈避城-ヘサシ-혜사시-㭒城〉이라고 指目하였지만, 筆者로서는 百濟當時의 碧骨縣(現在의 金堤郡)만이 日本語로 〈ヘサシ-혜사시〉라고 읽을 수 있다고는 생각하지 않는다.

물론, "碧 · 僻 · 壁 · 辟 · 避"字는 모두 日本語로 〈へ-혜〉라고 읽을 素地는 있다.

고로, 이께우찌(池內宏)博士와 같은 見解가 導出 될 수는 있다.

그러나 筆者로서는 直說的으로 이께우찌(池內宏)博士가 沙平城과 關聯시켜 言及한 "㭒城"이 〈避城-ヘサシ-혜사시〉이라고 생각한다.

C) 아유가이(鮎貝房之進)氏의 「避城」觀과 筆者의 主張

-豆率城, 豆陵尹城, 古沙比城과 角山-

熊津(公州)과 泗沘(扶餘)에 駐屯하고 있는 新羅와 唐나라 軍은 名色이 勝戰한 占領軍이지 百濟復興軍의 抗戰에 시달려 왔다.

第 2次 羅 · 唐聯合軍은 663年 8月 初 百濟復興軍의 總司令部이자 豊王의 居城인 周留城과 重要活動舞臺인 任存城을 討滅하기 위하여, 都督府가

있는 熊津(公州)으로 集結하였다.

이때 羅 · 唐軍의 軍勢는 劉仁願의 駐留唐軍 1萬, 文武王의 同生인 金仁問의 7千 新羅軍, 唐 將들의 要請을 받고 7月 17日 慶州를 出發 8月 初 熊津(公州)으로 合流한 文武王의 5萬 大軍과 危機에 몰려있는 駐留唐軍을 救援하기 위하여 山東地方에서 7千名을 徵集 6月 初 西海를 渡海,「白江(仙掌港)」에 上陸 아직 그곳에 駐屯하고 있는 孫仁師의 7千 陸軍과 이를 輸送하고 온 170隻의 軍船이었다.

假使, 周留城이 全北 扶安地方의「位金岩山城」이었다고 한다면, 公州로 集結한 7萬 大軍이 作戰을 始作하면서,

a) 途中에서 西海岸의 6~7m에 달하는 潮汐의 干滿差로 인한 늪地帶가 있는 錦江과 萬頃江과 東津江이라는 大河를 渡江해야만 한다.

b) 8月 10日頃 公州로부터 進擊을 開始한 文武王이 13日 青陽 七甲山의 豆率城을 지나자, 이 城에 駐屯하고 있던 倭兵과 百濟兵이 모두나와 降伏하였다.

이 것이 첫 戰果였다.

이때 文武王은 크게 慈悲를 베풀어 容恕하고, 특히 倭兵에 대하여는 寬容을 베풀면서「백제여왜인개강 대왕위왜인왈 유아여이국격해분강 미상교구단결호강화 빙문교통 하고금일여백제동악 이모아국 금이군졸재아장악지중 불인살지 이기귀고이왕 임기소지(百濟與倭人皆降, 大王謂倭人曰, 惟我與爾國隔海分疆, 未嘗交搆, 但結好講和, 聘問交通, 何故今日與百濟同惡, 以謀我國, 今爾軍卒在我掌握之中, 不忍殺之, 爾基歸告爾王, 任其所之),『三國史記』金庾信傳)」이라 하였다.

이에 대하여 古山子는「…그래서, 豆率城을 一名 慈悲城이라 한다.」하면서, 豆率城은 七甲山에 있고, 角山은 七甲山이고, 豆陵尹城은 青陽郡 定山面 白谷里의 鷄鳳山城이라고 하였다.

豆陵尹城의 位置如何는, 周留城의 位置比定에 決定的인 役割을 한다.

豆陵尹城은 青陽郡 定山面 白谷里의 鷄鳳山城으로 봄이 옳다.

"東國輿地勝覽"을 爲始하여 金正浩의 "大東地志", "青陽郡誌", 그리고 地理學者 盧道陽 博士와 沈正輔 教授, 아유가이씨(點貝房之進), 文正昌氏 등의 研究도 그러하다.

筆者 亦是 이에 同調한다. 數次의 踏査結果,

豆陵尹城은 하나의 城이 아니라 2個의 城(豆陵城과 尹城)으로 이루어졌다.

a) "豆陵城"은 定山面 白谷里의 "金盤陽土城"이다,

b) "尹城"은 白谷里의 "鷄鳳山城"이고,

豆陵尹城 : 青陽郡 定山面 白谷里

c) "古沙比城"은 定山面 大城里의 "草막골 土城"이라고 推定한다.

① 文武王과 金庾信將軍의 新羅軍이 七甲山의 西南端에 있는 "豆率城" 아래를 行軍하자 이 城에 派遣되어 있던 倭兵과 百濟軍이 降伏한 것은 8月 13日이다.

豊王은 王城인 周留城에 같이 머물던 5千 倭軍의 將帥들을 對同하고, 8月 13日 王城인 周留城을 나섰다.

몸소 바다를 건너오는 日本軍을 迎接하기 위함이었다.

그러니 公州에서 出發한 新羅와 唐나라 軍의 主力 陸軍이, 豊王이 不在中인 周留城을 攻圍한 것은 그 4日 뒤인 8月 17日 이었다.

豆陵城(金盤陽土城) : 靑陽郡 定山面 白谷里

尹城(鷄鳳山城) : 靑陽郡 定山面 白谷里

이 4日 間에 豆率城으로부터 直線距離 110km인 扶安 位金岩城까지 錦江과 萬頃江, 東津江을 건너고 크고 작은 늪地帶를 지나 7萬 大軍의 動員이란 不可能한 作戰일뿐 아니라 現代戰에서도 1個軍團兵力 以上이 移動하여 사흘 만에 完全한 作戰을 修行할 수 없는 일이다.

그러므로「周留城 扶安說」의 不合理性은 確然하다.

② 新羅와 唐軍은 南쪽 周留城을 攻略한 다음, 北으로 廻軍하여 任存城을 攻擊하였는데, 錦江과 萬頃江과 東津江을 다시 渡江하는 250里가 넘는 大

移動의 反復이 不可避하다.

이렇게 힘든 軍事作戰은 있을 수 없다.

總 指揮官은 文武王이었다.

③ 이러할 바에야, 5萬 陸軍은 慶州에서 出發한 것이니, 애당초 熊津(公州)集結이 아니라, 全北 扶安 方向 길[(路), 慶州-陜川-居昌-六十嶺재(峙)-鎭安·長水-全州-金堤-扶安의 路程이나, 慶州-陜川-咸陽-八良峙-南原·任實-井邑-扶安]을 따라 動員되었을 것이다.

以上의 考察만으로도「周留城 扶安說」의 不合理性은 確實하다.

그런데 扶安說이 依支하고 있는 根據는 이께우찌(池內宏)博士의 [〈避城-ヘサシ-橕城〉-全北 金堤說]이라고 말할 수 있다.

이에 대하여 아유가이(鮎貝房之進)氏 만이『日本書紀 朝鮮地名考, 下卷 p.199』에서,

a) 이께우찌(池內宏)博士는『日本書紀』의 記述인〈避城-ヘサシ-혜사시-橕城〉을 金堤地方이라고 하였는데, 이곳이「避城」임이 考證되려면 "「古連旦涇之水」의 存在가 確認되어야만 한다."하였다.

그런데 金堤地方을 흐르고 있는 東津江과 萬頃江에서는 이 必須 具備與件인「古連旦涇之水에 해당하는, 或은 이와 因緣을 가진 地名을 發見할 수 없다.」하였고,

b) 또한 "동남쪽 진흙의 깊고 큰 뚝 거대한 못(東南據深泥巨堰)에 해당하는 巨大한 못(巨堰)으로 碧骨堤를 擧論하였는데〈碧骨〉이라는 堤堰名은 惟獨 金堤에만 있는 것이 아니라, 忠南 沔川에도 있다."함으로써 이께우찌(池內宏)博士의-"金堤說"-을 正面으로 否定하고 있다.

이는 上述, 日本史學界와 야마오(山尾幸久)教授가 認定하고 있는 避城의 位置에 關한 定說인「金堤說」을 正面으로 否定하는 見解이니, 이는 筆者의「洪州說」을 蘇生시켜 주는 援軍이라 하겠다.

筆者의 檢討에 의하면, 이께우찌(池內宏)博士는〈沙平城〉의 所在에 관한

解明을 스스로 抛棄한 바 있다.

筆者는 이께우찌(池內宏)敎授의 〈避城 金堤說〉에 內在하는 上述 缺陷을 下記와 같이 補完하려 한다.

結果는 「避城-沔川說」인 것이다.

① 이께우찌(池內宏)博士는 只今의 全北 金堤地方인 옛 〈碧骨-碧骨縣-碧骨堤〉를 〈ヘサシ-혜사시-槥城〉의 語源으로 생각한 것인데, 忠南의 沔川은, 百濟 당시의 槥郡이고, 〈槥郡〉에도 〈碧骨池〉가 있다. 『輿地勝覽, 卷 19, 沔川郡條』에 보이는 碧骨池가 그것이다.

後日의 〈合德池〉로서 이는 忠南地方 第 一의 巨大한 堰堤(방죽 뚝)이었다 〈洪思俊〉

灌漑區域이 〈소들江門-牛江平野-禮唐平野〉의 中樞部임은 世上이 周知하는 바이다.

② 沔川市街의 背後를 이루는 蒙山(海拔 300m)의 西北方向으로 3km쯤 뻗은 곳, 沙器所里에 〈勝戰목〉이라는 有名한 좁은 골짜기(峽谷)로, 景致 좋은 곳(景勝地)이 있다.

이곳 "螭背山(이무기 등허리와 같이 險峻한 山)과 이 溪谷을 흐르는 맑은 물을 旦涇之水(蒙古地方의 草原을 흐르는 江의 새벽 아침 맑은 물)에 比喩하였음은 適切한 表現이다.

이 一帶의 山水를 「古連旦涇之水」로 보아 適合하지 않다고 볼 理由가 조금도 없다.

「勝戰목」을 빠져나간 냇물은 唐津邑 九龍里에 이르러 「驛川」과 合流 唐津平野 속(內)을 12km쯤 흘러가 牙山灣으로 흘러 들어간다.

東南方 또한 「진흙의 깊고 큰뚝과 주위의 전답(深泥巨堰과 周圍田沓), 즉 肥沃한 禮唐平野가 展開된다.

潮水의 干滿差가 7~8m에 달하는 이 地方의 깊은 진흙(深泥)이 쌓여진 沖積土地帶는 只今은 干拓事業으로 沃土化 되었지만, 약 7~80年前까지도 廣闊한 低濕地였다.

古連旦涇之水 : 唐津郡 唐津邑 九龍里

以上으로 唐津郡 沔川地方인 槥城의 모습(景況)이 『日本書紀』의 〈避城-ヘサシ-헤사시〉의 地形描寫와 完全히 一致한다고 볼 수 있을 뿐 아니라, 이께우찌(池內宏)博士의 〈金堤說〉보다 完璧하다고 말할 수 있을 것이다.

또한 留意할 事項은 相互間의 距離關係다.

筆者가 周留城이라고 推定한 洪城郡 長谷面 〈大峴里 · 山城里 · 廣城里 一帶〉를 基準으로 할 때, 沔川의 〈槥城-避城〉까지는 약 40km, 〈避城〉에서 沙平城까지는 12km 距離에 不過하다.

이로써 戰時임에도 王城을 移遷할 수 있는 距離임과 新羅軍이 水軍으로 沙平城을 攻擊한 意圖를 納得할 수 있다.

D) 沔川地方의 百濟時代 地名은 〈혜군(槥郡)〉

全北 金堤地方의 百濟時代 地名이 〈碧骨〉 或은 〈벼골-稻谷, 洪思俊氏의 見解〉 이었음에 대하여, 忠南 唐津郡 沔川地方의 百濟와 新羅時代 地名은 "槥郡과 槥城郡"이었다.

그리고 이 郡은 沙平 · 唐津 · 餘美인 3縣을 管轄하고 있었다.

"槥"字의 韓國音은 "혜"이고, 日本音은 〈セイ(세이) · エイ(에이) · ケイ(게이) · ヱ(에)〉지만, 中國音 "훼"이니, 韓國音의 "혜" 日本音의 "ヘ"와 같다.

이에 〈ヘサシ-혜사시-槥城〉이라 읽는 것으로 생각된다.

그러므로 筆者는 百濟當時의 "槥郡", 新羅時代에는 "槥城郡"이야 말로 日本書紀의 〈ヘサシ-혜사시-避城〉이라고 생각한다.

이에 槥城地方(沔川地方)의 實態를 살펴본다.

[沿革] 本 百濟槥郡, 新羅景德王 16年 槥城郡으로 改名하다, 所屬된 縣은 唐津, 餘邑, 沙平等 3縣. 熊州에 屬하였고, 高麗顯宗 9年 洪州에 屬해졌고, 忠烈王 19年 沔州로 昇格시켰고, 李朝 太宗 13年 沔川郡으로 改名하다.『大東地志 卷 5』.

〈邑城〉 石築둘레(周圍) 3千2百尺, 高(높이) 15尺, 우물(井) 2.『輿地勝覽 卷 19』

〈蒙山古城〉 蒙山은 郡 北쪽 약 4里(2km), 둘레(周圍) 1千3百14尺.『輿地勝覽』

〈碧骨池〉 郡의 東쪽.『輿地勝覽』

〈合德池〉 合德古縣 東쪽 뚝길이(堤長) 500餘步, 周(둘레) 20里(약 8km), 물이 가득차면 큰 湖水가 됨. 南쪽에는 廣闊한 平野, 땅은 매우 기름지고, 물대는 面積이 매우 넓다.『大東地志 卷5』

([沿革] 本百濟槥郡 新羅景德王 十六年 改槥城郡(領縣三, 唐津 · 餘邑 · 沙平) 隸熊州 高麗顯宗九年屬洪州 忠烈王 十九年陞知沔州事 李朝太宗十三年改沔川郡.『大東地志 卷 5』

[邑城] 石築周三千二尺高十五尺井二.『輿地勝覽 卷 19』

[蒙山古城] 蒙山在郡北四里 周千三百十四尺井二今廢.『輿地勝覽』

[碧骨池] 在郡東.『輿地勝覽』

[合德池] 在合德古縣東 堤長五百餘步周二十里 水滿則爲巨湖 南有廣野土甚肥沃 灌漑甚廣.『大東地志 卷 5』)

忠南 唐津郡 沔川面, 옛 沔川郡의 邑에는 城郭址가 두 곳 있다.

그 하나는 現在의 沔川市街를 둘러싼 石築인 高麗時代 以來의 邑城址이고, 또 하나는 邑城의 北쪽에 있는 〈蒙山(海拔 300m)〉의 南쪽 기슭인 〈잿골-城谷〉溪谷의 東-西의 山頂에 築造된 蒙山 古城址이다.

古代山城인 〈蒙城 = 㭨城〉은 至于今日 〈蒙山城, 蒙山古城〉이라 한다.

百濟 豊王이 蒙塵한 由來에서 온 것으로 생각된다.

이 城의 東方向 城址는 土城이고, 西方向의 城址는 石築으로 이루어졌다.

〈잿골-城谷〉 溪谷의 東方向 산등성이는 石塊含有가 全無한 地質이고, 西方向 山등성은 片麻岩 石質이어서 그 素材를 利用한 것이다.

E) 丏川 㭨城이 日本書紀의 〈避城-ヘサシ-혜사시〉

以上에서 考察한 바를 整理하면,

① A.D. 662年 12月 豊王과 福信은 復興戰을 指揮하던 周留城으로부터 약 40km 距離인 現 唐津郡 沔川面 城上里의 〈잿골-城谷〉인 〈避城-ヘサシ-㭨城-蒙山城-蒙山古城〉으로 都邑을 옮겼다.

이는 軍糧補給에 대한 不安 때문이었다.

現在 洪城郡 長谷面 山城里 · 大峴里 · 廣城里 一帶인 「周留城-두루城-州柔城」, 즉 〈鶴城-두루미城-㐌方城-王城-石城〉과 大釜洞盆地 一帶로부터, 沔川으로의 遷都길 40km 사이에는 높이 50m의 산등성이 하나, 幅 50m의 河川(시냇물) 하나 없는 路程이 된다.

② 翌年 2月 沙平城이 新羅의 水軍에 의해 侵略 당했다.

沙平城은 㭨郡에 속한 沙平縣의 治城으로서, 豊王이 避難온 〈避城-ヘサシ-혜사시-㭨城〉으로부터 12km밖에 되지 않는 距離에 있는 牙山灣 入口海岸에 있는 土城이다.

現在 揷橋川湖 防潮堤 唐津方向 休憩所에서 약 1km 距離의 場所, 海拔 約 20m 假量의 丘陵上에 있는 土城이다.

이를 攻擊한 것은 新羅의 水軍兵力이었을 것이다.

避城에서 12km 距離에 있는 沙平城이 占領 당하자, 이에 놀란 豊王이 避

城으로부터 周留城으로 다시 歸還했음은 당연한 일이다.

③ 이께우찌(池內宏)敎授가 이 "沙平城"을 A.D. 663年 2月 新羅軍으로부터 侵略 당한 〈4個城(居烈城, 居勿城, 德安城, 沙平城)〉 중의 하나로 認定하기를 躊躇한 나머지, 「沙平城은 잘 모르겠다」하면서, 〈그 位置가 居烈城, 居勿城과 전혀 方向을 달리하는 忠南 唐津의 東方向에 位置하기 때문〉이라고 하였지만, 이는 "白村江을 錦江下流로, 周留城을 錦江下流의 西쪽地方 〈舒川郡 吉山川 附近의 丘陵地帶〉로 생각한" 그분의 강한 先入觀 때문인 것으로 보여 진다.

④ 이께우찌(池內宏)敎授는 〈滿鮮地理歷史硏究報告14, p.72〉에서 A.D. 663年 6月 孫仁師의 增援軍의 上陸地點을 牙山灣으로 推定한 段階에 이르렀으면서도, 이를 發展시키지 못하였음은 참으로 아쉬운 일이다.

孫仁師의 7千 陸軍이 上陸한 場所가 A.D. 663年 中國史料의 "白江(仙掌港)"이다.

그 3個月 後 展開된 白村江(白江口)의 海戰은 이 白江의 入口部位인 〈白江口 = 白江之口 = 白村江〉에서 唐나라와 日本水軍 間에 遭遇한 戰鬪이었으니, 그 〈白江口 = 白村江〉 位置를 牙山灣에서 찾아서야 옳았다.

⑤ 여기서 생각나는 것이 盧道陽博士의 "A.D. 660年의 白江 · 技伐浦 · 白江口를 지금의 錦江下流로 보는데에는 同意할 수 있으나, A.D. 663年 『日本書紀』에서의 「白江」 및 「白村江」과는 確實히 다름을 主張한다."라고 한 句節이다.(『百濟周留城考, 明知大論文集, 12輯, 1979~1980』)

⑥ 이께우찌(池內宏)敎授의 論文 『百濟 滅亡後의 動亂 及 唐나라 · 新羅 · 日本 3國의 關係〈滿鮮地理歷史 硏究報告 第14, p.60~61〉』를 살펴보면, 그는 "周留城 · 豆陵尹城 · 豆率城 · 疏留城" 등을 모두 同一한 城으로 認識하는 基調 위에서 그 論述을 展開시키고 있음을 엿볼 수 있는데 이는 큰 잘못이다.

또한 그는 韓國과 中國史料의 여러 部分을 不認, 所謂 史料批判을 加하고 있는데, 여기서 이끌어 낸 權威者의 잘못된 判斷이, 지나간 90餘年間 百濟

末期史 硏究를 그릇된 方向으로 이끈 것으로 여겨진다.

이에서

ⓐ 避城(ヘサシ-𣟶城)을 "唐津郡 沔川面 𣟶城(蒙山城)으로",

ⓑ 沙平城을 "唐津郡 新平面 雲井里로",

ⓒ 周留城을 "洪城郡 長谷面의 山城里와 大峴里의 鶴城(乫方山城 = 王宮城 = 石城)으로",

ⓓ 石城을 "扶餘郡의 石城이 아닌, 長谷面의 周留城(石城)으로",

ⓔ 豆率城을 "靑陽郡 長坪面(赤谷面) 赤谷里로,"

ⓕ 豆陵尹城을 "靑陽郡의 定山으로 想定하고", 이를 位置未詳인 周留城과 白村江의 史料와 附合시켜 본다면, 이께우찌(池內宏)教授가 보여준 逡巡은 틀림없이 霧散될 것이다.

⑦ 𣟶城의 城內에서는 百濟式 土器類가 出土된다.

또 土築의 城壁部에는 他地方에는 分布가 稀少한 〈시무나무[스무날(20日)가시나무, ヘリケヤキ, hemiptelea davidii]〉라는 毒性이 있고, 단단하고, 굵은 가시가 發達한 灌木이 群落地로 分布되어 있어 옛날 土城壁에 木柵으로, 일부러 繁殖시킨 것이 아닌가 생각된다.

이러할 境遇 〈白村江-白江〉을 錦江下流에 推定하고, 周留城의 所在를 錦江下流의 北岸地方에 比定하는 所謂 "周留城 韓山說과, 白村江 熊津江(錦江)下流說"뿐 아니라, 〈白村江-白江〉을 "全北 東津江 或은 茁浦의 內浦 또는 斗浦川 등이라고 推定하고, 周留城의 所在를 扶安地方에 推定하는 說", 또한 成立될 수 없는 것이다.

筆者는 이를 百濟當時의 𣟶城, 즉 現在의 "唐津郡 沔川面 城上里 城谷(잿골)의 蒙山古城"이라고 主張하여 왔다.

그러므로 筆者는 文獻에 의한 反論 말고도 以上 7個項을 들어 扶安說도 否定한다.

『日本書紀』의 避城이 沔川의 𣟶城이라고 볼 수 있음은 "洪州 周留城說"을

立證하는 重要한 要件이 된다.

이에 筆者는 韓國 · 日本 兩國의 史學界에서 通說和된 『日本書紀』의 記事인 [〈避城-へサシ-槥城〉은 全北의 〈碧骨地方-金堤地方〉이다]라는 定說을 否定하면서, "忠南 唐津郡 沔川地方을 百濟와 統一新羅 당시의 〈槥郡-槥城郡〉으로서, 이것이 『日本書紀』의 〈避城-へサシ-槥城〉에 해당한다."고 確信한다.

3. 犬上君의 "石城" 訪問과 福信窟

內院寺와 福信窟 遠景 : 洪城郡 長谷面 廣城里

『日本書紀』에 의하면 663年 5月 犬上君이 高句麗 使行길에서 日本으로 歸國하던 途中, 〈石城-シヤクサシ-샤구사시〉에 들러 豊王을 만났다.

이에 豊王은 犬上君에게 "福信의 謀叛心을 嫌疑하는 말을 하였다". 한다. (夏五月癸丑朔, 犬上君[闕名]. 馳, 告兵事於高麗而還. 見糺解於石城. 糺解仍於福信之罪. 『日本書紀, 下卷 第 27, p.359, 天智天皇 二年五月, 日本古典文學大系, 岩波書店, 1965』)

及其也 6月 豊王이 福信을 殺害하는 自族之亂이 벌어지고 말았다.

福信窟 遠景 : 洪城郡 長谷面 廣城里

福信窟 : 洪城郡 長谷面 廣城里

이 "石城"을 韓 · 日兩國의 史學界에서는 異論없이, 扶餘郡 石城面에 있는 古城으로 認識하고 있다. 그러나 이는 잘못이다.

福信이 指揮하던 軍隊는 前年인 662年 7月, 江 東쪽(公州 · 扶餘)에서 이미 敗退하였으니, 이러한 見解는 成立이 안된다.

「龍朔 2年(662年) 7月, 인원 · 인궤 등 솔유진지병. 대파복신여중어웅진지동 -(중략)- 인궤인신라지병, 승야박성, 비명이입 포기성 참수8백급, 수

통신라, 운량지로, 인궤내진청익병.」[龍朔 二年(六六二年) 七月, 仁願 · 仁軌等, 率留鎭之兵. 大破福信餘衆於熊津之東-(中略)-仁軌引新羅之兵, 乘夜薄城, 比明而入 拋棄城 斬首八百級, 遂通新羅, 運糧之路, 人軌乃奏請益兵」(『舊唐書』「東夷傳」 百濟)]이라 하였다.

또한 "孫仁師가 바다를 건너(渡海) 熊津에 온 무렵(6月 初), 이미 道琛將軍을 죽인 福信은 豊王이 問病을 오면, 이를 죽일 計劃을 꾸몄다. 이를 눈치챈 豊王은 心腹兵士를 데리고 問病을 한다고 洞窟로 尋訪을 가서 福信을 잡아다 죽였다."하였고, 『日本書紀』에 의하면 "福信을 잡아온 豊王은 福信의 손바닥에 구멍을 뚫고 가죽 끈으로 묶으니 福信은 어찌할 수가 없었다. 드디어 목을 베어 醋에 담궈 썩지않게 한 다음, 梟首 하였다."하였다.

이 消息은 瞬息間에 我軍과 敵에게 알려졌다.

復興軍側에서는 鬼神같은 用兵을 한다고 國民의 信頼를 받던 名將을 잃었으니 全軍의 士氣가 떨어졌고, 新羅와 唐나라 軍士들은 天祐의 機會를 잡았으니, 劉仁軌의 提議에 따라 곧 復興軍의 總司令部이자 豊王의 居城인 周留城을 攻略하기에 나선 것이다.

百濟가 亡하자 蘇定方이 唐으로 歸國하기도 前부터 百濟遺民을 이끌고 亡한 나라를 다시 찾으려는 義兵을 일으킨 福信將軍은 이렇게 죽어갔다.

이에서 우리는 〈周留城-州柔城-ツヌサシ-스누사시〉의 隣近에서, 福信이 숨어있던 洞窟을 確認할 수만 있다면, 逆으로 洞窟의 近處에 있는 이 〈石城-シヤクサシ-샤꾸사시〉을 周留城이라 말할 수 있을 것이다.

犬上君이 高句麗 使行길은 海路인 牙山灣을 지나게 된다.

歸路에 牙山灣으로 流入하는 無限川(揷橋川)의 上流地域에 位置하는 〈石城 -周留城〉에 들려 豊王을 만난 것이다.

豊王은 義慈王의 王子로서, 長期間 日本에 滯留하다, 新羅와 唐軍에 의하여 本國이 敗亡한 後, 661年 9月에 歸國 王으로 推戴되어 〈周留城-두루城-鶴城〉을 〈據城-王城〉으로 하고 있었는데, 『日本書紀』에 犬上君이 豊王을 尋訪한 場所를 "石城"이라 하였으니, 이 石城이 〈周留城-州柔城〉임을 말하고

있는 것이 된다.

長谷面 山城里의 西쪽에 上杜 · 中杜 · 下杜部落, 즉 〈杜里〉가 있다.

그러니 이 곳 山名은 처음부터 「두루山」이었다.

그 山頂의 둘레(周圍)가 1,500m 쯤 되는 盆地가 있고, 이 盆地의 〈周圍-陵線〉을 따라 石材로 築城을 하였으니, 그 이름 또한 〈두루城〉이다.

이를 借字하여 表記하면서, 洪城郡에서는 〈두루미를 借字하여 鶴城〉이라 하였고, 中國史料는 〈두루 周字〉를 借字하여 〈周留城〉이라 한 것 이다.

그런데 日本에서는 왜 〈石城〉 或은 〈州柔城-ツヌサシ-쓰누사시〉라고 하였을까?

〈두루山〉의 周圍 城壁中 〈水口〉가 되는 東南쪽 城壁은 逆斷層에 가까운 直線狀態의 自然岩壁을 그대로 城壁으로 活用하고 있으니, 그야말로 〈天然石城〉이라 말할 수 있는 狀況이다.

따라서 『日本書紀』에서 犬上君이 豊王을 尋訪한 〈州柔城 = 周留城〉을 〈石城〉이라고 記述한 것이다.

1995年 5月부터 1997年 10月 사이(間)에, 祥明女大 崔규성敎授를 中心으로 申瀅植, 이효영, 崔根泳博士 등 諸位께서 이곳 〈두루城-鶴城-州柔城-周留城〉의 地表調査와 發掘調査를 한 적이 있다.

〈沙尸良〉銘의 瓦片이 多數 出土되었다.

沙尸良縣의 治所城임이 確認된 것이다.

그 報告書의 表題가 「洪城 石城山城」이었다.

663年 5月 犬上君이 〈두루城-鶴城〉에서 받은 印象을 오늘에 최규성敎授가 地名으로 命名한 模樣이 됐다.

犬上君이 豊王을 만나느라 찾아간 〈石城〉이 周留城이라면, 必然的으로 그 가까운 곳에 〈福信窟〉이 있을 것이다.

이러할 진대, 어찌 筆者가 그 調査를 疏忽이 하였겠는가?

그러나 隣近의 場所에서 與件이 充足되는 洞窟을 確認할 수가 없었다.

마침내 長谷面 出身 鄕土史硏究家인 金鉀鉉氏와 趙煥雄氏가 烏棲山 중턱

에 岩窟이 있음을 알아냈다.

같은 長谷面 管內이지만 〈石城 = 周留城 = 鶴城〉으로부터 서쪽으로 4km쯤 떨어진 位置가 된다.

烏棲山은 忠南에서 鷄龍山 다음가는 큰 山이다.

그 東쪽 기슭의 중턱에 內院寺가 있다.

日本의 佛敎書籍인『原亨釋書』에 의하면, 百濟時節 日本을 여러차례 오가며 佛敎도 전하고, 醫術에도 能하였던 女僧 法明大師가 創建한 寺刹이다.

이 寺刹에서 直線距離 300m쯤 떨어진 큰 岩壁 밑에 洞窟이 있다.

높이 2m, 넓이 4.2m, 길이 5.3m쯤 되는 岩窟이다.

軽部박사, 周留城考《百済遺跡の研究》Page 一四八

周留城の訓読とその意義

周留城が州柔城と同一であるということが肯定されたならば、次に当時これを如何に訓んでいたかということを考えなければならない。否、如何なる意味で名附けられた地名を「周留」または「州柔」という文字で当てて書かれたものであるかということを考える必要がある。さきにも述べたように、周留の文字の漢音を写してこれに類似した他の漢字で書き表わしたのが州柔であって、これを書紀に「ツヌ」と訓ませたのは、周留の原訓と近い発音であると考えられる。即ち周留は「ツル」または「ツヌ」であったと想像される。しかし日本の仮名で書き表わせば「ツル」であるが、その正しい発音は두루(turu)でツル(tsuru)ではない。

《中略》

第一篇　百済の歴史地理的研究　　一四八

次に周留城の두루の意味は如何どいうことになる。現代の韓国語で「둘」または「두루」は「円い」「巡る」「廻る」「囲む」「繞る」「環る」「周る」という意味に関係のある音で、둘が語根となってその語尾が変化するのである。故に「周」の文字には「ツル」という韓国訓があり「留」は韓国音「류」(ryu)であるが、둘루(tulru)と母音語尾にするために「留」の文字を置いたものと考えられる。それで周留城の原義は「円く囲んだ城」という意、即ち「山岳で周囲を円く囲んだ城」ということになる。

以上述べたことを要約して見ると韓国・中国の両史料にはこの城の名を書き表わすに周留の文字を用いているが恐らく百済国存立の当時において「ツル」の音に当てる文字としてこの「周留」を用いたものと考えられ、そしてこの周留の漢字音を他の漢字に代えて、これに類似した音をもつ文字で書き表わしたのが『日本書紀』の「州柔」である。またこの「州柔」を『日本書紀』で「ツヌ」と訓ませたのは「周留」の当時百済国で呼ばれていた原訓から来たと解せられるのである。

現在는 廣川邑에 居住하는 巫女의 祈禱場所로 使用되고 있다.

이 岩窟에서 東쪽으로 1.5km쯤 直線距離인 廣城里에 筆者가 〈참뱅이-ツンブクギサシ-枕服伎城〉이라고 主張하는 土城이 내려다 보인다.

內院寺와의 距離로 보아 福信은 假病을 꾸미고 이 窟에 누워 있으면서, 內院寺 스님(僧)들의 看護와 衣食住 등 生活便宜를 받았을 것으로 생각된다.

周留城은 『日本書紀』에서 〈ツヌサシ-쓰누사시-州柔城〉이라고 한 까닭은 무엇인가?

著名한 百濟史 硏究家 가루베(輕部慈恩)博士는 그의 著書 『百濟遺跡硏究, p.147』의 〈周留城의 訓讀과 그 意義〉에서 詳細히 說明하고 있다.

4. 第 2次 新羅軍과 唐軍의 周留城 攻略

663年 6月 170隻의 水軍과 7千 陸軍을 거느리고 渡來한 孫仁師는 〈白江-牙山灣〉의 南方向, 無限川과 揷橋川의 河口 附近에 上陸, 그곳에 7千 陸軍을 駐屯시켜 둔 채, 司令部의 小數兵力만을 統率하고 熊津으로 가서 合流한 다음 作戰謀議를 갖고 新羅軍의 出征을 要請하였다.

이에 응한 文武王은 金法敏과 金庾信 以下 28將軍이 이끄는 5萬兵力을 統率하고, 663年 7月 17日 慶州를 出發, 8月 初 熊津으로 와서 唐나라 軍士와 合勢하였다.

第 2次 新羅와 唐나라의 聯合軍이 周留城과 任存城의 百濟復興軍을 討伐하기 위하여, 8月 10日頃 熊津을 出發함에 있어 新羅 文武王과 總管 孫仁師와 留鎭郎將 劉仁願은 主力部隊인 6萬 陸軍을 거느리고 車嶺山脈을 넘어 進擊하였고, 熊津都督 劉仁軌는 杜爽의 170隻 水軍의 護衛를 받으며, 660年 7月 唐에 降伏한 後 唐의 政略으로 再登用된 百濟王子 扶餘 隆이 거느린 糧船團을 引率하고, 陸軍이 出動하던 같은 날, 熊津江을 나와 白江(牙山灣의

仙掌港)으로 갔다.

熊津을 出發한 陸軍主力軍은 8月 13日 靑陽 七甲山에 있는 豆率城을 陷落시켰다.

豆率城에 駐屯하고 있던 復興軍과 日本兵이 모두 나와 降伏하니 文武王은 크게 慈悲를 베풀어 容恕하였고, 특히 日本兵에 대하여 寬容을 베풀었다. [龍朔三年癸亥, 百濟諸城潛圖興復, 其渠帥據豆率城, 乞師於倭爲援助. 大王親率庾信 · 仁問 · 天存 · 竹旨等將軍, 以七月十七日征討. 次熊津州, 與鎭守劉仁願合兵, 八月十三日, 至于豆率城, 百濟人與倭人出陣, 我軍力戰大敗之, 百濟與倭人皆降. 大王謂倭人曰, ……(中略)…… 爾其歸告爾王. 任其所之, 『三國史記』 卷 第四十二, 列傳 第二, 金庾信 (中)]

8月 17日에는 豊王 不在中의 周留城을 攻圍하였고,

드디어 9月 7日 이를 陷落시켰다.

이로써 百濟 遺民들의 祖國復興을 위한 3年半의 抗戰은 끝이났다.

古山子 金正浩는 『大東地志』에서 "豆陵尹城은 靑陽郡 定山面 白谷里의 鷄鳳山城이라 하고, 豆率城은 靑陽 七甲山 山頂에 있고, 一名 慈悲城이라고 한다."하였고, 〈角山〉도 七甲山(定山)이라 하였다.

또한, 韓山의 〈乾芝山城은 百濟의 牛頭城〉이라 하였다.

豆陵尹城의 位置가 公州와 扶餘로부터 각각 西南쪽과 西北쪽 50里 距離인 靑陽郡 定山面 白谷里의 鷄鳳山城이라 할 때, 周留城을 攻略하기 위하여 公州로부터 出征한 第 2次 新羅와 唐나라의 聯合軍이 "663年 8月 13日 中途에서, 이 豆陵尹城과 豆率城을 降伏시킨 다음, 17日에는 豊王이 없는 周留城을 攻圍하였고, 9月 7日 이를 陷落시켰다는 틀림없는 歷史的 事實 하나만으로도 周留城의 位置考證에 絶對的인 確實性을 보여준다".

5. 〈豆率城 = 慈悲城〉과 角山

豆率城 遠景 : 靑陽郡 長坪面(赤谷面) 赤谷里

위와 같은 筆者의 見解를 直說的으로 示唆하는 記錄이 『自治通鑑』의 〈自熊津入白江 · 以會陸軍, 同趨周留城〉이다.

이에 劉仁軌가 指揮하는 水軍과 糧穀船團은 熊津을 出發, 분명 熊津江으로부터 나와 白江으로 들어갔다는 情況이지, 公州를 出發 錦江의 下流쪽으로 가서, 公州로부터 同時에 出征한 文武王과 孫仁師 등의 主力陸軍을 錦江下流쪽에서 만난 다음, 같이 周留城으로 갔다는 느낌은 안든다.

假使, 扶安說의 境遇, 이러자면 6萬大軍이 錦江과 萬頃江 · 東津江을 渡江하는 問題가 發生하였을 터인데, 史料에 나타나지 않으며, 韓山說의 境遇 扶餘와 韓山이 너무 近接(25km에 不過)하여, 그 作戰의 現實性이 疑訝스럽다.

그러면 이때(663年 8月)의 "入白江"의 "白江"이 問題인데, 錦江口를 나온 다음, 〈南方向 東津江으로 갔다〉는 見解가 오다(小田)氏와 이마니시(今西龍)敎授의 〈扶安說〉이고, 〈北方向 泰安半島를 迂廻, 牙山灣으로 들어갔다〉는 見解가 筆者의 「唐津 白村江說」이자 「洪州 周留城說」인 것이다.

豆率城 : 青陽郡 長坪面(赤谷面) 赤谷里

이는 이번(663年 8月) 出兵對像인 周留城의 位置가 牙山灣의 南쪽 上流, 無限川邊에 있기 때문이다.

筆者는 定山 · 青陽地方을 4~5次 踏查한 바 있다.

定山邑誌를 深層 研究한 鄭善求校長, 現地 長洙德面長, 李永俊氏, 深山溪谷의 現場인 〈角山 = 豆率城〉을 두 次例나 案內해준 姜영순氏, 青年時節 長谷寺 溪谷인 〈鵲川(까치내)-加召川〉 川邊(냇가)에 살면서, 每日 七甲山 재(峙)를 넘어 青陽普通學校에 다닌 任元宰氏 등의 助言을 參照하며 豆陵尹城과 〈豆率城과 角山〉을 다시 살펴보기로 한다.

1) 豆陵(良)尹城은 661年 3月 新羅大軍은 〈古沙比城, 定山面 大城里의 "草幕골土城"〉에 陣을 치고 36日間 〈豆陵(良)尹城〉을 攻擊했지만 失敗하고 4月 19日 撤軍하였다.

이를 古山子는 大東地志의 定山 · 典故條에서 〈白谷里의 鷄鳳山城〉이라 하였다.

東國輿地勝覽 · 青陽郡誌 · 沈正輔教授 · 盧道陽博士 · 文正昌氏 · 아유가이(鮎貝房之進)氏 등의 研究도 그러하다.

筆者도 이에 同調하며 豆陵尹城은 하나의 城이 아니라, 두 개의 城으로서 豆陵城과 尹城으로 구분한다.

豆陵城은 靑陽郡 定山面 白谷里의 金盤陽土城이고, 尹城은 定山面 白谷里의 鷄鳳山城이다.

2) 이때 敗退하던 新羅軍의 後尾部隊가 〈角山〉에서 百濟兵을 遭遇(만나), 山中의 屯堡까지 쳐들어가 2千名의 목을 베었다고 하였는데, 古山子는 그 〈角山〉을 定山이라 하였다.(定山 · 典故條)

現在 靑陽郡 長坪面(旧 赤谷面) 赤谷里인 것이다.

復興軍 2千名이 피로 물든 땅의 地名이니 잘 어울리는 地名이라 하겠다.

3) 그러니 661年 4月 〈角山〉과 663年 8月의 〈豆率城〉은 同一한 場所이다.

古山子는 이를 七甲山에 있다 하였다. (定山 城 · 池條, 古城)

4) 長谷寺 溪谷, 까치내(鵲川, 加召川)의 南쪽 岩壁을 이루는 七甲山脈의 東南이 〈角山〉이고, 〈豆率城〉은 이 〈角山〉에 있다.

每日 七甲山 재(峙)를 넘어 學校에 다닌 任元宰氏는 663年 8月 文武王의 周留城 討伐軍이 〈豆率城〉 아래를 지났다면, 그때 進軍路는 〈소금챙이 고개(鹽峙)〉로 車嶺을 넘은 것이 아니고, 長谷寺 溪谷쪽의 고개(峙)를 넘은 行軍이었을 것이라 하였다.

七甲山을 넘는 재(峙)는 두 通路가 있다.

그러니 車嶺山脈 너머의 洪城郡 長谷面, 옛 馬韓 駟盧(羅)國의 王宮城이자, 百濟 沙尸良縣의 治城이던 〈두루城-鶴城〉을 司令部의 據城으로 復興戰爭을 繼續하면서, 七甲山 深山中의 中間 屯堡인 豆率城에 많은 軍士를 隱匿, 여기서 40里 距離인 定山 白谷里의 豆陵(良)尹城을 前哨基地로 하여, 이로부터 50里 距離인 熊津城과 泗沘城에 駐屯하고 있던 羅 · 唐의 駐屯軍을 隨時로 攻擊할 수 있었던 것이다.

이 글은 1章 序言 2.「周留城과 白村江에 대한 筆者의 基本概念」에서 周留城에 關한 基礎資料를 詳述하였다.

5章 白村江 考

1. 位置 未詳의 白村江

唐나라 占領軍의 留鎭郎將 劉仁願의 增援 奏請을 받은 唐나라 高宗은 左威衛將軍 孫仁師에게 出征을 命하였다.

그는 山東地方에서 徵集한 7千陸軍과 170隻의 軍船을 統率하고, 663年 5月 末 山東地方에서 出發 途中 牙山灣 밖의 德積島에 寄港하였다가, 6月 初 7千陸軍과 더불어「白江」에 上陸했다.

筆者는 總管 孫仁師가 白江(仙掌港)에 上陸하여, 自己가 統率하고 온 渡海 陸軍 7千名을 上陸地「白江」에 駐屯시켜 둔채, 司令部만이 都督府가 있는 熊津(公州)으로 가서 都督 劉仁軌와 劉仁願 등과 合流한 것으로 推定한다.(以拒官軍 孫仁師 中路迎擊破之 遂與仁願之衆相合)

왜나하면 公州로 集結한 第 2次 羅·唐 聯合軍이 周留城과 任存城을 討滅하기 위하여, 8月 10日頃 本格 出征함에 있어 孫仁師와 劉仁願과 文武王은 陸軍을 統率하고 出發하였고, 劉仁軌가 統率한 杜爽의 水軍과 扶餘 隆의 糧船團들도 같은 날, 熊津江을 따라 白江으로 가서, 駐屯中인 7千 陸軍과 合

流하고(劉仁軌及別帥杜爽, 扶餘隆, 率水軍及糧船, 自熊津江往白江, 以會陸軍), 孫仁師 등의 主力陸軍이 17日부터 攻圍中인 周留城 戰線쪽으로 같이 가게한 다음(同趨周留城), 劉仁軌는 杜爽의 170隻 水軍만을 統率하고 後方의 碇泊地인 白江口(牙山灣의 入口地方 南岸)로 물러섰다.

그곳에서, 때마침 百濟 復興軍을 救援하기 위하여 日本으로부터 到着한 1千隻의 兵船團과 遭遇, 海戰이 벌어졌는데, 日本軍이 大敗해서 壯丁 1萬餘命이 犧牲되었다.

그 海戰 場所를 中國史料는 「白江」或은 「白江之口」라 하고, 『日本書紀』에서는 「白村江- ハクスキノエ-하구스기노에」라 하였으니, 이는 6月 初 孫仁師의 渡海增援軍이 上陸한 그 "白江"의 入口部位에 해당되는 곳일 것이다.

그러니 〈白江〉과 〈白村江 = 白江口〉는 同一地域 일지언정 同一地點은 아닐 것이다.

그러나 이 重要한 遺跡의 位置가 어디인지는 羅 · 唐의 史料는 물론 日本의 史料에도 전해짐이 없다.

周留城의 境遇와 類似하다.

2. 白江(白江口 = 白村江)

살피건데, 百濟史와 聯關된 "白江"은 5곳(場所)이 있다.

1) 武寧王 때(A.D. 501) 將軍 苩加의 叛亂이 있었다. 王이 牛頭城(古山子 金正浩는 이 城이 韓山의 乾芝山城이라 함)까지 나가, 將軍 解明으로 하여금 이를 平定하고, 그 목을 베어 〈白江〉에 던졌다. 이때의 "白江"은 扶餘 林川의 加林城 앞 熊津江(錦江)을 말한다.

2) 扶餘邑 맞은편(對岸) 窺巖面에 〈白江〉部落이 있다. 白江李氏 李敬輿의 옛 집터(舊基)가 있는 곳이다. "구두레나루" 附近이 된다. 이는 660年 7月 蘇定方이 江을 渡江 하면서 심한 風浪을 달래기 위해, 白馬로 입밥을 삼

아 江속의 龍을 낚아 올렸다는 傳說, 즉 "白馬江"에 緣由한다.

白馬江은 熊津江(錦江) 중에 扶餘 附近의 江만을 말한다.

3) 蘇定方은 德積島까지 迎接나온 新羅 太子 金法敏과 約束期日인 660年 7月 8~9日頃, 〈伎伐浦〉에 上陸하여, 陸上에서 船團을 護衛하였고, 船團은 扶餘의 下流쪽 30里(1舍止)까지 潮汐물을 타고 올라왔다. 이때 江岸이 甚히 질어서 버들자리(柳席)를 깔고서야 上陸할 수 있었다 하는데, 이 곳을 三國遺事에서 一名「白江」이라 하였다.

이는 林川에서 韓山사이(間)의 錦江을 말한 것이다.

4) 孫仁師는 663年 5~6月 사이(交) 增援軍과 170隻의 軍船을 거느리고 西海를 渡海,「白江(仙掌港)」에 上陸하고 自身은 熊津으로 合流하였다.

5) 百濟를 救援하기 위하여 渡海한 日本兵船 1千隻과 後方의 碇泊地로 물러선 唐나라의 170隻의 軍船은 8月 27~28日 兩日 〈白江口 = 白村江〉에서 遭遇 大海戰이 벌어졌다.

위 5곳(場所)의「白江」중 4)와 5)의 "白江"과 "白村江 = 白江口"의 位置가 今日에까지 그 位置가 未詳 狀態여서, 지나간 90餘年間 論爭의 對象이 되어 問題의 課題가 되는 〈白江과 白村江〉인 것이다.

筆者는 A.D. 663年 8月 百濟復興戰爭 때의 羅·唐軍과 日本軍과의 海戰이 벌어진 白江口(白村江)戰鬪의 場所는 牙山灣이라고 主張한다.

3. 孫梁과 只伐浦·長巖

가장 애를 먹은 것이 只伐浦와 孫梁의 確認이었다.

唐津浦, 水軍萬戶의 基地城을 確認하러 가는 버스 속에서 姜鎭鮮 老人을 만났다.

孫梁과 只伐浦 : 唐津郡 高大面 瑟項里

40年間 唐津沿海에서 小型 漁船을 탔다는 姜鎭鮮 老人이 途中에서 下車하려는 것을 終點까지 모시고 가서 많은 이야기를 들었다.

"孫梁"은 高大面의 옛 長項灣, 現 長項橋 下流쪽 500m쯤에 있는 옛 船着場이고 "只伐浦"는 亦是 長項灣 內, 普德浦에 隣接한 옛 船倉자리라 한다.

이로써 筆者가 洪州의 西쪽 海岸인, 保寧 · 大川과 泰安 · 萬里浦 사이에서 追求하던 遺跡들이 모두 唐津郡 石門面 長古項里로부터 高大面 長項灣 사이의 8km 距離의 沿岸에서 存在함을 確認할 수 있었다.

百濟復興戰史와 關聯된 「白江」이 5곳(場所)이 있음을, 上記 「2. 白江(白江口 = 白村江)」에서 살펴보았다.

그 중 663年의 史蹟에 해당되는 場所인 "白江과 白江口"를 再論하면,

1) 663年 6月 孫仁師의 渡海 增援軍 7千名이 上陸한 「白江」은 揷橋川이 牙山灣으로 流入되는 附近, 즉 牙山郡 仁州面 密頭里 海岸 附近으로부터 仙掌港 사이로 推定된다.

揷橋川과 그 支流인 無限川을 거슬러 올라가면 35km 距離에 任存城이 있고, 그 上流(南方向) 약 12km 距離에 周留城이 있기 때문이다.

이곳 "內浦地方"은 公州 · 扶餘의 西北方, 車嶺山脈 너머인 곳이다.

2) 日本史料의 「白村江」과 中國史料의 「白江口 · 白江之口」는 同一地點이므로, 上記 「2. 白江(白江口 = 白村江)의 5) 白江口(白村江)」는 牙山灣의 入口部位의 南岸일 것으로 推測된다.

660年 7月 10日 蘇定方이 버들자리(柳席)를 깔고 上陸한 地點인 伎伐浦, 즉 三國遺事의 注記인 一名 "白江"과 663年의 孫仁師의 7千 援軍이 上陸한 "白江"과 唐 · 日間에 海戰이 벌어진 「白江口」의 境遇, 두 「白江」과 「白江口」는 確實히 다른 곳으로 보아야 할 것이다.

筆者는 이를 唐津郡 石門面 三峰里 〈차돌배기마을-白石村〉의 〈灣-入江-イリエ〉, 즉 〈곰개-熊浦〉로 推定한다.

東西 1.7km, 南北 1.7km에 달하는 灣이다.

다시 再論하겠지만, 이께우찌(池內宏)博士도 663年 孫仁師軍의 上陸地를 牙山灣으로 推理한 바 있다. [이께우찌(池內宏), 「滿鮮地理歷史 硏究報告 14」, p.72]

그렇다면 그는 663年 「白江」을 牙山灣으로 본 것이다.

그러면서도 이 發想을 展開시키지 못하고 結局 錦江下流로 되돌아갔음은 哀惜한 일이다.

筆者는 그 後의 踏査에서 "지섬(只島)"은 지금도 姜老人 말대로 李氏 所有지만, 地主는 그 곳을 "船倉"이라는 이름(名)만 알고 있음과, 高大面 長項里의 여러 自然部落 中 "孫梁"과 가장 가까운 自然部落 이름이 지금도 "孫梁"임을 確認할 수 있었다.

高大면 大村里와 長項里 사이(間)의 「長項灣」은 普德浦 바로 옆에 防潮堤를 築造 開拓되어, 그 넓은 面積의 折半은 農土, 折半은 鹽田으로 利用되고 있다.

日本 壯丁들의 冤魂의 地名 「孫梁」은 農耕地속에 묻혀 버렸고, 「只伐浦」는 鹽田 속에 묻혀있다. 只伐浦의 背後에 城山里라는 地名이 있는 것으로 미루어 只伐浦의 「지(只)」字는 「城」과 통하는 地名으로 생각된다.

"高大面 大村里의 大古墳(막무덤)에 관한 硏究는 白村江「唐津郡 石門面 · 高大面說」의 傍證이 될 수 있다."

4. 大興地方의 唐山
-任存城은 白江에서 周留城으로 進擊하는 途中에 있다-

禮山郡 光時의 前面長 朴瑩信氏가 採集한 이 地方의 傳說에 따르면 〈唐나라 軍士가 이 地方을 行軍하던 때, 無限川의 동쪽길로 와서 現 大興面 松池里와 光時面 瑞草井里 마을의 野山에서 野營을 하였다.

그래서 이 두 곳 丘陵地帶 모두를「唐山」이라고 한다.

그런다음 再行軍을 하면서도, 東岸 시냇가 길을 따라 上流(南)쪽으로 가서,「光時살묵이-光時面 矢目里」現 光時面事務所 所在地인 장터(市場)앞에서 渡河하여, 西岸 시냇가 길(河川路)을 따라 南行하였다〉한다.

이에서 아래 몇가지를 살필 수 있다.

a) 大興 앞을 흐르는 河川(現在는 禮唐貯水池)은 南쪽에서 北流는하는 無限川이다.

b) 無限川은 新禮院 · 合德間 道路인 九陽島橋 아래서 揷橋川과 合流되어 牙山灣의 上流인 仙掌港으로 流入된다.

c) 이 部隊는 禮山邑 方面(北)으로부터 와서, 光時面 方向(南)으로 移動하면서 無限川 東쪽길로 行軍하였다. 大興舊邑과 任存城은 無限川의 西쪽(現 禮唐湖의 西岸)에 位置한다.

d) 唐軍이 無限川을 따라 南進한 것이라면, 그 出發地點은 이 河川이 흘러들어가는 곳인(注入口) 牙山灣 方向임이 分明하다.

그런즉 이 部隊는 5月에 孫仁師가 統率하고 바다를 건너온(渡海) 後, 上陸地點인「白江(仙掌港)」에서 待機中이던 唐의 7千 陸軍임이 分明하다.

『三國史記』에서는 이 때의 兵力을 40万이라 하였으나, 中國史料에서는 이러한 記錄을 찾아볼 수 없으며, 4年前 完璧한 百濟兵力을 相對로 侵入하던 때의 蘇定方의 渡海兵力이 13万이었고, 武烈王의 加勢兵力이 5万이었음을 미루어 復興軍의 殘在兵力을 勘案할 때, 中國史料의 7,000名이 妥當할 것으로 생각된다.

e) 唐軍은 無限川의 東岸에 宿營하면서, 그 西岸에 位置하는 任存城을 無視한 채, 上流쪽인 南쪽으로 進軍했다.

이로 미루어, 周留城은 任存城의 南方에 位置하며 唐나라 軍士는 任存城보다 먼저 周留城을 攻擊하고 있음을 알 수 있다. [南方已定 廻軍北伐]

그러니 孫仁師의 增援陸軍 7千名의 上陸地인「白江(仙掌港)」은 牙山灣이고, 劉仁軌가 熊津으로부터 護送하고 온 糧船團을 이곳「白江(仙掌港)」에서 渡來 陸軍에게 引繼함으로서 그 護衛를 받으면서(以會陸軍), 8月 17日 以來 文武王과 孫仁師 등의 主力陸軍이 作戰中인 周留城 戰線 方向으로 同伴 進擊한 것임을 알게 된다.

任存城은〈牙山灣-白江〉에서 周留城으로 進擊하는 途中에 있고 周留城은 그 남쪽에 있다.

筆者는 6月 初 孫仁師의 7千 增援軍이 上陸한 地點「白江」을 牙山郡 仁州面 密頭里 海岸 附近으로부터 仙掌港 사이로 推定하였다.

이는 無限川과 揷橋川이 牙山灣으로 流入되는 地點, 즉 仙掌港의 東岸이 되는 것이다.

萬若 仙掌港의 西岸(唐津郡)方向에 上陸하였다면, 周留城으로 合勢하기 위하여 本項의 傳說과 같은 東岸, 즉 無限川의 東岸을 따라 行動할 수가 없다.

揷橋川의 西岸을 따라 行軍하자면 넓은 늪地帶와 支流가 많아서 至極히 不便 · 不當하다.

663年 5~6月頃, 孫仁師의 渡來增援軍이 上陸한「白江(仙掌港)」이 牙山灣일진대, 그 2~3個月 後인 8月 27~28日 兩日 唐나라와 日本間에 海戰이 벌어진〈白江口 = 白村江〉은 牙山灣의 入口部位의 南部沿海일 것이고, 第 2次 新羅와 唐나라 聯合軍의 作戰目標인 周留城 또한 內浦地方에 所在 할 것임

은 必然的일 것이다.

5. 白村江(白江口)의 海戰

1) 그 舞臺

白村江 海戰의 勃發은 그 前年(662季)부터 싹이 텄다. 簡略하게 再檢討하여 본다.

福信軍이 熊津(公州)의 東쪽인 大田地方까지 進出하여 慶州~熊津間의 補給路를 遮斷하니, 羅·唐駐屯軍들은 最大의 危機를 맞게 된다. 이에 熊津都督 劉仁軌가 新羅兵을 統率하고, 福信軍의 陣地를 夜襲하여, 800餘名을 죽임으로서 드디어 補給路를 開通하게 되었고, 復興軍은 敗退하고 말았다.

劉仁軌와 郎將 劉仁願은 危機는 謀免하였지만, 百濟遺民이 3年間의 거센 抗戰에 不安을 느끼고, 本國으로 救援兵을 奏請하였다.

唐 高宗은 左威衛將軍 孫仁師를 熊津都行軍 總管에 任命하고 出兵을 命하였다.

그는 山東地方의 淄·青·來·海 4個州에서 陸軍 7千名을 徵集, 이들을 663年 6月 水軍將 杜爽의 170隻의 戰船에 乘船 黃海를 渡海 "白江"에 上陸하였다.

筆者는 이때의 "白江"은 內浦地方을 흐르는 無限川과 揷橋川이 牙山灣으로 流入되는 地帶, 즉 牙山灣의 南岸인 牙山郡 仁州面 密頭里 海岸 附近에서 仙掌港 사이로 比定한다.

孫仁師의 渡來陸軍이 위와같은 位置에 上陸하였음은 이번 出征의 攻擊目標인 周留城과 任存城이 無限川의 上流地域에 位置하기 때문이다.

總管 孫仁師는 自己가 統率해 온 7千陸軍을 上陸地「白江(仙掌港)」에 駐屯게 하고, 自身은 司令部의 小數兵力만을 거느리고 都督府가 있는 熊津(公

州)으로 가서 合流하였다.

軍事會議를 거쳐 新羅軍의 出征을 要請하니, 文武王은 5萬 陸軍을 統率하고, 7月 17日 慶州를 出發, 8月 初 熊津으로 合流하였다.

이리하여 골칫거리인 百濟復興軍을 擊滅하기 위하여 企圖된, 第 2次 新羅와 唐나라의 聯合軍의 編成은 熊津에서 이루어졌다.

한편 日本의 天智天皇은 663年 3月 百濟復興軍을 救援하기 위해 2萬 7千名의 壯丁을 徵集, 이를 前 · 中 · 後 3個 軍團으로 編成하였다.

6月에는 新羅를 牽制하기 위해 이 중의 一部를 新羅의 後方을 攻擊하기도 하였다.

8月 下旬. 颱風의 季節도 지나가자, 500隻(筆者의推測)의 兵船으로 1萬餘名을 派遣하면서, 「白村-ハクスキ」에 上陸할 것을 미리 알려왔다.

『日本書紀』에서 「豊王이 諸將에게 말하기를 "지금 들으니, 日本의 救援將들이 健兒 萬餘名을 引率하고 곧 바다를 건너온다 하니, 모든 將軍들은 이에 미리 準備하기 바란다. 나는 스스로 白村(ハクスキ-하구스기)으로 가서 기다리다가 接待를 하려한다."하며 周留城에 같이 駐屯하던 日本 將軍들을 帶同하고, 8月 13日 州柔城(周留城)을 出發하였다.」하였다.(秋八月壬午朔甲午. -(中略)- 謂諸將曰, 今聞, 大日本國之救將盧原君臣, 率健兒萬餘, 正當越海而至, 願諸將軍等, 應預圖之. 我欲自往待饗白村.)

『三國史記』 卷 7, 文武王. 下에서는 이때 狀況을 〈이때, 倭國배를 탄 軍士가 百濟를 도우러 왔다. 倭나라 배 千隻이 白沙에 머무르다.(此時, 倭國船兵, 來助百濟, 倭船千艘, 停在白沙)〉라 하였다.

筆者는 이 「白沙」를 現 唐津郡 石門面 長古項里 "白沙場 漁港(용무치)마을"의 海岸이라고 比定한다.

『日本書紀』에 의하면 8月 27日 日本兵船團이 白沙海岸에 到着하고 보니, 大唐의 軍將들이 戰船 170隻을 統率하고 「〈白村江-ハクスキノエ〉에 碇泊(陳列)하고 있었다.」는 것이다.

白沙 : 唐津郡 石門面 長古項里 "白沙場 漁港(용무치)마을"

멀고도 거친 航海를 마치고 "白沙場 漁港마을"의 海岸에 到着한 日本軍의 偵察隊가 마을 뒤 丘陵에 올라가 바라보니, 丘陵 뒤쪽 바로 아래가 〈차돌배기마을-白石村〉의 〈浦口-灣-イリエ-入江〉였고, 丘陵에서 2,000m도 아니되는 位置인 〈白(石)村의 灣, 즉 곰개浦口-熊浦〉안에 唐의 戰艦 170隻이 碇泊하고 있었던 것이다.

筆者는 『日本書紀』의 〈白村-ハクスキ〉를 現 唐津郡 石門面 三峰里인 〈차돌배기마을-白(石)村〉으로 比定하고, 〈白村江-ハクスキノエ〉은 이 〈차돌배기마을-白石村〉의 〈浦口-灣-곰개-熊浦〉이고, 日本語로 〈이리에-イリエ-入江-灣〉으로 比定한다.

그런즉 〈白沙-白村-白村江〉이라는 遺跡은 그 地名이 다른 것처럼, 各各 그 確實한 位置는 다르고, 그 性格도 다르지만, 歷史的으로는 깊은 關聯이 있고 隣接한 同一地域에 位置한다.

再論하게 되지만, 白村江의 位置問題는 日帝의 侵略이 있은 直後부터 오늘에 이르기까지 90餘年間, 兩國의 歷史學界가 兩說로 分派되어 論爭을 벌여온 未解決의 課題이다.

이러한 性格의 課題에 대하여 지난날의 碩學 여러분의 硏究 傾向과는 전혀 다른, 새로운 見解를 主張하는 論據는 무엇인가?

1) 古山子 金正浩는『大東地志』卷 5, 洪州牧條에서 〈洪州牧 本百濟周留城 唐改支潯州〉라 하였다.

2) 白村江 戰鬪의 記錄을 살펴보면 강물 或은 湖水에서 싸운 戰鬪가 아니라, 海戰이었음이 分明하다.

3) 〈白村江-ハクスキノエ-하꾸스끼노에〉라는 海戰場은 日本人이 써낸 歷史書인『日本書紀』에 登場하는 地名이다. 中國史書에는 〈白江口 或은 白江之口〉라 하였다.

白村江 : 唐津郡 石門面 三峰里(熊浦)

4)『日本書紀』에서는 〈白村江〉을 古來로 〈ハクスキノエ-하꾸스끼노에〉라고 읽어왔다.

日本에서는 냇물이름(河川名)에 "강-江-エ"을 쓰지 않는다.

錦江 · 東津江의 "江"字를 쓰지 않고 "천-川" 或은 "하-河"字를 쓴다.

그런즉 "에-エ-江"이라고 읽음은 "イリエ-이리에-入江-灣"을 말하는 것임에 틀림없다.

그런데도 日本學界에서는 〈白村江〉의 〈江〉을 〈エ-에〉라고 읽으면서도 흐르는 江, 즉 錦江下流, 或은 東津江 등으로 比定하고 있다.

白村江의 〈江〉字의 性格이 如前히 不分明하자, 最近에 와서는 數百年間

의 慣行인 傳來의 "토"인 「ハクスキノエ-하꾸스끼노에」의 "ノ-노"를 떼어 버리고 「ハクソンコウ-하구송고우」라고 直譯 音讀을 하는 學者까지 나타나고 있다. (例 : 도우야마 미도오(遠山美都男)氏의 『白村江』에서)

5) 周留城과 白村江은 不可分의 關係인 것이 分明하다. 그렇기에

(A) 周留城의 位置를 舒川郡 韓山의 乾芝山城이라고 생각하는 "A部類說" 論者들은 한결같이 白村江의 位置를 錦江下流에 比定하면서, 白村江 戰爭의 舞臺는 이를 錦江下流地方에 構成하고 있다.

"例"를 들면,

㉠ 쓰다(津田左右吉, 早稻田大)教授는 〈周留城은 舒川郡 韓山地方〉이라 하면서 〈白村江은 錦江下流〉라 하였다.

㉡ 韓國 歷史學界의 泰斗 李丙燾博士는 〈韓山 乾芝山城이 周留城이고, 白村江은 錦江下流〉라 하였다.

㉢ 이께우찌(池內宏, 東京帝大)教授는 쓰다(津田)教授의 韓山說을 否定하는 듯 〈舒川郡의 吉山川 附近의 丘陵地帶를 찾아보면 그럴싸한 城(周留城)이 있지 않겠는가〉 하면서도 〈白村江〉은 錦江下流라고 하였다.

㉣ 가루베(輕部慈恩, 日本大學)教授는 〈韓山 乾芝山城은 百濟城이 아니고 高麗城〉이라고 斷言하면서, 周留城은 〈扶餘郡 忠化面 周峰山城〉으로 比定하고, 白村江은 이를 錦江下流라고 하였다.

㉤ 우리 國定敎科書도 李丙燾博士의 說을 따라 〈韓山 乾芝山城說과 錦江下流說〉을 採擇하고 있다.

㉥ 忠淸南道에서 發刊한 〈百濟의 歷史〉에서도 이 說(李丙燾博士의 韓山 乾芝山城說)을 採擇하고 있다.

㉦ 스스기(鈴木治) · 기토기요아키(鬼頭淸明) · 도야마(遠山) 등 3氏도 各其 百濟復興戰史를 主題로 한 單行本을 發表하면서 그 舞臺를 韓山 乾芝山城과 錦江下流에 構成하고 있다.

(B) 周留城을 扶安 邊山半島에 있는 位金岩山城이라고 생각하는 B部類說 論者들 중,

㉠ 이 說의 提起者인 오다(小田省吾, 朝鮮總督府 歷史編修官)氏는 〈白村江은 東津江〉이라 하고

㉡ 이마니시(今西龍, 京城帝大)敎授는 「白村江은 茁浦의 內浦」라 하고

㉢ 地理學者 盧道陽敎授는 「豆浦川」이라 하였다.

㉣ 오다(小田省吾)氏 說을 繼承한 全榮來(圓光大)敎授는 이 說을 補完하기 위하여 50餘年間 努力하였고,

㉤ 扶安出身 故 姜聲采씨는 이 說의 顯揚을 위하여 20餘年間 盡力한 바 있다.

㉥ 周留城出版社의 崔秉植社長은 金在鵬氏의 說을 이어받아 燕岐說을 主張하다, 扶安 位金岩山城說로 바꾸었다가 다시 飜覆하여 燕岐說을 主張하고 있다.

(C) 20餘年間 丹齋 申采浩 先生의 燕岐說을 繼承한 金在鵬氏가 '全義說(C部類說)'을 發表한 바 있으나 無理한 듯 하다. 고바야시(小林惠子)氏가 이 說을 採用하고 있으나 矛盾이 많다.

(D) 筆者(朴性興)는 古山子 金正浩先生의 「洪州周留城」說에 啓導되어, 周留城을 〈洪城郡 長谷面 山城里(洪城郡 乼方面 鶴城里)〉에 있는 馬韓時代의 「駟盧國의 乼方城(王宮城)」이자, 百濟時代의 〈沙尸良縣의 治城〉이 中國史料에서의 〈周留城〉이고,『日本書紀』의 州柔城이며, 洪城郡誌에서의 〈두루城-鶴城〉이라고 主張하였다. (D部類說)

近年까지 以上 「4 部類說」이 各其 自己主張을 되풀이하여 왔는바, 最近 大異變이 突發한 것이다.

1) 舒川郡 當局이 韓 · 日 兩國에서 周留城으로 認識되고 있는 韓山 乾芝山城을 百濟歷史遺跡으로 保存開發하기 위하여 98, 99兩年間 發掘調査를 實施한 結果, 뜻밖에도 百濟城이 아니었던 것으로 밝혀진 것이다(乾芝山城 發掘調査 報告書, 舒川郡)

이는 이미 가루베(輕部慈恩, 日本大學)敎授가 『百濟遺跡硏究, p.147』에서 指摘한 問題였다.

이리되고 보니 1913年 쓰다(津田左右吉)教授가 〈錦江下流說〉을 提起한 以來 90餘年間 이어져 온 "A"部類說은 必然的으로 自然히 消滅된 것이다.

2) 오다(小田省吾)氏가 提示한 "B"部類說(扶安周留城說)이 問題인데, 筆者는 이 또한 理致에 맞지 않는 學說이라고 斷定한다.

그 事由는 上述한 바 있어 要約하면,

ⓐ 百濟復興軍(周留城과 任存城)을 擊滅하기 위하여 663年 8月 初 企圖된 第 2次 羅 · 唐聯合軍의 集結地가 熊津이었다는 事實.

ⓑ 8月 10日頃 熊津에서 出發한 7萬 主力 陸軍이 13日 豆率城(靑陽 七甲山) 아래를 行軍하자, 이 城에 駐屯하고 있던 倭軍과 復興軍이 모두 나와 降伏하니, 文武王은 이들에게 慈悲를 베풀어 容恕함으로서, 倭兵들이 모두 無事히 歸國할 수 있었는데, 이 主力 陸軍이 4日 後인 17日 周留城을 攻圍하였으니,「戊戌(17日) 賊將至於州柔, 繞其王城」

7萬 名이라는 大兵力이 4日만에 錦江, 萬頃江, 東津江을 渡江하고, 그 사이의 크고 작은 河川과 늪地帶를 건너 扶安의 位金巖山城을 攻擊할 수 있다고는 不可能한 일이다.

이 記錄 하나만으로도 周留城(州柔城)의 位置比定問題는 解決이 되는 것이다.

ⓒ 熊津에서 邊山半島에 있는 位金巖山城까지는 直線 110km 距離가 된다. 8月 13日 靑陽 七甲山의 豆率城 아래를 行軍한 文武王과 孫仁師의 主力 陸軍이, 4日 後인 17日에 邊山半島에 있는 位金巖山城(周留城)을 攻擊할 수 있겠는가?

또한 7萬의 兵力이 豆率城에서 邊山半島로 移動하자면 途中에 潮水의 干滿差가 5~6m에 달하는 大河, 즉 錦江과 萬頃江과 東津江의 늪地帶를 渡江하여야만 한다.

渡江問題를 피하기 위해서는, 往路는 멀어도 論山地方으로 迂廻할 수 있을지 모르지만, 上述한 바 歷史記錄에 의하면 文武王 등 聯合軍의 主力陸軍은 8月 13日에 靑陽 七甲山의 東南 쪽 기슭에 位置한 豆率城 아래를 行軍하였음이 分明하다.

하물며 歷史는 「南쪽(周留城)」을 平定하고, 軍士를 廻軍하여 북쪽의 任存城을 攻擊하였으니(南方已定, 廻軍北伐), 110km 距離를 重複動員 하였단 말인가? (『三國史記』, 新羅本紀 第7 文武王 下. …… 至龍朔3年, 摠管 孫仁師, 領兵來救府城, 新羅兵馬, 亦發同征, 行至周留城下, 此時, 倭國船兵, 來助百濟, 倭船千艘, 停在白沙, 百濟精騎, 岸上守船, 新羅驍騎爲漢前鋒, 先破岸陣, 周留失膽, 遂卽降下, 南方已定, 廻軍北伐, 任存一城, 執迷不降, 兩軍併力, 共打一城, 固守拒捍, 不能打得 新羅卽欲廻還, ……), 이러한 用兵은 있을리 없다.

周留城이 扶安地方에 位置하는 것이라면 上記 詳述한 바[3章. 6. 周留城과 白村江의 位置問題. 4章. 2. 沔川(槥城)이 日本書紀의 避城, C), 아유가이(鮎貝房之進)氏의 避城觀과 筆者의 主張]와 같이 文武王의 5萬 陸軍은 애당초 邊山半島에 가까운 地方으로 動員이 됐을 것이다.

이 作戰의 總司令官은 文武王이었다.

3) 筆者는 古山子가 「大東地志」洪州牧條에서 言及한 「洪州周留城」은

ⓐ 平地 石築城인 現 洪州邑城이 아니고,

ⓑ 李朝時代는 〈洪州郡 乼方面 鶴城里〉 였고,

ⓒ 現在는 〈洪城郡 長谷面 山城里〉의 〈두루山 = 鶴城山〉의 頂上部에 있는 石築山城으로,

ⓓ 馬韓時代의 〈駟盧(沙羅)國의 王宮城(乼方城)〉이고,

ⓔ 百濟時代에는 〈沙尸良縣의 治城〉이었고,

ⓕ 洪州郡誌에서는 〈두루城-鶴城〉이라 하였고,

ⓖ 中國史料에서는 〈周留城-두루城〉이라 하였는데, 周留城이라는 記錄이 나타나는 것은 復興戰 以後의 일로서, 〈두루山〉의 山頂(산꼭대기)에 있는 〈두루城〉을 漢字로 表記한 것이다.

ⓗ 日本書紀에서는 〈州柔城-ツヌサシ〉 또는 〈石城-シヤクサシ-샤꾸사시〉라고 記錄하였다.

周留城과 〈白村江 = 白江之口〉는 同一地域權內에 竝存할 것이 分明하다. 즉 洪州 周留城說이 成立되는 것이라면 唐津 白村江說 또한 틀림없을 것이다.

2) 白村江(白江口)의 海戰

唐津郡 石門面 三峰里 〈차돌배기마을의 개浦-白石村의 灣〉이 있다.

"灣"을 日本語로 〈イリエ-入江〉이라 하고, "白村江"을 傳統的으로 〈하구스기노에-ハクスキノエ〉라고 읽는다.

百濟復興軍과 周留城에 派遣되어 있는 5千名의 日本兵을 救援하기 위하여 日本으로부터 먼 바다길을 건너온 救援軍 船團이 663年 8月 27日 〈白沙海岸; 石門面 長古項里의 용무치〉에 當到하고 보니, 南쪽 얕은 등성이 넘어(現 唐津郡 石門面 三峰里 熊浦), 不過 2km 쯤 距離인 〈白石村의 灣-白村江〉 속(內)에 唐軍의 170艘(소)의 戰船이 碇泊하고 있었다.

〈倭나라 배 千艘(소)가 白沙에 머물러 있었다. [倭船千艘停在白沙(『三國史記』 新羅記, 文武王11年)]〉

〈唐나라 軍將이 戰爭하는 배 170隻을 거느리고 白村에 陣치고 있다. [大唐軍將率戰船一百七十艘陣烈於白村江(『日本書紀』, 天智紀 2年8月)]〉

日本將軍들과 豊王은 唐나라의 이 戰船團 170艘(소)의 戰船을 弱勢라고 깔보았다.

이 때 日本軍 總兵力은 兵船이 500艘(筆者의 推測) 以上인데다, 陸軍도 1萬名 以上이니 優越感과 驕慢心이 생긴 것이다. 그러나 이 軍勢는 아직 到着中이었다.

한편 唐의 水軍은 赤壁江 以來의 中國傳統의 戰闘艦이니, 大型艦船인데 대하여, 日本側은 그 大部分이 1萬 陸軍兵力을 輸送하기 위한 小型輸送船이었다.

乘船員中 20~30名은 周留城으로 派遣되는 陸軍 兵士이고, 海洋訓練을 받은 船員 10餘名도 航海要員이지 戰闘要員이 아니었다.

日本將師들은 輕率하고 無謀하였다. 自慢心과 功名心에 들떠 있었다.

27日 無謀한 先制攻擊이 敢行된 것이다. 먼저 到着한 總司令官 이호하라(盧原)將軍이 陣頭指揮하며, 日本으로부터의 멀고도 힘든 航海를 마치고 막 到着한, 지친 自己麾下의 兵士들을 唐軍 攻擊에 내몰았다.

第 1次 攻擊이었다. 結果는 뻔했다. 1隻도 歸還하지 못했다.[日本船師初至者 與大唐船師合戰 日本不利而退]

〈白村江-白石村의 灣〉에서는 生命을 무릅쓰고, 벌떼같이 덤벼드는 日本式 集團攻擊은 통하지 않게 되어 있다.

灣의 안쪽은 東西가 약 1.7km, 南北이 약 1.7km쯤되니 相當히 넓지만, 出入口 水路가 약 3~400m에 不過하고, 出入口部位 海中에는 약 300m쯤 되는 긴(長) 白石巖脈(長巖)이 外海方向으로 뻗어있어[『三國遺事』의 記錄엔 長岩(긴바위)] 出入에 많은 제약이 될 뿐 아니라, 밀물 · 썰물(潮汐) 때 流速 또한 심히 빠르다.

따라서 이로 인하여 一時에 數十隻의 軍船이 航進과 攻擊하기가 不可能하기 때문이다.

白石村의 長岩(긴바위, 차돌백이) : 唐津郡 石門面 三峰里

게다가 今日 到着한 처지이니, 日本軍의 指揮本部는 이 地方의 地理 뿐

아니라 潮汐의 特徵도 몰랐다.(2 章 4. 牙山灣 參照)

白村江 海戰은 8月 27~28日 있었던 事件이니 "그뭄사리"때에 해당한다. 그 潮水의 次는 7~8m에 달하였을 것이다.

그러니 灣 안(內)에서의 海戰은 하루 2次例 밀물 때만 이루어졌을 것이다.

昨日(27日) 日本水軍의 끈질긴 攻擊을 받은 唐나라 陣營은 被害없이 勝戰하였지만, 밤새워 陣營을 防禦態勢로 탄탄하게 바꾸고 對備하고 있었다. (大唐堅陣而守)

28日 아침이 됐다. 日本의 諸將들과 豊王은 아직도 精神을 못차렸다. 潮水 물때와 風向 등도 가리지 않고, 서로 하는 말이 「우리가 積極 先制攻擊을 敢行하면 저들은 後退 할 것이다.」하면서 어제 늦게 到着하여 아직 隊伍도 整備하지 못한 고세(巨勢)將軍과 미와(三輪)將軍 麾下 〈中軍〉의 兵船을 投入하였다.

日本 兵船들은 軍隊의 命令이니 하는 수 없이 數十隻씩 여러차례 出擊하였지만 모두 瞬息間에 沈沒當하고 말았다.(日本諸將, 與百濟王, 不觀氣象, 而相謂之曰, 我等爭先, 彼應自退. 更率日本亂伍中軍之卒, 進打大唐堅陳之軍. 大唐便自左右 夾船繞戰. 須臾之際 官軍敗績『日本書紀』)

이리하여 2日째인 28日 攻擊도 完敗로 끝났고 많은 犧牲이 있었다.

以上을 살펴보면 27 · 28日 兩日間 日本軍은 3次에 걸쳐 積極 攻勢를 取하였지만 完敗를 한 것이다.

그러나 中國史料는 한결같이 4次의 戰鬪에서 모두 勝戰했고, 日本兵船 400餘隻을 불살랐다고 記述하고 있는 것이다.

筆者는 이 記錄上의 한번 싸움 차는(一戰差) 敗走하는 日本兵船에 대한 8月 29日의 追擊戰으로 보려한다.

3) 敗해서 逃亡감

日本將軍들은 2日째의 攻擊에서도 失敗하고서야 精神을 차렸다. 後悔도 하였을 것이다.

軍事會議가 있었다. 戰敗한 事後對策이다. 日本으로 되돌아 갈 수도 없는 일이다. 이번 出兵은 周留城에 와 있는 5千 日本軍과 復興軍을 救援하기 위함이니 그리로 가야 한다. 그러자면「白江(仙掌港)」으로 가야한다.

이「白江(仙掌港)은 6月 初 唐나라 將軍 孫仁師가 山東地方에서 徵集한 7千 陸軍을 統率하고 와서 上陸한 場所이고, 數日前 熊津都督이 杜爽의 170隻 戰船 護衛를 받으며, 扶餘隆의 糧船等 輜重船團을 熊津으로부터 引率하고 와서 이곳〈白江(仙掌港)〉에 駐屯하고 있던 孫仁師의 渡來陸軍에게 引繼하여 준 다음, 지금 여기〈白江之口(牙山灣入口)-白村江〉에 碇泊하고 있는 그「白江(牙山灣入口)」이다.

日本 兵船團이 直接 無限川의 河口인「白江(仙掌港)」까지 가지않고, 途中〈白沙-白村〉에 上陸하였음은, 먼 航海 끝에 船舶의 戰列도 가다듬고, 兵士들도 休息시키기 위함이었는데, 敗戰을 한 處地이니 빨리 떠남이 良策이다.

周留城은 無限川의 上流 沿岸에 있고,〈白沙海岸〉으로부터 無限川이 牙山灣으로 流入되는 地點인〈白江(仙掌港)〉까지는 약 40km 距離가 된다.

海戰이 벌어진지 3日째인 8月 29日.

日本陣營은 아침부터 移動準備를 서둘렀다. 唐軍 쪽은 오늘도 日本軍의 攻擊이 있을 것으로 豫想하고 對備하고 있었는데, 뜻밖에도 日本兵船들은〈白石村의 灣-白村江〉으로 侵攻하여 오지 않고 白石村 앞을 스쳐 동쪽으로 航海한다.

唐軍은 日本兵船團이 逃走하는 것으로 생각하고 곧 追擊戰에 나섰다.

白江(仙掌港)으로의 移動을 始作한 日本의 輸送船團과 이를 追擊하는 唐나라의 戰艦들.

처음 攻防戰은〈차돌배기마을의 개浦 = 白石村의 灣 = 白村の入江 = 白村

江〉 앞 沿岸(현 唐津郡 石門面 三峰里)에서 始作되었다. 차츰 高大面 沿海로 번져나갔다.

물론, 처음에는 互角之勢의 攻防戰을 벌였을 것이다. 그러나 日本軍은 兩日間의 敗戰으로 萎縮된 氣勢였고, 唐軍은 勝戰의 氣勢가 당당하였다. 게다가 唐軍은 赤壁江 以來의 中國傳統의 戰艦이니 巨大한 戰船이다. 日本側은 1萬 陸軍을 輸送하기 위한 船舶이었으니 相對가 아니 되었다.

현재 唐津郡 石門面과 高大面 沿海의 海戰에서 몰리기 始作한 日本兵船들은, 밀물을 타고, 隣接한 長項灣(高大面 長項里 · 只伐浦 · 孫梁 · 大村里)으로 避身하였다.

唐의 戰船團도 이를 뒤쫓아 長項灣으로 쫓아 들어갔다.

이는 이 地方의 地形 · 地勢, 그리고 潮汐의 特性으로 미루어 必然的인 結果다.

混戰이 거듭되는 사이 썰물때가 다가왔다.

밀물의 滿水는 느리지만 썰물은 급히 빠져나간다. 7~8m에 달하던 바닷물이 霎時間에 빠져나가니 뱃머리를 돌릴 수도 없다.(艫舳不得廻旋)

배가 움직이지 못하는 것은 피차 동일하였지만, 唐軍은 巨艦이고, 日本軍船團은 小型 輸送船이다.

唐軍은 그 高船樓에서 주변의 停止狀態에 있는 日本船을 향하여 수없이 火箭攻擊을 敢行한 것이다.

唐軍은 戰艦이라 火攻裝備를 갖추고 있었고, 日本側은 그 大部分이 輸送船이니 束手無策이었다.

수 많은 배가 불타기 시작하였다.(焚其舟四百艘 煙焰漲天 海水皆赤)

日本 兵士들은 물로 뛰어들었다. 潮水물이 빠져나가 水深은 얕았지만, 바닥이 수렁인데다, 兵士들은 重武裝하고 있으니 加重되어, 陸地가 至近距離에 있었지만 기어 나갈 수도 없었을 것이다.

唐 軍船에서는 화살이 날아오고, 이러는 사이에 3~4時間이 지나자 다시 밀물이 밀려온다.

갯속(뻘)으로 뛰어 내렸던 일본 兵士들은 一時에 모두 溺死하고 말았다.

죽은 누에처럼 허옇게 물에 부푼 屍身(殭屍)은 暫時後 7~8m의 밀물에 밀려, 갯가(沿岸)로 밀려나갔다.(殭屍相屬, 僵尸滿野)

이 海戰을 總指揮한 것은 文官出身 熊津都督 劉仁軌였다.

9月 1日이 되었다. 昨日의 追擊戰, 즉 4次 大接戰의 結果는 너무나 悽絶하였다.

劉仁軌는 戰爭에서는 勝戰했지만 人間的으로 罪責感을 느꼈을 것이다.

그는 地方民과 唐兵과 그리고 日本兵 捕虜를 풀어 屍身들을 收斂하여 묻어주고, 祭祀를 지내 日本壯丁들의 冤魂을 달래주었다.(仁軌始令 收斂骸骨瘞埋弔祭之)

그 자리가 바로 唐津郡 高大面 大村里의 "大 古墳(막 무덤)"인 것이다.

古山子 金正浩가 『大東地志』에서 말한 「洪州周留城」을 "洪州郡 乼方面 鶴城里 = 洪城郡 長谷面 山城里" 두루山의 두루(鶴)城에 比定하려는 筆者의 見解가 成立되는 것이라면, 〈白村江 = 白江之口〉 또한 內浦地方인 唐津地方에 位置할 것이고, 白村江 海戰의 舞臺가 된 海域 또한, 牙山灣의 海岸인 唐津郡 沿岸이었을 것으로 確信하면서, 이에 唐나라와 日本과 韓國의 歷史的 記錄과 이 地方의 地理, 이 地方의 潮流의 특성을 勘案하면서, 663年 8月 27 · 28 · 29日 〈白村江 = 白(石)村의 灣-イリエ-이리에-入江〉에서 展開된 唐나라와 日本軍 間에 海戰의 情況을 再構成하여 본 것이다.(5章 6. 唐津郡 高大面의 大 古墳 參照)

6. 唐津郡 高大面의 大古墳(막무덤)

〈唐津〉이라는 地名의 根源이 된 高大面 唐津浦里의 水軍 萬戶의 遺跡을 踏査하러 나섰다가 40年間을 唐津 · 瑞山의 沿近海에서 漁夫生活을 한 바 있는 姜鎭鮮氏의 說明으로 〈孫梁과 只伐浦〉가 高大面의 옛 長項灣, 現 長項

橋 近處에 實存함을 알게 되었다.

옛날 갯골 船着場이던 곳이 지금은 干拓地 속의 農土와 鹽田으로 변해버린 것이다.

이러한 認識이 契機가 되어 石門面과 高大面 일대에서 길이 3km에 달하는 〈白沙場 漁港〉과 〈차돌배기마을-白石村〉을 만날 수 있었고, 石門中學校 理事長이신 申二均翁의 教示로 막무덤(粗雜하게 埋葬한 墓)과 卒무덤(兵卒墳墓)의 存在도 確認할 수 있었다.

"졸무덤"의 位置는 石門中學校 申良雄校長과 石門面 三峰里 里長의 案內로 長古項里와 通丁里 두 곳에서 確認할 수 있었다. 1300餘年의 歲月이 지나는 동안 毁損되어 痕迹조차 確認하기 어려울 뿐이다.

663年 8月 下旬 百濟復興軍을 支援하기 위하여「白沙 : 石門面 長古項里의 용무치」에 到着한 日本軍船 1千隻과 약 1萬以上의 兵力이 〈周留城 : 洪城郡 長谷面 大峴里 · 山城里〉과 〈任存城 : 大興과 金馬間〉의 復興軍과 合流하기 직전인 8月 27~28日 〈白村江 = 白江口 : 石門面 三峰里 차돌배기 마을(白石村)의 沿海〉에서 唐나라의 水軍 170隻과 偶然히 만나 싸움을 벌여(遭遇戰) 慘敗를 당한 結果는, 必然的으로 그 10日 後의 周留城 陷落, 즉 百濟의 終末로 이어진다.

이리하여 日本의 國運을 건 天智天皇의 百濟救援도 終焉을 告했다.

筆者가 唐津郡 高大面 大村里에 있는 〈막무덤-粗雜하게 埋葬한 墓〉에 留意하는 理由는, 國立博物館의 池健吉博士의 配慮로 入手한 1916年 朝鮮總督府發行 〈朝鮮寶物 古蹟 調査資料〉에 "古墳이 唐津郡 高大面 西方山上에 있고, 土饅頭狀(둥글게 흙으로 쌓아올린)의 높이 약 2m, 周圍(둘레) 약 140m"라는 記錄이 있다. 이와 關聯하여 1965年 1月 刊行된 〈忠淸南道誌〉에서 故 洪思俊先生은 〈옛무덤(古墳)-高大面 大村里〉인 이곳 "墳墓는 高(높이) 6척, 周圍(둘레) 80間의 古墳으로서 한 사람의 墳墓라기 보다는 戰爭에 의한 無名勇士의 孤魂墳(외로운 묘)이 아닌가 생각이 들지만 이렇다 할 傳說도 없으니 생각할 수도 없다 하면서, 或是나 將來에 이 地方에 대한 歷史

的 考察이 이루어지기를 企待하면서 記錄하여 둔다." 하였다.

"막무덤"이란 粗雜하게 埋葬한 墳墓를 뜻한다. 그 位置는 唐津郡 高大面 大村里의 西쪽 大路에 隣接한 丘陵의 傾斜진 밭 이름이 "막무덤이 밭"이고, 이 밭 自體가 "막무덤"이다.

이는 『三國遺事』의 記錄인 당시의 古戰場인 上記 言及한 바 있는 〈孫梁〉의 上流쪽 약 1.5km 地點으로, 옛 海岸線 "墳나루"에서 2~300m쯤 떨어진 곳이다.

이에서 『舊唐書』 卷 84 劉仁軌傳의 〈초 백제경복신지난 합경조잔, 강시상속 인궤시령수렴해골 예매조제지…「初 百濟經福信之亂 合境凋殘, 彊屍相屬 仁軌始令收斂骸骨 瘞埋弔祭之…」〉와의 連繼가 推想되기 때문이다.

여러 차례 踏査 끝에 高大面 老人會長의 案內로 〈막무덤-粗雜하게 埋葬한 墓〉을 만날 수 있었다.

高大면 大村里의 서쪽(西方) 大路에서 가까운 곳 산기슭(山麓)에 있는 밭(田)이다.

막무덤 : 唐津郡 高大面 大村里

이에 관하여 傳說이 있다.

"옛날 日本兵이 이 地方의 精氣를 斷絶할 目的으로 깊은 구덩이를 파고

鐵의 溶液을 地脈 속에 흘려 넣었다는 자리(場所)"라는 것이다.

이는 風水地理說과 聯關되는 것이지만 通念 日本兵이라 함은 豊臣秀吉의 壬辰倭亂을 말함인데, 당시 日本軍이 이 地方에서 특별한 作戰을 하였다고는 여겨지지 않는다.

그러므로 이 地方이 日本兵과 聯關이 있었다고 한다면 壬辰倭亂보다도 더 옛날인 百濟末期 唐 · 日間의 〈白江之口-白村江〉에서의 海戰이 聯想되며, 이 古墳은 天智 2年(A.D. 663) "白村江 海戰" 당시의 日本壯丁들의 「孤魂墳(외로운 魂들이 묻힌 墳墓)」일 可能性이 생각된다.

墳나루 : 唐津郡 高大面 大村里

또한 唐 · 日間의 大海戰場이던 〈白江之口-白村江〉. 그 牙山灣의 初入部位에 해당하는 〈孫梁〉附近에 있는 이 古墳은 『舊唐書, 卷 84 劉仁軌傳』에 〈초 백제 경복신지난, 합경조잔, 강시상속 인궤시령수렴해골 예매조제지… 「初 百濟經福信之亂 合境凋殘, 彊屍相屬 仁軌始令收斂骸骨 瘞埋弔祭之…」〉라는 記事와 附合되는 것이라고 생각된다.

戰雲이 切迫한 A.D. 663年 8月 百濟 復興軍을 救援하기 위하여 渡來한 日本兵船 1,000隻, 『三國史記』 記錄의 到着地點이 唐津郡 石門面 長古項里의 白沙場漁港이었다면, 그 救援 對象인 復興軍의 核心據點인 周留城과 任存

城은 唐津地方에 가까운 곳이거나, 적어도 唐津地方과 同一地域圈內에 所在함이 마땅할 것인즉, 從來 硏究發表 되어온 "周留城 韓山說", 즉 錦江 下流地方인 韓山 乾芝山城, 或은 "周留城 扶安說", 즉 邊山半島의 位金岩山城일 수 없음은 自明하다.

以上으로 〈白江口-白村江〉 海戰과 關聯되는 遺跡의 位置는 대략 알게 된 것이다.

筆者가 推定하는 바 〈白江口-白村江〉의 位置가 唐津郡 石門面과 高大面에 이어진 바다였다면, 8月 27~28日 兩日 間에 唐나라와 日本과의 海戰에서 唐나라 水軍의 總司令官이던 熊津都督 劉仁軌가 自己의 作戰으로 인하여 寃痛하게 戰死한 1萬餘 日本 壯丁들이 물에 부풀은 屍身을 收斂하여 묻어주고, 그 寃魂을 달래주는 祭祀를 올린 現場 또한 海戰이 벌어졌던 그 周邊의 海岸線 近處였을 것이다.

周留城과 任存城을 討伐하기 위하여 A.D. 663年 8月10日頃 熊津(公州)으로부터 出征하는 第 2次 新羅와 唐나라 聯合軍, 그 唐나라 軍隊의 水軍과 170隻의 戰船과 百濟復興軍을 救援하기 위하여 A.D. 663年 3月에 天智天皇은 2萬 7千名을 徵集, 이를 3個 軍團으로 編成한 軍隊中의 司令部와 中軍의 1萬名의 軍隊를 兵船에 태우고, 길이 약 3km에 달하는 石門面의 〈白沙場漁港〉에 到着한 日本水軍 間에 벌어진 海戰이었다.

日本水軍은 그 수의 優勢에 지나치게 慢心하고, 先制 攻擊을 敢行하였다가 도리어 日本兵船 400隻이 불타고, 日本壯丁 1萬餘名이 戰死한 東洋初有의 國際海戰의 犧牲者 墳墓가 牙山灣의 海岸인 唐津郡 石門面과 高大面에 있는 것이라면, 日本 兵船은 이곳 牙山灣까지 온 것이니, 日本軍이 救援하려던 對象인 周留城 또한 牙山灣으로 流入되는 無限川과 揷橋川의 流域地方에 있었을 可能性이 確認되어지는 것이다.

筆者는 이에서 「本章 1.에서 言及한 "古山子 金正浩의 洪州周留城說"」의 可能性을 確信하게 되었다.

以上으로 〈白江口-白村江〉 海戰과 關聯되는 遺跡의 位置를 알게 된 것

이다.

또한 唐津郡 高大面 唐津浦里가 唐津이라는 地名의 根源이 되는 곳이라고 學界에서 말하고 있지만, 筆者는 唐津邑 元唐里가 唐津의 根源이되는 場所라 提起하고 싶다.

紀元前後 馬韓時代 漢나라와 交易을 하던 時代에는 水運이 便利한 漢津浦口가 主舞臺가 되었기에 漢津浦口라는 地名이 생겼으며, 時代가 변하여 唐나라가 百濟와 交易하던 時代에는 水運이 便利한 곳으로 中心點이 옮겨졌을 것이다. 이때에 唐津浦라는 地名이 생겨났고, 元唐里는 內陸 쪽으로 들어와 있어서 倭寇의 侵入을 防禦하는데 不便한 점이 많아 外海 쪽인 唐津浦里로 水軍의 基地가 옮겨졌다고 생각된다.

이를 뒷받침 할 수 있는 根據로는 元唐里의 아파트工事 때 文化財發掘調査에서 土器와 石器 青銅器와 鐵器 등 新石器時代로부터의 옛 遺物들이 多量으로 發掘이 되었으며, 元唐里와 이웃하고 있는 牛頭里와 彩雲里 아파트工事現場에서도 紀元前後의 遺物인 土器와 石器 및 青銅器와 鐵器 등이 多量으로 出土되었다.

6章 百濟遺民의 日本亡命

1. 枕服岐城과 弖禮城(데례성)의 位置

A.D. 663年 9月 7日 百濟 州柔城이 唐에 降伏하였다.

周留城이 陷落되었음에 대하여 『日本書紀』는 다음과 같이 적고 있다.

「이 때 나라 사람들(日本人)은 서로 말하기를 "州柔城은 降伏되고 말았구나. 무어라 할 말이 없도다. 百濟라는 이름도 오늘로 끊겼구나. 祖上님의 墓所를 어이 또 다시 와 볼 수 있겠는가. 오직 〈テレサシ-데례사시-弖禮城〉으로 가서 日本의 將軍들을 만나 重要한 일들을 相議하여 볼 수 있을 뿐이로다. 枕服岐城의 妻子들에게 알리고 나라를 떠날 것을 指示했다."(九月辛亥朔丁巳, 百濟州柔城, 始降於唐. 「是時, 國人相謂之曰, 州柔降矣. 事无奈何. 百濟之名, 絶于今日. 丘墓之所, 豈能復往. 但可往於弖禮城, 會日本軍將等, 相謀事機所要. 遂教本在枕服岐城之妻子等, 令知去國之心.)」하였다.

이로 미루어 天智天皇의 白村江 出兵은 "古代 日本의 祖上 緣故地를 守護하기 위한 것"이었다고 생각된다.

드디어 전부터 〈シンブクギサシ-심부구기사시-枕服岐城〉에 머물고 있

는 妻子들에게 나라를 떠날 것임을 알렸다.

11日 〈ムテ-무데-牟弖〉로 떠났다.

13日 〈テレ-데례-弖禮〉에 到着했다.

24日 日本의 軍船과 佐平 余自進 · 達率 木素貴子 · 谷那晋首 · 憶禮福留와 國民들도 〈テレサシ-弖禮城〉으로 왔다.

다음날(25日) 배가 떠나, 비로소 日本으로 향했다. 라고 記述하고 있다.

[辛酉, 發途於牟弖. 癸亥, 至弖禮. 甲戌, 日本船師, 及佐平余自信 · 達率木素貴子 · 谷那晋首 · 憶禮福留, 幷國民等, 至於弖禮城. 明日, 發船始向日本. (岩波刊 日本古典文學大系의『日本書紀』下, p.361)]

위와같은 周留城 陷落後의 結末에 대하여 岩波刊 日本古典文學大系의『日本書紀』의 註解 〈下, p.360〉]는 枕服岐城 · 弖禮城 · 牟弖에 관하여 이를 全部「未詳」이라 하였다.

敗亡한 周留城으로부터 亡命길을 떠나는 處地인데, 周留城의 位置問題가 確然치 못한 現況이고 보면, 이들 遺跡의 位置가「未詳」임은 必然的인 일이다.

살피건데, 復興戰 最後의 據點이었고, 豊王의 居城이던 이 城(周留城)이 陷落되고, 亡命길에 오르려는 마당에, 〈ムテのテレサシ-牟弖의 弖禮城〉까지 가면 日本軍將들과 日本軍船을 만날 수 있으리라 하였음은, 그 곳이 平素부터 日本援軍이 使用하고 있던, 日本航路中의 安全한 中間基地였음을 暗示하는 대목이다.

이께우찌(池內宏)教授도 弖禮城은 白江의 海戰에 參加한 日本軍의 根據地였던 것 같다.《滿鮮地理歷史研究報告 14, p.81》하였는데, 이러한 推想을 可能케 하는『日本書紀』의 위 대목이다.

또한 亡命 길에 떠오르는 이들 遺跡 중,

ⓐ 復興軍 幹部의 家族이 居住하고 있던「シンブクキサシ-심부구기사시-枕服岐城」은 周留城과 隣接한 地方에 있었을 것이고,

ⓑ 日本軍船을 만날 수 있는「ムテのテレサシ-무데의 데례성-牟弖의 弖禮城」은 枕服岐城으로부터 步行으로 3日 以內 距離에 位置할 것임을 알 수 있게 된다.

筆者는 古山子 金正浩가 大東地志에서 論及한「洪州 周留城」을 洪城郡 長谷面 山城里의 第 1鶴城《乫方城(王城)=石城》과 大峴里의 第 2鶴城, 그리고 이 두 山城의 背後를 이루는《大釜洞盆地》의 總稱이라고 推定한다.

그러므로 筆者는 枕服岐城을 洪州周留城 周邊에서 追求함이 마땅하다고 생각하였다.

이에서 平素 記憶하던 이 地方 遺跡 중에서 그 可能性이 推想되는 것이 長谷面 廣城里에 있는 "참뱅이의 南城재"였다.

「サシ-사시」는 "城"을 말함이고,《참뱅이》를 日本語로 轉寫할 때《シンブクギ》以上 近似한 表記는 없을 것이기 때문이다.

〈참뱅이〉는 周留城으로부터 3km 距離인 廣城里에 있다. 烏棲山(790m)의 東北쪽 기슭인데, 상당히 넓은 土城內에는 積石塚이 三基가 있다.

또한〈참뱅이-シンブクギ〉는 馬韓때의 駟盧國에 속하며, 5世紀頃 地方豪族인 眞氏의 本據地이던 곳(場所)이고, 廣城里의 中央部인〈골뜸〉은 高麗때의 黎(驪)陽縣의 治所였던 곳(場所)이다.〈참뱅이-シンブクギ〉에서 올려다 보이는 烏棲山의 동쪽 기슭 중턱에 內院寺가 있다.

日本의 佛敎書籍인『原亨釋書』에 의하면 그 創建이 義慈王때 日本과 緣結이 있었던 女僧 法明尼에 의한 것이라 함도 復興軍과 緣故가 있음직하다.

이곳〈枕服岐城-참뱅이성-シンブクギサシ〉에 復興軍의 指導層 家族이 居住하였던 것으로 推測한 것이다.

그렇다면 663年 9月 11日 이곳〈長谷面 廣城里〉를 出發한 亡命集團이, 13日에 到着할 수 있는 海岸[辛酉發途於牟弖, 癸亥 至弖禮], 그 海岸에 있는 "テレサシ-데례사시-弖禮城"은 어디인가?

筆者는 이를 唐津郡의〈틀무시〉地方에서 追求하여 보기로 하였다.

周留城의 所在가 洪城 長谷面地方일진대, "テレサシ-데례사시-데례성-弖禮城"의 位置 또한 內浦地方일 것이고, 內浦地方에서 "데례사시-テレサシ-弖禮城"이라는 地名과 가장 近似한 것이 唐津郡의 〈틀무시〉라고 느껴졌기 때문이다.

줄다리기 行事로 有名한 唐津郡 機池市 地方인 것이다.

筆者는 전에 이 〈틀무시〉라는 地方에 興味를 느껴, 追究하여 본 일이 있었다. 물론 未完으로 그쳤지만.

다만 〈틀못 · 機池〉라는 貯水池, 或은 연못의 實體는 存在하지 않으며, 傳來地名이 〈틀무시〉인 것을 日帝侵略以後 行政 便宜上 漢字地名으로 轉寫하면서 〈틀못 · 機池〉라 記載한 것 뿐임을 알고 있었다.

2. 무데(ムテ, 牟弖, 무티, 틀무시, 機池市)

"뭍-무티-무데-ムテ-牟弖"이라 함은, 통상 島嶼住民, 或은 船上人들이 對岸의 陸地를 말함이다.

唐津地方 方言으로는 〈무티〉라 한다. "무티-ムテ-무데-牟弖"와 아주 近似하다.

『日本書紀』의 記述 樣相으로 보아, 內浦地方에 百濟復興軍을 援助하던 日本軍船이 당시 寄港하던 連絡基地가 있었던 그곳에, 石築의 작은 堡壘가 있어, 이를 통상 "무티-ムテ-牟弖-무데"에 있는 "돌무지-石城"이라고 呼稱하고 있었던 것으로 느껴진다. 그래서 이 地方에서 "데례성-テレサシ-弖禮城"을 찾아 나섰다.

이께우찌(池內宏)教授도 〈滿鮮地理歷史研究報告 14, p.81〉에서 "데례성-弖禮城"은 "白江의 海戰에 參加한 日本軍의 根據地였던것 같다." 하였음에서 可能性을 示唆하고 있다.

唐津地方은 "낙지발"같은 작은 半島가 많아 리아스式 地形이다. 그 사이를 埋立하는 干拓事業이 發達하여, 많은 干拓地가 造成되었다. 그 여러 半島의 基部를 이루는 地方에 商權이 集中되는 市場마을이 形成되게 마련이다. 그 중 하나가 "틀무시"라는 商業中心 마을이었다. 그러나 이곳 松岳面 機池市里 附近에는 土城도, 貯水池도, 石城도 없다.

「白沙와 白村江」〈唐津郡 石門面 長古項里와 三峰里〉의 東方 약 20km, 周留城의 北方 약 60km, 避城(へサシ-樿城)에서는 약 6km 距離에 位置하는 이 市場마을은, 1970年頃 揷橋川 防潮堤가 築造되기 전까지 牙山灣 南岸地方의 漁業과 商圈의 中心地였다.

살피건대, "낙지발" 形狀의 唐津郡 諸半島 北部의 中樞部인 이 地方의 歷史地理的 條件은, 옛날 牙山灣 航路中 日本水軍의 連絡基地, 或은 中間碇泊地로 最適地였을 것이다.

① 〈틀무시-機池市〉의 北東方 14km쯤에 〈漢나루-漢津〉이라는 自古以來로 有名하던 漁港이 있다. 이곳 附近에 松岳山城이 있지만 海拔 150m나 되는 山頂이고, 港口와도 많이 떨어져 있어, 이 城을 〈ムテのテレサシ-牟弖의 弖禮城〉이라고 보기 어렵다.

② 筆者는 오랜 踏査 끝에 松岳面 井谷里 돌무지(石城, 積石塚)의 海邊가, 海拔 50m 程度 높이의 넓은 丘陵上에 古城址가 있음을 發見하였다. 前山主 洪永喜 · 地方人士 柳志奭 · 李敏烈氏 등의 助言을 參考하여 이를 整理하여 본다.

a) 이곳 山에는 돌(石)이 없는 地質이다.

b) 牙山灣의 入口部位 唐津郡쪽 南岸에 〈안섬-內島〉라는 작은 섬(小島)이 있다.

이(內島)를 中心으로 左右의 突出部를 連結하면, 一次浦口(灣)가 形成된다. 〈內島〉를 背後로 하는 훌륭한 碇泊地가 된다.

二次浦口 안에 〈九芝島〉가 있다. 이와 그 左右를 連結하면 二次浦口가 形成된다. 이것이 〈틀무시 浦口〉인 것이다.

c) 이 〈틀무시 浦口(灣)〉 안에 〈石浦里의 갯개(海濱)〉와 〈明山里의 書院

浦〉가 있어, 약 30餘年前(1970年代 初)까지 船舶의 寄港이 많아, 地方産 魚物이 機池市 市場(틀무시 장터)으로의 揚陸과, 仁川으로부터의 物資가 들어오고, 地方産物資가 活潑하게 集散하던 浦口였다. 이것이 〈틀무시 市場〉의 外港인 것이다.

지금은 30餘年前에 施工된 干拓事業으로 〈틀무시 浦口(灣)〉 自體가 鹽田과 農耕地로 變하여 버렸다.

d) 2次 浦口(灣)인 〈틀무시 浦口(灣)의 入口部位에 《배울》이라는 3次 浦口가 있다. 훌륭하고, 安全한 良港이다. 8 · 15 解放後인 1945~1950年頃 時局이 不安定하던 時節, 中國大陸과 密貿易이 盛行하던 漁港으로서, 大型 動力船과, 大型 장크船이 드나들던 良港이다.

e) 이 漁港이 이 近海地方의 漁民들이 通念的으로 《무티》라고 呼稱하던 對象地였다고 한다. 틀무시 浦口(灣)가 中樞였기 때문이다. 즉 地方漁民들의 觀念的 〈무티〉였다고 한다. 그러므로 筆者는 이를 『日本書紀』의 《ムテ-牟弖》라고 想定한다.

f) '배울港'의 背後(松岳面 井谷里)에 一 方向으로의 傾斜인 海拔 50m 假量의 얕은 山이 있다. 頂上部分은 넓은 臺地를 이루고, 緩傾斜의 丘陵을 이룬다. 이 臺地(대지)위에 5~6百坪 假量의 石築城塞와, 4~5基의 小型積石塚이 있었다. 그러나 哀惜하게도 1970年代 "새마을運動" 당시 城址에 쌓여 있던 石材는 完全히 搬出되고 말았다. 돌(石)이 稀少한 地方인데다, 干拓事業에 石材가 必要하였던 것이다. 地域住民인 洪忠喜氏에 의하면 배울港의 背後에 있는 고개를 王재(王峙)라 한다. "王이 이 고개를 넘어 배울港에서 배를 타고 떠났다고 해서 王재라 전해 내려온다."한다. 또한 洪氏는 1970年代 새마을運動 당시 洞里 里長職을 遂行하면서 本人이 直接 이곳의 積石塚(돌무덤)과 石城을 허물어 새마을道路改設事業에 使用했다고 한다.

살피건데, '石城'도 "돌무지"이고, '돌무덤(積石塚)'도 "돌무지"인 것이다.

"틀무시 浦口(灣)"라는 地名은 이곳 "돌무지(石城)漁港"에 緣由한 것으로, "줄다리기"로 有名한 '틀무시-機池市'라는 장터(市場)마을 이름도 옛날

이 地方에 代表的 浦口이던 “돌무지(石浦)港”에서 緣由하는 것으로 推測된다.

百濟가 滅亡하자 積極 救援을 한 日本, 그 軍船이 往來하던 〈배울 港〉의 뒷산에는 이 港口를 지키던 작은 〈石築堡壘-石城-돌무지-틀무시〉가 있었다. 그래서 이 港口를 〈돌무지 浦口〉라 하였고, 이것이 變遷하여 〈틀무시 浦口〉로 呼稱하게 된 것으로 생각된다.

한편 山頂(松岳面 井谷里)의 石城址 側面 3~400坪의 밭에는 積石塚(돌무덤) 4~5基가 있었으니 이곳 地名은 이래저래 〈돌무지〉인 것이다.

“돌무지”가 “틀무시”로 변하였음은 가장 近似하다고 본다.

그래서 “돌무지”가 “틀무시”로 변하였고, “틀무시”를 漢字地名으로 轉寫하면서《틀못, 機池》라고 記載한 것임을 알 수 있다.

663年 9月 7日 周留城(洪城郡 長谷面 山城里와 大峴里)이 陷落되자, 百濟의 指導層은 日本으로의 亡命을 決議, 家族들이 居住하고 있는 〈참뱅이-枕服岐城(長谷面 廣城里)〉으로 내려와 妻子息을 데리고, 9월 11일 日本軍船과 連結이 될 것으로 믿어지는 〈ムテのテレサシ-牟弖의 弖禮城, 唐津郡 松岳面 井谷里〉을 향하여 떠났다.

洪城 廣城里에서 唐津 井谷里 사이는 險路도, 넓은 河川도 없는 60km 路程이다. 사흘 걸려 13日에 到着하였다. 9月 24日 日本軍船이 “テレサシ-데례성-弖禮城-돌무지港”으로 入港하였고, 같이 떠날 사람들도 모두 모였으므로, 25日 出港, 日本이라는 新天地를 向하여 亡命길에 올랐다.

『日本書紀』에는 「辛酉, 發途於牟弖」라 하였다. 이를 「牟弖를 떠났다.」라고 읽는 硏究家도 있다. (例, 遠山美都男 「白村江」 · 全榮來 『白村江から 大野城まで』)

그런데 日本古典文學大系 『日本書紀』[卷下, p.360]에서는 “무데(牟弖-ムテ)를 向하여 떠났다.”라고 하였다. 筆者는 이를 따른다.

요다(依田豊)氏는 “百濟滅亡後 그 遺民이 와서 日本의 文運에 寄與, 一大新面目을 나타냈음을 볼 수 있다.”하고는 「周留城이 陷落하자 〈弖禮城〉으로부터 發船, 이때 人員은 未詳」이라 하고, "前後 합하여 5千 5百名이 된다. 그 歷史에 漏落된 것을 加算한다면 더 많았을 것임은 想像키 어렵지 않다."하였다.《歷史地理 16卷 6號》

이러한 事後事態는, 從來 作戰이 끝난 다음, 1萬 2千名의 捕虜를 데려 갔다던가, 700名, 2千名을 斬首(목을 벰) 하였다던가 하는 前例와는 큰 變化인 것이다.

이러한 事態는 8月 13日 豆率城(靑陽郡 七甲山)의 日本兵과 百濟兵이 降伏하였을 때 文武王이 寬容을 베품으로서, 古山子가 「一名 慈悲城이라고 稱한다.」하였고,

9月 7日 周留城이 陷落된 後, 百濟와 日本의 指導層이 無事히 日本으로 亡命할 수 있었음과, 唐의 文官出身 都督 劉仁軌가 白村江(白江口)海戰의 戰死壯丁들의 屍身을 收斂하여 묻어주고, 弔祭를 지내 주었다 함에서, 엿볼 수 있는 變化조짐인 것이다.

以後 日本 國內 政情은 大 變化를 겪게 된다.

第3篇 洪州周留城과 白村江 戰鬪

7章 結語

周留城의 位置問題에 關한 筆者의 認識은 30年前(70年度)까지, "韓山說과 邊山半島說이 있는데, 가루베(輕部慈恩, 日本大學, 筆者의 公州高普時節 日本語恩師)敎授는 이 두 說을 모두 否認하고 있다."는 것을 알고 있는 程度였다.

그러던 것이 오늘에는 古山子 金正浩先生이 『大東地志』에서 論及한 〈洪州說〉을 내 스스로 검토해 보고, 踏査해 보고, 歷史的으로 確信하기에 이르렀다.

全國을 두루 몇 번이고 踏査하였을 古山子는 130年前 『大東地志』에서 〈洪州牧 本百濟周留城 唐改支潯州〉라 하였다.

그러나 周留城의 狀況을 "遠隔田畝 土地磽确 山峻高而谿隘 守易而攻難"이라고 한 『日本書紀』의 句節을 參照하면 平地石築城인 洪州牧城이 周留城일 수 없음은 分明하다.

古山子가 正確하고 具體的으로 그 位置를 指摘하지는 못하였다 할지라도, 이는 洪州地方에 指目하였음은 그 분이 充實히 考察을 한 結果일 것이다.

古山子의 〈洪州說〉에 관하여 90餘年間의 日本 史學界는 물론이고, 우리

史學界에서도 이제까지 日本學界의 흐름에 매달려, 이를 論及한 硏究가 全無하였음은 놀랍고도 서글픈 일이다.

古山子의 뛰어난 見解에 접하게 된 以後, 筆者의 百濟 復興戰에 대한 關心은 더 高調되어 硏究에 硏究를 거듭해 본 것이다.

그 結果 先學들의 硏究成果와는 너무나 큰 差異가 있다.

이러한 差異는 어디에서 緣由하는가?

1) 百濟라는 歷史舞臺를 熊津 · 泗沘의 좁은 範圍로 限定하여 온 先入觀念이 視野를 흐려 놓은 것 같다.

公州 · 扶餘 錦江圈은 百濟疆域이던 全羅道는 姑捨하고, 忠南의 折半에 지나지 않는다. 나머지 折半은 內浦地方이 차지한다.

2) 文獻史料 위주의 考證에 너무 置中한 結果인 것 같다. 애당초 1300年前의 敗亡國의 歷史인데 納得할 만한 直接的인 資料가 있는 것이라면, 金富軾이 編纂한 『三國史記』에서 〈이름은 있으나 位置는 確實치 않다(有名地位置未詳)〉라 하였을리 萬無하다.

3) 現地踏査의 不足을 들 수 있다. 現地를 밟아보면 自己 見解의 適否를 直感할 수 있을 터이다.

筆者는 周留城과 白村江을 論述한 近 40餘編의 硏究文獻을 읽었다.

이 중 內浦地方을 다녀간 것이 確實한 것은, 但只 〈고바야시게이꼬-小林惠子〉氏 뿐인것 같다.

그는 말한다. "白江(牙山灣)의 물은 그 이름에 어울리게, 무언지 모르게 허옇게 느껴졌다."라고, 이는 女流史家다운 銳利하고도 正確한 觀察이다.

牙山灣의 남쪽 海岸地方은 硅石과 長石地帶인 것이다. 그러니 河床이 희다. 錦江下流의 黑泥河床과는 對照的이다.

그래서 唐나라의 歷史家들은 이 江(牙山灣)을 〈白江〉이라 불렀을 것이다.

살피건대, 百濟復興戰 關聯 遺跡으로서 그 所在가 分明한 곳은, 但只 熊津 · 泗沘 · 熊津江 · 任存城 程度가 아니겠는가?

그렇다면, 位置가 確實하지 않은 餘他遺跡의 確認은 이 4個 地方이 基準

이 될 수 밖에 없는데, 이것만으로 不充分함은 누구나 느끼는 事實인 것이다.

이에서 合理的이고 客觀的인 새로운 基準의 援用(도움)이 필요하다.

筆者는 이러한 視覺에서 復興戰爭期間 中 歷史發端의 契機로 作用한 重大한 事件, 즉

a) 661年 3月의 豆陵尹城 攻擊作戰.

b) 〈石城〉의 位置問題와 直結되는 662年 7月의 〈江東〉으로부터의 敗退.

c) 662年 12月~663年 2月의 避城 遷都와 復歸.

d) 663年5月 犬上君이 日本의 軍事使節로 高句麗를 다녀 日本으로의 歸路 中 豊王을 만난 石城의 位置.

e) 663年 8月 周留城과 任存城을 攻略하기 위해 編成한 孫仁師와 劉仁願, 文武王과 金庾信이 指揮한, 第 2次 羅·唐聯合軍의 集結地가 熊津이었다는 事實.

f) 663年의 6月 孫仁師의 援軍의 渡來地 〈白江〉과, 8月의 〈白江之口 = 白江口 = 白村江〉 海戰의 經過 등 6件을 重點的으로 探究하였다.

이 중에서 가장 중요하고 어려웠던 研究는 〈避城-ヘサシ-辟城〉의 位置考證이었다.

이 論文은 새로 糾明한 여섯가지 歷史的 事實을 基盤으로 하여 構成한 考證이다.

이 하나 하나의 歷史的 事實考證에 錯誤가 없는 것이라면, 筆者의 見解 또한 正確한 것이라 말할 수 있을 것이다.

豊王이 日本으로부터 歸國을 한 時期에 대하여는 見解差가 있으나, 661年 9月 說이 有力하다.

이때 豊王을 護衛하고 온 5千 兵力中의 大部分이 그들의 將帥인 朴市田來津(えちのたくつ)과 狹井連(さゐのむらじ)을 따라, 이 城(周留城)에 머물고 있었던 것으로 생각된다.

이들 중 일부가 662年 8月에는 〈ソルサシ-疎留城-松(솔)城 : 燕岐郡 全義)〉에 派遣도 되고, 663年 8月에는 豆率城(青陽 七甲山)에도 나가 있다가,

8月 13日 文武王軍에 降伏하고, 文武王의 特別한 寬容을 받은 그 日本兵일 것이다.

白村江의 位置問題 또한 90年前 日本學者가 提起하여 오늘에 이르고 있는 課題이다.

苩加의 목을 베어던진 〈白江〉과 扶餘附近의 〈白馬江〉 등으로 인한 先入觀念 때문에 錦江下流地方에서 90年間 찾아 해맨 대상이 된 것이다.

A.D. 663年 8月 27~28日 兩日間 〈百江之口〉에서 展開된 唐 · 日間의 海戰은 東洋初有의 國際海戰이었다.

이와 關聯된 地名인 『三國史記』의 〈白沙〉, 『三國遺事』의 〈長岩 · 只伐浦 · 孫梁〉 등이 牙山灣의 入口部位에 해당되는 唐津郡 石門面과 高大面 一圓에 集中되어 實存함은 中國史料의 〈白江 · 白江之口〉와 『日本書紀』의 〈白村 · 白村江〉도 牙山灣에 所在할 것임을 示唆한다.

逆으로 말한다면, 〈白江〉이 牙山灣 일진대, 周留城과 枕服岐城, 白村江, 무데의 데례성(牟弖의 弖禮城)은 牙山灣圈域, 즉 內浦地方에 實存할 것이다.

이러한 筆者의 假想에 대하여 現場을 踏査하고, 그 可能性을 確認하여 주신 石門中學校 申良雄校長과 新平中學校 洪奭杓先生, 그리고 唐津郡의 鄕土硏究會員과 洪城郡의 鄕土硏究會員 여러분의 協助에 感謝드린다.

그 考證資料를 探究하던 때, 數많은 遺跡과 遺物을 敎示하여 주신 申二均 石門中學校 理事長님은 벌써 故人이 되셨다.

文官 出身 都督인 劉仁軌가 海戰에서 寃魂이 된 日本壯丁들의 屍身을 收斂하여 묻어주고, 弔祭를 지내주었다는 『舊唐書』의 記錄을 뒷받침하는 둘레(周) 140m, 높이(高) 2m가 되는 大 古墳을 海戰이 展開된 古戰場 〈孫梁〉의 西南方 1.5km 쯤되는 高大面 大村里의 西쪽 丘陵에서 發見할 수 있었음은 큰 보람이다.

干拓事業 前의 〈墳(무덤)나루〉海岸에서 2~300m 쯤 남쪽이 되는 곳 〈막무덤〉인 것이다. 또한 長古項里와 通丁里의 막무덤(졸무덤, 말무덤)의 存在도 큰 意味가 있다.

이는 1916年 朝鮮總督府 發行 〈寶物古蹟調查資料의 「唐津郡條」〉와 〈忠淸南道誌의 記錄〉과도 合致되는 것이어서 特記할 만한 成果라 하겠다.

日本壯丁 1萬餘名의 孤魂이 여기 잠들어 있는 것이다.

장차 韓·日兩國의 뜻있는 人士들에 의하여 慰靈塔이라도 建立되기를 期待한다.

또한 文官出身 都督 劉仁軌의 人品도 이에 의하여 再評價 되어야 할 것이다.

周留城과 白村江의 位置가 確證 됨으로서,

1. 百濟遺民의 뜨거운 愛國心이 確認된다.

任存城에서 周留城(鶴城=乶方城) 까지는 약 12km쯤 된다.

이 사이에 羅城이 여러 곳(天台山石城·蘇구니城·大釜洞盆地·シンブクギサシ-심부구기사시-枕服岐城-참뱅이城 등)이 있다. 이 一直線上에 配置된 여러 城의 동쪽을 周留城쪽으로부터 任存城 方向으로 無限川이 北流한다. 그러니 任存城과 周留城은 同一圈域을 이룰 뿐 아니라, 無限川 또한 水城으로서의 强力한 防禦線이 된다.

여러 史料를 概觀할 때 百濟復興戰의 主要舞臺는 百濟의 西北部地方, 즉 內浦地方이었음이 分明하다.

或者는 任存城과 周留城 間이 멀리 떨어져 있어야 될 것으로 推想하지만, 通信手段의 發達이 안된 時代에, 勝戰者인 羅·唐軍을 相對로, 3年半 동안이나 效率的인 抗戰을 繼續할 수 있었던 것은, 적어도 周留城과 任存城과 豆陵尹城과 豆率城이 同一한 地役權內에 있어, 有機的으로 連結이 可能하였기 때문일 것이다.

660年 9月 3日, 唐軍에 의하여 1萬 2千名의 百濟 指導層이 끌려간 후, 이 任存城과 周留城을 據點으로 抗戰을 벌인 것이, 鬼室福信·黑齒常之·僧道琛·沙吒相如·遲受信·餘自進 등을 中心으로한 3萬餘名의 地方民이었고, 여기에 日本으로부터 歸國한 豊王과 이를 護衛하고 온 5千 日本兵이 加勢하였다.

한편 任存城의 西方 11km에 〈長城里山城(唐城)〉이 있고, 또 그 西方 4km에 〈고모랭이城〉이 있다.

廣開土大王 陵碑文(A.D. 396年, 丙申年條)의 〈古牟婁城〉이 이것이고, 『日本書紀』의 〈古麻怒利城〉이 이것이다.

660年 7月 百濟가 滅亡하자 佐平 餘自進은 여기서 義兵을 일으켰다. 洪城驛에서 바라보이는 城이다.

그는 663年 9月 周留城 陷落後 〈ムテのテレサシ-무데의 데레성-牟弖の弖禮城〉으로부터 日本으로 亡命하였다.

2. 당시의 百濟와 日本과의 깊은 紐帶關係를 確認할 수 있다.

1330年(A.D. 660) 前 敗亡한 祖國을 再建하려는 百濟人을 積極 支援한 것이 齊明女帝와 그의 아들 天智天皇이었음을 아는 이들은 드물다.

특히 663年 3月, 2萬 7千 名의 壯丁을 徵集, 당시 世界 最大 · 最强의 大唐을 相對로, 國運을 걸고, 百濟를 救援하려다, 白村江 海戰에서 自國 壯丁 1萬 餘名의 壯烈한 犧牲者를 내고, 물러선 天智天皇의 處事로, 韓 · 日 兩國間에 이럴 程度의 깊은 紐帶가 形成되어 있었음을 알 수 있다.

또한 周留城 陷落以後 日本으로의 亡命者가 5千 5百名 以上에 달하였다는 背景과 더불어, 그 緣由하는 바에 관하여 日本學界의 解明이 있어야 할 것이다.

3. 앞으로의 韓 · 日關係는 이 洪州 周留城의 確認과, 唐津郡 高大面 大村里의 日本援軍 戰歿者의 무덤(墳墓)確認 등으로, 뜻있는 韓國과 日本의 知識人이나 善良한 兩國民 間에 새로운 轉機를 이룩할 것이라 期待된다.

參考文獻

『三國史記』, 『三國遺事』, 『東國通鑑』, 『東國史略』, 『東國輿地勝覽』, 『東國文獻備考』, 『德山郡誌』, 『禮山郡誌』, 『唐津郡誌』, 『青陽郡誌』, 『定山邑誌』

『史記』, 『漢書』, 『後漢書』, 『魏志』, 『晋書』, 『宋書』, 『北史』, 『南史』, 『舊唐書』, 『新唐書』, 『自治通鑑』, 『日本書紀』, 『萬葉集』, 『古事記』

金正浩, 『大東地志』, 大東輿地圖

千寬宇, 『古代史의 爭點』, 일조각, 伽倻史研究

李基東, 『古代史의 爭點[古代篇]』, 일조각

金聖昊, 『沸流百濟와 日本의 國家起原』

韓百謙, 『東國地理志』

李丙燾, 『眞番郡考. 三韓問題의 新考察, 韓國古代史研究』, 박영사 ; 『韓國史』, 震檀學會

鄭克俊, 『歷年通考』

李 瀷, 『三韓正統論』

丁若鏞, 『我邦疆域考』

李世龜, 『東國三韓四郡 古今疆域說』

南九萬,『東史辨』
安鼎福,『東史綱目』
柳得恭,『四郡志』
申采浩,『朝鮮上古史』
문정창,『百濟史』, 인간사
정진형,『벽골제사』, 대흥출판사
신형식,『百濟史』, 형성출판사
전영래,『백촌강에서 대야성까지』
이종학,『周留城 白江의 位置比定에 關하여 ; 國防部(軍史紙52號)』
李重煥,『擇里志』
柳馨遠,『東國輿地誌』
震檀學會,『韓國史[古代篇]』, 乙酉文化社
金元龍,『韓國 考古學硏究』, 일지사
李瑄根,『大 韓國史』, 新太陽社
李種恒,『고대가야국이 세운구주왕조』, 대왕사
이병선,『韓國 古代國名 地名硏究』, 亞細亞文化社
김태식,『伽倻聯盟史』, 일조각
이형구 박노희 共著,『廣開土大王陵碑新硏究』, 東亞出版社
盧道陽,『內浦地方考』
안동준,『韓國古代史管見』
한흥수,『朝鮮의 巨石文化硏究』, 眞檀學報
許 愼,『說問解字』
楊守敬,『晦明軒稿』
司馬遷,『茂陵書』
왕건군,『廣開土王碑硏究』
진수,『三國志[魏志東夷傳]』
송첨본,『史記[朝鮮傳]』
魚 豢,『魏略』
홍신원,『경전집체』
鬼頭清明,『白村江[東亞細亞의動亂과 日本]』, 교육사
夜久正雄,『白村江의 戰』

池內宏,『眞番郡의 位置에 關해서. 百濟 滅亡後의 動亂 및 羅 · 唐과 日本의 關係』, 만선지리역사연구보고
水野祐,『日本古代의 國家形成』, 구담사. 大和朝廷 設立의 謎, 歷史讀本
井上光貞,『日本國家의 起源』, 학생사. 중국사서의 2~3C의 한국과 왜국 ; 동아시아의 고대문화1929秋
鳥越三郎,『古代朝鮮과 倭族』, 中公新書
末松保和,『眞番郡置 考』. 任那興亡史, 길천홍문관
三品彰英,『사실과고증』
經部慈恩,『百濟遺蹟의 硏究』
酒井改藏,『日本古典의 硏究』, 岩波書店
小林惠子,『白村江의 戰鬪와 壬申年의亂離』, 현대사조사
遠山美都男,『白村江』, 구담사
山尾幸久,『古代의 日朝關係』, 고서방. 大和朝廷成立의 謎, 歷史 讀本
豊田有恒,『蘇える古代史』, 청춘출판사
三上次男,『韓國支石墓의 集成表』
光岡雅彦,『韓國古地名의 謎』, 학생사
野口保興,『帝國地誌』
稻葉岩吉,『眞番郡考. 漢四郡問題의 考察』, 韓國古代史硏究
今西龍,『眞番郡考』
江上波夫,『騎馬民族國家』, 中空文庫. 歷史도 旅에의 論文. 朝日新 聞社發行 週刊朝日의 特輯論文. 오리엔트學會 서울大, 會에서의 發表論文
井上秀雄,『倭 · 倭人 · 倭國』, 人文書院
鮎貝房之進,『日本書紀의 朝鮮地名 考』
松本清張,『古代史 疑』, 중앙공론사
坂元義種,『古代亞細亞의日本과 朝鮮』, 길천홍문사
津田左右吉,『日本古典의 硏究』, 岩波書店
大林太良,『邪馬台國』, 中公新書
小田省吾,『朝鮮詳細史』, 朝鮮一般史